ニッポン47都道府県
正直観光案内

宮田珠己

幻冬舎文庫

ニッポン47都道府県　正直観光案内

奇妙で正直な47都道府県観光案内

観光とはなんでしょうか。

観光の真髄は、すごいもの、奇妙なものを見ることだと私は考えています。日々の生活ではお目にかかれないすごいものを見にいくこと。それによって今までの自分の価値観に揺さぶりをかけ、わずかでも新しい自分に生まれ変わって帰ってくるわけです。

であるならば、なるべく意外なもの、知らなかったもの、不思議なもの、とりわけすごいものを見たいと思うのは当然でしょう。

ところが実際に観光してみると、そんなにすごくないものを見ていることが多いように思います。

美観地区とか、なんとかタワーとか、滝とか、武家屋敷とか、ローソク岩とか、鳴き龍とか、「○○○ゆかりの地」とか。なかにはすごいものも混じっているのかもしれませんが、まあだいたいあんまりすごくありません。

思えば、昨今はB級スポット巡りや路地裏散歩に人気があり、私も好きですが、そういうところが流行るのも、もとはといえば、今までさんざんすごくない観光スポットばかり見せられたせいで、みな飽き飽きしているからではないでしょうか。しょうがないからハードルを下げ、その結果としてB級スポットや路地裏の面白さに気づいたということでは？

B級スポットも路地裏もそれ自体べつに悪くありません。誰にも珍妙なものを見てクスクス笑いたいときがあります。ノスタルジーに浸りたいときもあります。ですがその心の奥に、本当はもっとすごいものが見たいという観光客魂の叫びが聞こえないでしょうか。

道の駅で地元の特産品を買い、鄙（ひな）びた土地に知られざるおしゃれなカフェを見つけ、路地裏でかわいい雑貨を買うこと。それもまた今どきの観光なのでしょう。けれども、あくまでそれは観光の枝葉に過ぎません。枝葉が充実するのは構いませんが、肝心の幹の部分はどうなってるのでしょうか。

すごい観光地はどこにあるのでしょう。

ためしに旅慣れた人に聞いてみますと、嬉々として教えてくれることがあります。「○○県に○○というところがあってね、云々」

ただ、旅慣れた人は自分の好みがわかっているので、同じような場所ばかり巡る傾向があります。どんな場所を巡ろうと本人の勝手ですが、あまりマニアックな旅人の話は参考にならないと思ったほうがいいでしょう。城とか水族館が好きというのならまだしも、たまにお墓とかダムとか言いだす達人がいて役に立ちません。たとえば坂本龍馬の墓とか言われても、坂本龍馬によほど思い入れがなければ、ただの大きな石です。与謝蕪村でも、源頼朝でも同じです。どんなに有名人であっても、墓なんかとくに面白くない。唯一日本で面白い墓があるとすれば、キリストの墓ぐらいでしょうか。そしてダム。おお、これは日本唯一の三連続中空重力ダムだあ、ってどんだけ珍しいのか知りませんが、一般人の知ったことではありません。

やはり一般人には見た目が大事。一見してわかるすごさで驚かせてほしいものです。

言うまでもないことですが、すごいと言っても、必ずしもでっかいものや派手なものばかりがすごいわけではありません。細かかったり素朴なもの、地味なもののなかにも、すごいものはある。B級スポットや路地裏にも、武家屋敷やタワーのなかにも探せばすごいものは当然あると思います。奇妙なお墓、すごいダムなら私も見たい。つまり専門的知識がなくてもマニアの目で見なくても、誰が見ても来てよかったと思える、手ごたえの感じられる場所を観光したいということです。

　というわけで己の観光客魂に従い、妥協なき観光案内を書いてみることにしました。想定している読者は、その県に行くのは最初で最後かもしれない人です。一度しかない機会をみすみすつまらない観光地で過ごしてしまわないために、参考にしてもらえればと思います。

　最初にスタンスをはっきりさせておきます。

●マニアでなくても、専門知識がなくても楽しめる観光スポットのなかから、正直にいいと思う場所だけを厳選し、都道府県別に紹介する。
●グルメや、おみやげ、店、宿などの情報は枝葉だから扱わない。ただしものすごいものに出会った場合に限り、とりあげることもある。
●めんどくさいのでアクセス情報、入場料、休館日などは扱わない。行きたい場所があれば各自調べるように。

　ということで、47都道府県観光案内はじめます。

ニッポン47都道府県　正直観光案内　目次

和歌山県

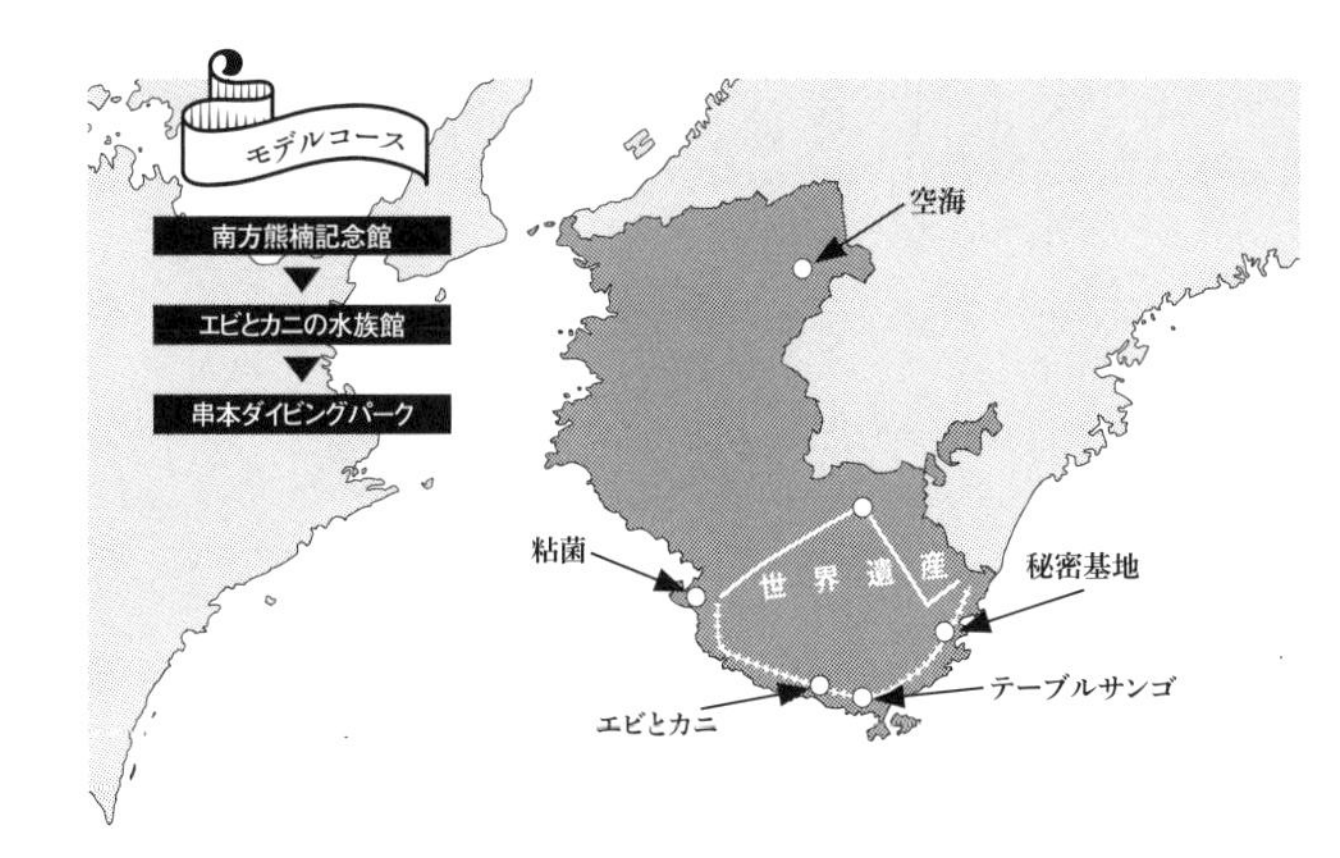
モデルコース
南方熊楠記念館
エビとカニの水族館
串本ダイビングパーク
空海
粘菌
世界遺産
秘密基地
テーブルサンゴ
エビとカニ

和歌山県をひとことで言い表すとすれば、それは「遠い」です。遠いも遠い、ありえないほど遠いです。関西に住んだことのない人間には理解しにくいかもしれませんが、本当に遠いのです。

これがたとえば北海道の稚内が遠いと言われれば当たり前です。地図を見れば一目瞭然でしょう。

ところが和歌山県は日本地図のまんなか付近、日本の歴史における最重要地帯に隣接しているにもかかわらず遠いのです。私は京阪神で生まれ育ちましたが、その当時は和歌山県より鹿児島県のほうに親近感を抱いていました。そのぐらい遠いです。

疑うのであれば、紀勢(きせい)本線に乗って紀伊半島を一周してみてください。どこまで行っても同じ景色が続き、無限時間のループに落ち込んだのかと思います。

そうして地の果て串本(くしもと)に着き、それまで南下していた列車が今度は北に向かってどんどん走ってどこに着くかというと新宮です。なんと、まだ和歌山県なのです。紀伊半島は右が三重県、左が和歌山県と思ったら大まちがいで、右も和歌山県です。

今は飛行機があるのだから空路で行けばすぐだと思うのは素人の発想と言えましょう。ためしに南紀白浜空港に着陸してみてください。目的地までもう一回飛行機に乗りたいと思うはずです。

ちなみにこんなことを書くと、読者はまるで私が和歌山県を憎んでいるかのように感じるかもしれませんが事実は逆です。好きだ和歌山。もし私が好きな県ベスト5を選ぶとするなら必ず入れる県です。和歌山県からの転校生はみな変な奴ばかりでしたが、それでも好きです。

だいたい半島というのはおしなべて変なのです。煮詰まってるというべきでしょうか。煮詰まっているから文化が濃い。濃縮されている。つまりいろいろやりすぎということです。とくに紀伊半島は日本でも最大級にやりすぎる。これは、パンダの数を見ても明らかです。なぜ和歌山県にこんなにたくさんパンダがいるのか私にはさっぱりわかりません。（【アドベンチャーワールド】イルカショーもサファリワールドもあるハイブリッド系動物園。常時ジャイアントパンダが5、6頭いる）

さて、そんな和歌山県最大の観光スポットといえば、世界遺産の**熊野**で間違いないでしょう。といいますか他県人から見ると和歌山県はほとんど全部熊野です。熊野とみかん以外いったい何があるというのでしょう。ああ、**高野山**（こうやさん）があった。

なのでみんな熊野か高野山に行けばいいと思いますが、問題は熊野古道。近年、四国遍路に次ぐ日本古来の巡礼の道として熊野古道が注目されており、写真を見ると雰囲気もよさそうだし私も一度歩いてみたいと思っているのですが、あれはいったいどういうつもりなんでしょう一筆書きできないのは。めちゃめちゃやる気なくします。どこからどこまで歩けば達成感があるのか。巡礼路は一筆書きしてなんぼではないでしょうか。

和歌山県から熊野と高野山を除くと、残るはみかんと海ということになります。他にもあるのかもしれませんが（たとえば猫の駅長など）、ざっくりそういうことになります。この観光案内はざっくりが信条ですので細かいことで文句を言わないように。（**【猫の駅長】** 和歌山電鐵貴志川線貴志駅は、日本で初めて猫を駅長にし、動物駅長ブームのさきがけとなった）

近畿に本気の珊瑚が。串本ダイビングパーク

海の和歌山では**串本ダイビングパーク**が強力おすすめです。ここには海中に巨大テーブルサンゴの群落があって、ダイビング未経験者でも簡単に見ることができます。水着に着替え、できれば安全のためウェットスーツを借りて海に入れば、すぐそこがテーブルサンゴです。干潮のときなど海面に出ていることもあります。サンゴは海面から出て平気なのかどうか知りませんが、隙間には、ウミウシやフグやイカなどいろんな海の生きものがいてナマで見放題です。

なぜこんな本気のサンゴが近畿地方にあるのでしょうか。温暖化のせいではありません。温暖化前からあるのです。和歌山県ずいぶん遠いと思ったら熱帯に届いているのかもしれま

せん。

甲殻類一本勝負　すさみ町立エビとカニの水族館

ウェットスーツに着替えるのはちょっと……という人には、**すさみ町立エビとカニの水族館**をおすすめします。駅から少し歩くうえ、やっと着いたと思ったら見た目が事務所みたいで引きますが、見た目で判断してはいけません。きちんと見物すれば、ここは記憶に残る水族館です。展示はエビ、カニ、エビ、カニ、エビ、カニ……ってひたすらそれだけ。それの何が面白いのかという人は、わかってない。何でも広く浅く見るより、一点突破でぐいぐい見たほうが面白いのです。ここではヤドカリをガラスの貝に入れて内部が観察できるようにしてあったりします。ヤドカリが貝の中で何をしているのか一目瞭然。そんな展示は全国にも滅多にありません。さらにここではカニの餌としてエビを与えていました。カニの餌がエビ。エビの餌はカニでしょうか。無限ということについても考えさせられます。和歌山には他にも京大白浜水族館や串本海中公園など、面白い水族館が多いので、海の生きもの好きには強力おすすめです。

海の生きものにまったく興味がないなら、粘菌はどうでしょうか。白浜の**南方熊楠**(みなかたくまぐす)**記念館**では生きた粘菌を見ることができます。粘菌というのはアメーバのように動き回るかと思えばキノコふうにじっとしてみたりする生物で、実に得体が知れなくて素晴らしいです。何であれ得体の知れたものより知れないものを見るほうが面白いに決まっていますから、ここもおすすめです。

味のある水族館が集中

カラッパ

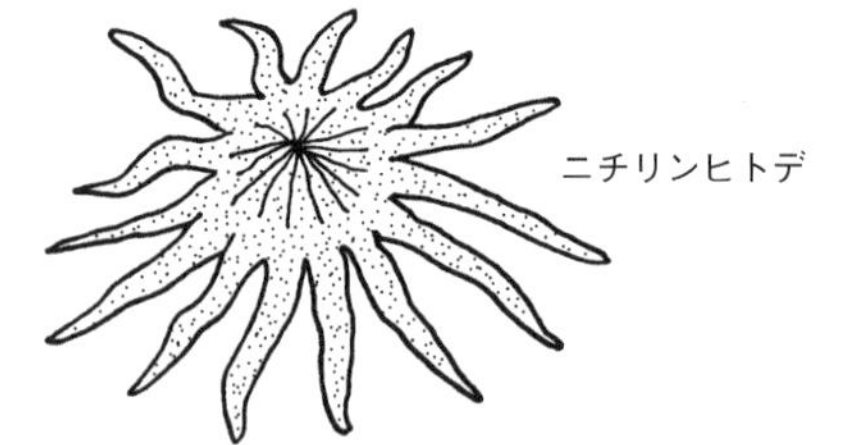
ニチリンヒトデ

フリソデエビ

ふしぎな海の生きものが見たいなら和歌山県はうってつけ。エビとカニの水族館以外にも京大白浜水族館や串本海中公園があり、京大白浜水族館は無脊椎動物が滅法充実。もちろん海に潜ってもよし。磯遊びだけでもいろいろ出会える。

そういえば那智勝浦の**ホテル浦島**は、ひとつの半島をまるごとホテルにした温泉で、地下通路が縦横にめぐらされた館内がまるで秘密基地のようになっています。泉質とか料理とかそんなことは私は知りませんが、サンダーバードが好きなら一度は泊まるべきでしょう（【サンダーバード】イギリスの特撮テレビ人形劇。孤島が秘密基地になっており、プールが開いてロケットが発射したりするカラクリに当時の子どもは釘付けになった）。

岩手県

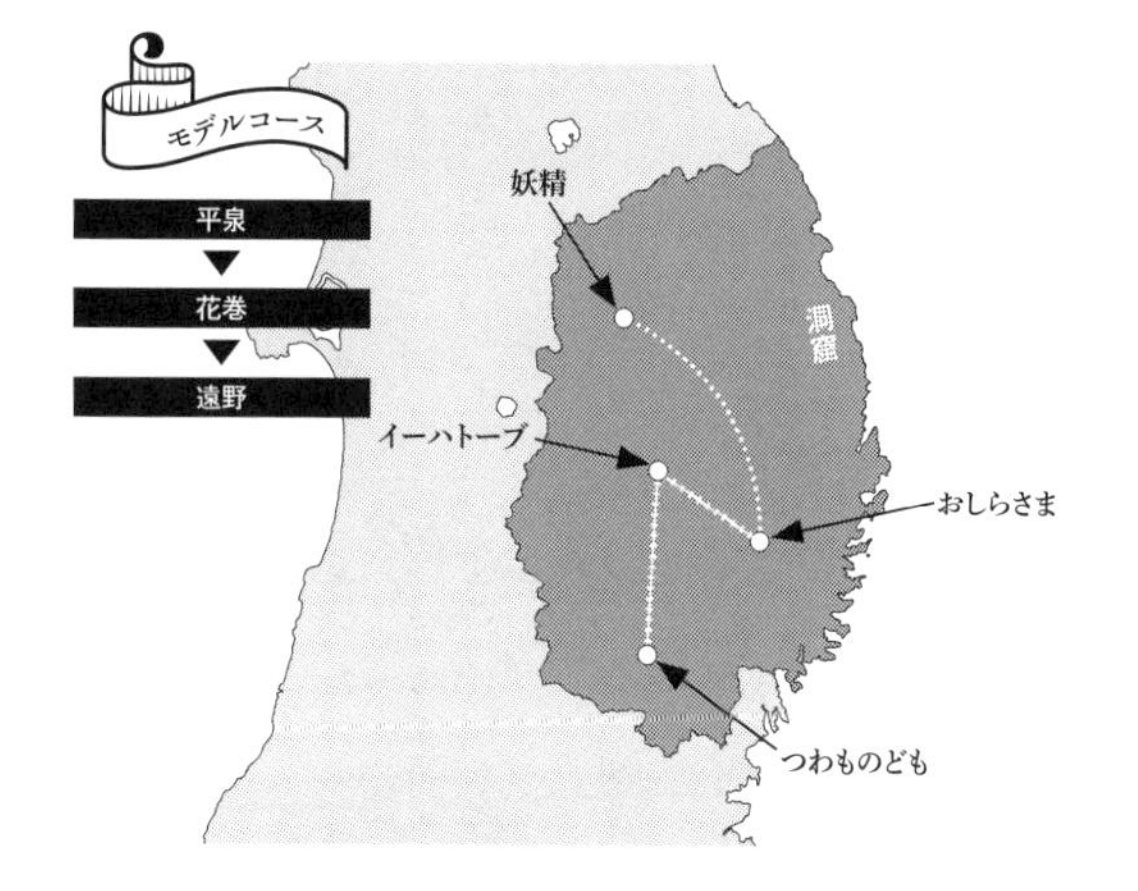

聞くところによれば、岩手県といえば洞窟なのだそうです。岩手県が洞窟界のメッカだったとは、まったく知りませんでした。

たしかに日本最大の鍾乳洞　安家洞もあるし、山口県の秋芳洞、高知県の龍河洞とともに日本三大鍾乳洞と謳われる龍泉洞も岩手県です。

龍泉洞は地底湖の青々とした水が美しく、洞内が泥っぽい龍河洞よりきれいだったのを覚えています。とはいえ鍾乳洞なんて二つか三つ見ればどれも同じです。クラゲみたいな形の岩とか、観音岩とか、皿がいっぱい重なってたり、地下水が溜まってたり、ときには川が流れてたり大きな空洞があったり。ひとつ見れば、以下同文でいい気がします。

実はそうではない鍾乳洞もあるのですが、それはその県の項で紹介するとして、今は鍾乳洞は置いておきましょう。

地図を眺めてまず気づくのは、太平洋沿岸に延々と続くギザギザの海岸線です。小学校でも習った三陸のリアス式海岸は、観光の目玉スポットとして取り上げられることが多いわりに、素人には、全国にある断崖絶壁の海岸線との違いが正直よくわかりません。山が沈んでできた複雑な海岸線というのであれば、日本中が大なり小なりリアス式海岸のような気がします。世界的には珍しいのかもしれませんが、日本では普通なのではないでしょうか。

そもそもリアスって何なんでしょう。よく比較される北欧のフィヨルドなどは、行ってみるとなんともフィヨルド感があるのですが、リアス式海岸のリアス感とは何でしょう。

現地に行ったら、よく見てください。岩に大きな穴が開いています。あれがリアスです。

こらこら適当なこと言うな、フィヨルドとリアスの違いは、氷河がどうしたとか山が沈下してどうしたとか言う人もきっとあるでしょう。だがそれはあくまでオフィシャルな答え。そんな杓子定規な態度では現場で起きている状況に対応できません。

私に言わせれば、リアス式海岸とは穴を味わう海岸のことです。穴がボコボコ開いている。であるなら、ボートに乗ってその穴に入ってみなければ真にリアス式海岸を楽しんだことになりません。展望台から眺めたところで何も面白くない。サッパ船やカヤックにでも乗って探検する。それがリアス式海岸観光の真髄です。

こうしてみると岩手県の観光は「穴」と言ってしまいたくなりますが、まあ待ちなさい。それ以上に忘れてはならないことがあります。それは「異界幻想」。

筆頭は、なんといっても宮沢賢治です。

スーパースター賢治の里　花巻

われわれは夏目漱石がどこで生まれたのか知りません。どこだっていい気がします。では村上春樹はというと知りません。でも宮沢賢治はと聞かれたら、**花巻**一択です。花巻と宮沢賢治は分かちがたく結びついており、全国によくあるつまらない「〇〇〇ゆかりの地」とは格が違います。花巻には宮沢賢治記念館や童話村などがあって、彼の独特の宇宙感を感じることができるよう工夫されています。イギリス海岸はなぜ賢治がそんな名前を付けたのか理解できないただの川ですが、賢治の童話を頭に浮かべながら眺めると、細かいことはどうでもいい気がしてくるほどです。

彼岸と此岸の間　遠野

また**遠野**も忘れてはいけません。

『遠野物語』で知られた遠野は、農村風景にものすごく特徴があるとは思わないものの、歩いてみると民話の持つ濃厚な気配が漂っているような気がします。錯覚だと言われれば反論できませんが、そういうときはおしらさま人形の不気味さを思い出しながら歩けば、味わいが増すこと請け合いです。私は日本でおしらさま以上にインパクトのある人形を知りません。青森や宮城にもありますが、一度どこかで本物を見てみることをおすすめします。

そして**平泉**も「異界幻想」の地と言えるかもしれません。

毛越寺（もうつうじ）の庭園は極楽浄土を表現したものですし、中尊寺金色堂（ちゅうそんじこんじきどう）など幻想の異界表現の極致と言えるでしょう。ただしあまりに金ピカなうえ思った以上に小さいため、本物なのにまる

遠野のおしらさま

桑の木の棒に馬や女性の顔を彫り、たくさんの
布を被せた人形。独特の存在感があって怖い。

でレプリカのように見えるのは残念です。異界とは関係ないですが、**義経堂**の仁王像はとってもチャーミングで素敵なので見にいくといいでしょう。

　岩手県でおすすめしたいスポットは、まだあります。二戸郡(にのへ)にある**御所野**(ごしょの)**縄文博物館**。館内でプロジェクションマッピングを行うなど展示に力を入れたなかなか斬新な博物館です。このところの縄文ブームで北東北の縄文関連施設は充実度を増していますが、これまで古代の遺跡などまるで興味のなかった私もここではわくわくさせてもらいました。弥生時代や古墳時代は地味すぎて興味が持てませんが、縄文時代は土偶や火焔型土器など見た目が変なので面白いです。

　さて岩手県の最後に、私が忘れられない場

所を紹介します。それは**七時雨**（ななしぐれ）。

会社員だった頃、仕事の関係者に連れて行ってもらったのですが、深い森の奥に忽然と広い草原があらわれ、ホビット庄に来たのかと思いました。われわれ以外観光客はひとりもいなかったのですが、木々の間に妖精の姿を見た気がします。当時は仕事が辛くいっぱいいっぱいだったのかもしれません。ふと紛れ込んだ大自然に癒されたという、つまりそれだけのことだったかもしれない。とくに何か珍しいものがあったわけでもありません。それでも私は秘密の別天地を見つけたと思いました。（【ホビット庄】トールキンの小説『指輪物語（ロード・オブ・ザ・リング）』に登場するホビット（小人）の村）

ただ、もう一度あそこに行こうとは思いません。何十年ぶりに行ってみたらパラグライダーなんかやってたりして、きっと幻滅するでしょう。旅の印象とはそういうものではないでしょうか。場合によって、旅先についてあんまり詳しく知らないほうがいいこともある。秘密は秘密のままに。無知は無知のままに。何でもかんでも真実を知ろうと思うのは、現代人の悪い癖だと思います。

埼玉県

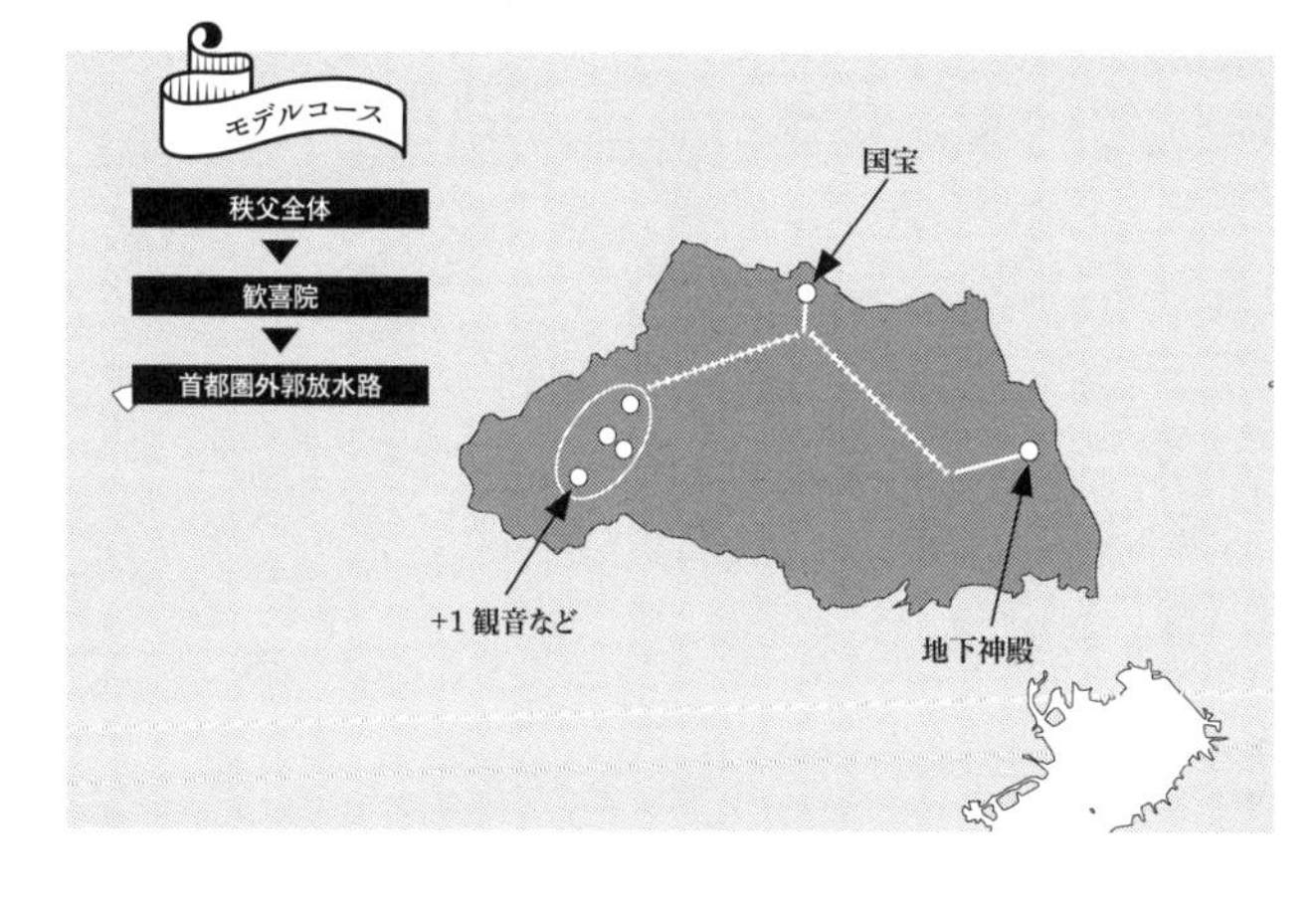

ここで問題です。栃木県の代表的観光地といえば日光、群馬県なら草津、では埼玉県の全国に知られた代表的な観光地はどこでしょうか。

どこも思い浮かびません。関東在住者であれば、川越（かわごえ）、秩父（ちちぶ）といった名前を挙げるかもしれませんが、関西人は知りません。

そもそも関東以外の人は埼玉の観光地としてどこを思い浮かべるのでしょう。考えてもみてください、果たして関東以外の県から埼玉県に観光に来る人がいるでしょうか。関西からあるいは中京圏から、あるいは北海道や九州から、はるばる埼玉に観光に来たという人を聞いたことがあるでしょうか。

先日うちに母が来たので、聞いてみました。母は神奈川県育ちですが、もう七十年以上生きていながら埼玉県には行ったことがないそうです（通過したことはあると言っていました）。ためしに埼玉県で知ってる観光地を尋ねてみると、熊谷に古い家がなかった？　とだけ言っておしまいでした。古い家？　何だそれ。

東京の人間はよく埼玉県をダサイタマと言ってバカにします。有力観光地に恵まれないのも原因のひとつかもしれません。しかしそのような蔑みは、埼玉県からすれば理不尽な話です。というのも、ダサいのは実は埼玉県のせいではないからです。その証拠に、埼玉だけでなく、お隣の群馬、栃木、さらに茨城まで周辺すべての県が、しばしばダサい認定されている。千葉だってそうです。これは奇妙なことではないでしょうか。これほど多くの県が十把ひとからげにバカにされている地域は、全国を見回しても関東以外にありません。東京があまりにかっこいいためにその落差がそのように感じさせているのでしょうか。一見正しそうな仮説ですが、違います。

実は、元凶は関東平野なのです。

関東平野全部がダサい。これは東京とて例外ではありません。本当は東京もダサいのです。その件についてはいずれ東京都の項で触れますが、とにかく埼玉県だけをいじめるのは間違っています。

ではなぜ関東平野はダサいのか。答えは簡単。

山がないから。これに尽きます。山、ないったらない。東京を出て京浜東北線や宇都宮線で北を目指すとき、車窓に広がる茫漠とした風景の絶望感といったらありません。

ずっと関東平野に住んでいる人間は気づきもしませんが、他地域から来た人間はみな、間近に山の見えない空虚さ味気なさに気づいています。山がなければ風景は変化に富みません。峡谷も生まれなければ、滝もできない。できるのは湿地か沼がせいぜいです。

んんん、せめて湿原があれば……。

これが関東平野のダサさの正体です。

当然そんな地形的バラエティのないところが観光地として自然に発達するはずがありません。そうなると、見どころは人の手で造るしかない。したがって関東平野の観光地は人工物ばかりです。その意味で関東平野は、最初から大きなビハインドを背負っていると言っていいでしょう。

で、埼玉です。埼玉県はどこを観光すればいいのか。

まず検討すべきは山方面でしょう。幸い埼玉県にも西のほうに山があります。全部が平地じゃなくてよかった。

秩父は埼玉県内でも辺境のダサいゾーンとして低く見られているようですが、とんだ勘違いで、どちらが真にダサいのか、つまりどちらがよりぺったんこか考えてみれば一目瞭然です。秩父に感謝こそすれ、バカにする権利は関東平野人にはありません。

秩父といえば夜祭、さらに芝桜で有名な羊山（ひつじやま）公園や長瀞（ながとろ）、三峰（みつみね）神社ほか、日本を代表する観音霊場のひとつ秩父三十四観音もあります。大健闘です。少なくともダサい関東平野人を惹きつけるには十分です。ただ、秩父三十四観音は、西国三十三観音、坂東三十三観音とともに三大観音霊場を構成しているものの、残念ながら全部足して百にするため扱いに困った一を押しつけられているあたり、やや格下感はぬぐえません。

このように秩父も健闘しているわけですが、全国的な知名度としてはまだまだ厳しいのが現状です。

驚嘆！　地下世界　首都圏外郭放水路

そんななか、なんと埼玉県にもニューフェースが誕生しました。それも山方面ではなく平地にです。

首都圏外郭放水路。

地下に造られた巨大な洪水調整池です。

地下！　そうきたか。

大空間に太いコンクリートの柱が林立する光景は地下神殿とも称され、関東屈指の見どころとして注目度が急上昇しています。交通の便が悪いなど課題はありますが、高低差がないなら穴を掘ればいいという見事な発想に脱帽です。しかも湿地のせいで洪水が起きやすいという欠点を克服する施設というのですから、ダサさを逆手にとった逆転の発想にしびれます。

これ国宝級‼　っていうか国宝。妻沼山歓喜院聖天堂

首都圏外郭放水路だけではありません。実はほかにも全国から人を呼べそうな観光スポットがあります。熊谷郊外にある**妻沼山歓喜院聖天堂**（めぬまさんかんぎいんしょうでんどう）。その堂宇（どうう）を埋め尽くす緻密な彫刻群は、

妻沼山歓喜院聖天堂

日光東照宮とも並び称される歓喜院聖天堂は、宝暦10（1760）年に完成。近年修復作業によってよみがえり、国宝に指定された。ヘタウマ調の花の蜜を吸う蝶の彫りものが印象的。

日光東照宮に匹敵とまでは言いませんが、近年国宝に指定され注目を集めています。探せばちゃんとあるのです。

そうそう、大宮には**鉄道博物館**もあったのではないでしょうか。私はまだ行ったことがありませんが、日本に本格的な鉄道博物館は他にないのですから、きっと見応えのある場所にちがいありません。えっ、京都にもある？　あ、そうですか。でも埼玉には埼玉のよさがきっとあるはず。あると信じます。

関東平野というハンディを負いながらも、でかい穴を掘ったり、凄い彫刻の建物を国宝に指定してもらったりと、あの手この手を使って、少しずつ埼玉県は浮上しています。いずれ東京都を抜く日が来るのかもしれません。

宮崎県

モデルコース
高千穂(高千穂峡貸しボート)
高鍋大師
えびの高原(高原散歩ほか)
高千穂１
仮面
カクカクした石像
高千穂２

九州のなかでもなんとなく影の薄い宮崎県。新幹線が寄らないせいでしょうか。観光スポットも、隣接する大分、熊本、鹿児島に比べて少ない気がします。

観光スポットは、主に県北部の高千穂（たかちほ）、延岡（のべおか）周辺と、県南部の青島や飫肥（おび）、都井岬（といみさき）から都城（みやこのじょう）、霧島あたりに点在しています。そのため宮崎県全体を観光しようとすると、海岸線に沿って南北に縦断することになります。これらを地図にプロットしていきますと、県北のいろいろと県南のいろいろを海岸線一本で結ぶ「コ」の形になるのがわかります。

そうすると気になるのは、中央部の左側はどうなっているのか、ということです。「ロ」じゃなくて「コ」だったというときの、欠落した左の縦棒部分には何があるのでしょう。よくわかりません。ためしに地図を開いてみてもわからない。そのわからなさたるや、ロシアのモスクワとシベリアの間に何があるのかわからないのと同じぐらい正体不明です。早急な調査が待たれます。

さらにふしぎなことがもうひとつあります。「コ」の上の横棒の先端は高千穂です。そして下の横棒の先端はといえば、ここも高千穂なのです。なんということでしょう。宮崎県に高千穂は二ヶ所あり、初心者向けのトラップとなっているのです。

北の高千穂は、いわゆる高千穂。高千穂神社があり、高千穂峡があって、神楽で有名なあの高千穂です。一方、南の高千穂は、霧島連山の一角である高千穂峰です。頂上に天の逆鉾が突き立っていて、王となる者だけがそれを引き抜くことができると言われて……じゃなかった、坂本龍馬が新婚旅行に来て引き抜いたと言われています。

両者は直線距離で百キロも離れているので、同じ高千穂だから一日で回れるだろうと考えたら大間違い、それこそがまさに相手の思う壺です。高千穂を巡ろうとすると、いったん海沿いに出て宮崎県を全部縦断させられることになります。

北から巡るにしても南から巡るにしても、まず高千穂、そして海沿い、最後に高千穂という順になるので、宮崎県は高千穂に始まり高千穂に終わると、そういうふうにうまいこと言って欲しかったのかもしれません。

本格冒険貸しボート　高千穂

それで私のおすすめはというと、これがやっぱり高千穂なのでした。とくに北の**高千穂峡の貸しボート**は、万難を排して乗るべきです。日本全国に貸しボート数あれど、これほど乗る価値のある貸しボートはそうはありません。そもそも貸しボートなんてものは、雑踏を避けてふたりきりになりたいカップルか、歩きつかれた家族連れ、じゃなければ釣り人が乗るぐらいのもので、涼しげだと思って乗ってみたら逆に日差しが照りつけて暑かったりして二度と乗らなくていいやってなもんです。そこには何の新鮮味もありません。

高千穂峡の貸しボート行

しかし高千穂峡の貸しボートは違います。それはアドベンチャー、永遠の勇者たち。ボートを借りたら、ひたすら川を遡ってください。最初に狭き門のような峡谷の入口を抜けると、

神秘の最奥まで片道約15分。30分のレンタルでちょうど往復できる。借りたらすぐに奥へ向かおう。

真名井の滝という有名な滝が岸壁から流れ落ちていますが、そこで満足せずどんどん漕いでいくと、その先にインディ・ジョーンズばりの大冒険が待っています。

もちろん川や湖で冒険したければ今はカヌーやカヤックというものがあって、むしろそっちのほうが冒険そのものです。けれどもカヌーは事前にある程度のテクニックをマスターする必要があり、そうでなければインストラクターに同行してもらわなければなりません。しかも着替えが必要なうえ、往々にして濡れます。

それに対し手漕ぎボートは誰でもすぐに乗れて技術もほぼ必要ありません。それでいて単なる丸い池や四角いお濠に浮かぶだけのボートでは味わうことのない大峡谷を堪能できるのですから、高千穂峡は貸しボート界の聖地と言っても過言ではありません。高千穂が聖なる地と呼ばれているのには、この貸しボートも一役買っているに相違ありません。

これに対し、南の高千穂はどうかというと、実は私も高千穂峰には登ったことがないのですが、高千穂峰にほど近い霧島連山の**えびの高原**は、とても気持ちのいいところで、アプローチも簡単なのでおすすめです。日本は山国なので素晴らしいトレッキングコースが無数にありますが、登山経験のあまりない観光客でも手軽に行けるコースとしては、上越や信州以外では最高ランクと言っていいのではないでしょうか。

えびの市には田の神（たのかんさあ）と呼ばれる石像が田園風景のなかに点在しており、

そのユーモラスな姿を探して散歩するのも、面白い旅になるでしょう。

最後に「コ」の縦棒、海岸沿いには荒波以外に何があるか見てみましょう。

明るい角形コンクリ巨大石像群　高鍋大師

有名な青島や鵜戸神宮、西都原の古墳群などの名が浮かびますが、それらを置いてもまず訪れなければならないのは**高鍋大師**です。高鍋町のどこからでも見える丘の上に、岩岡保吉という人が自らの半生を賭けてつくりあげた巨大石像群があります。

石像は、どれもカクカクして、つくり手が曲線を彫れなかったことがよく伝わってきます。まあ、仏師でも何でもない岩岡氏が自らの手でつくったのですから、そこは大目に見るべきというか、そうだからこそ逆に素晴らしい素朴さがにじみ出ていると考えます。個人が勝手につくったB級スポットにもかかわらず、あまりに目立つうえ、ピクニックにちょうどいい丘の上にあることからいつしか住民に愛され、地元ではA級スポット扱いになっています。

全国に数あるB級スポットのなかでも、ここは最も成功した例のひとつと言っていいでしょう。同じ高鍋にある個人経営の**九州民俗仮面美術館**とともに強烈な民俗オーラを放っていておすすめです。

富山県

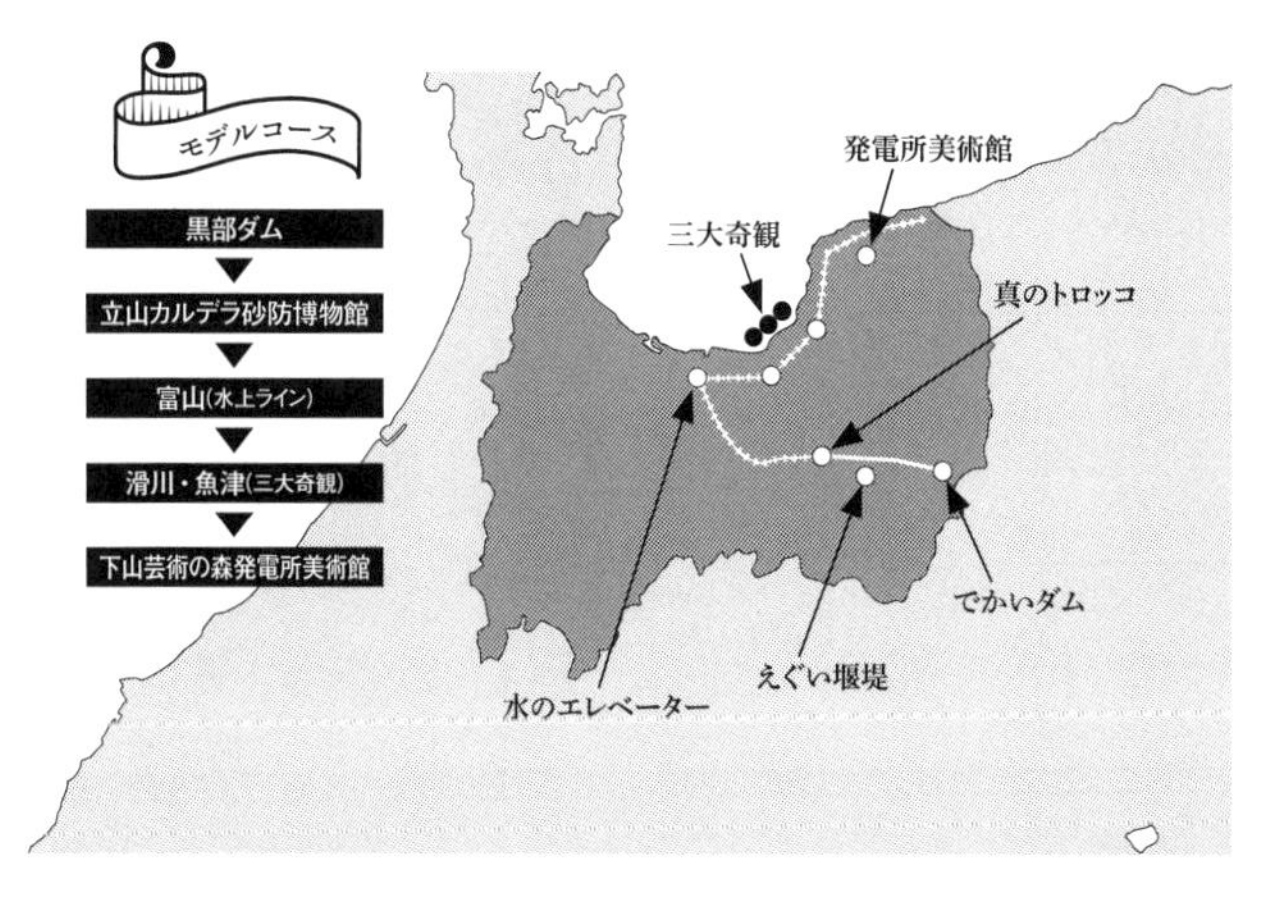

モデルコース
黒部ダム
立山カルデラ砂防博物館
富山(水上ライン)
滑川・魚津(三大奇観)
下山芸術の森発電所美術館
発電所美術館
三大奇観
真のトロッコ
でかいダム
えぐい堰堤
水のエレベーター

北陸新幹線が開業し、東京方面からのアクセスが便利になった富山県ですが、地元民はあんまり喜んでいないと聞きます。観光客がみな金沢に行ってしまい、富山県は素通りされるというのです。そういうものでしょうか。これまでも上空をスルーされていたけど見えなかっただけではないでしょうか。

まあ細かい事情はよく知りませんが、ただこれだけは言っていいと思います。

富山県が悲観する必要はまったくないと。

たしかに太平洋側に住む人間から見れば、富山県は金沢の陰に埋もれて目立たない存在かもしれません。仮に石川県の隣が新潟県であっても、日々の暮らしにとくに支障はないでしょう。

しかし観光についていえば、実は日本屈指の実力を誇るのが富山県なのです。その底力は金沢を凌駕するといっても過言ではありません。富山県の観光をひとことで言い表すとすれば、それは「スペクタクル」です。

今さら？　いやいや今こそ　黒部ダム

長野県から北アルプスを横断する立山黒部アルペンルート。その核心部はほぼ富山県にあります。トロリーバス、ロープウェイ、ケーブルカーを乗り継いで巨大な山脈を越えるというのは、なかなか味わえるものではありません。途中には日本最大級の**黒部ダム**があり、落差日本一の称名滝や、春には室堂平に高さ十数メートルにもなる雪の壁に挟まれた道路が開通し、それはそれは……、え、何です？　そんなの誰でも知ってる？　滝なんてどこも似たようなもんだし、黒部ダムはテレビで何度も見た……ああ、そうですか。

一生もののトロッコ体験！　立山カルデラ砂防博物館

では、とっておきのスポットを紹介しましょう。それは**白岩砂防堰堤**。

安政五（一八五八）年の大地震により、立山連峰の鳶山が崩壊。カルデラ内に土砂が溜まり、もし大雨が降って決壊すると下流域に甚大な被害を及ぼすので、これを防ぐために多くの砂防ダムが建設されました。なかでもとくに圧巻なのが昭和十四（一九三九）年に完成した白岩砂防堰堤。八つの堰堤が落差百八メートルにわたって巨大階段上に連なっています。

え、なんですか？　それはダムマニア向けのスポットだろって？

ちがいます。この堰堤は、重要文化財に指定されているのです。砂防ダムが文化財。珍しい話ではないでしょうか。見た目も他に類のないえぐさです。見て損はないと思います。

ま、いいでしょう。もっと誰でも楽しめるものを出しましょう。

それは**立山砂防工事専用軌道**。

いや、だからマニアじゃないってば。

これはつまりトロッコです。

全国にはトロッコと名のつく観光列車がたくさんありますが、ほとんどは単に窓を外した列車にすぎません。トロッコとはそもそも狭い軌道を小さな箱みたいな乗り物に乗ってチマチマ進んでいくところに興奮があるのであって、電車みたいにでっかいものをトロッコと呼んでほしくありません（ちなみに黒部峡谷鉄道のトロッコ列車は本物ですが、立山砂防工事専用軌道とは別ものです）。

まれに復元した本物のトロッコに乗せてくれる観光鉱山もありますが、たいてい短い。他県で今は廃坑になった鉱山の復元トロッコに乗ったら、ほんの二百メートルほど走って終わりでした。これでは遊園地の子ども用アトラクションと変わりません。ああ、そうなのです。われわれは何度トロッコに裏切られてきたことでしょう。こんなにも乗りたいのに、日本で真に充実したトロッコ体験ができる場所はほとんどないに等しいのです。

が！　立山砂防工事専用軌道はちがいます。観光用ではない現役のトロッコであり、途中三十八ものスイッチバックを経由して乗車時間は一時間四十五分。そんなに長く乗っていられるトロッコが他にあるでしょうか。夢のようです。みんなが待ってた真のトロッコがここにある。

ただ、白岩砂防堰堤を見るにも、トロッコに乗るにも、**立山カルデラ砂防博物館**が主催する体験学習会に応募しなければなりません。トロッコの人気は高く、抽選の倍率は最大で五倍以上とも言われています。しかも抽選に当たっても三割ぐらいは天候などの要因で実施さ

立山砂防工事専用軌道トロッコ

運航距離18km。線路の幅は610mmという夢のトロッコ。乗るには運も必要。

れないというツンデレぶり。

それだけに、もし乗ることができれば一生の思い出になるでしょう。これのためだけでも富山県にいく価値があるというものです。

さて、こうして見てくると富山「スペクタクル」の中心は土木だということがわかってきます。富山観光＝土木観光といってもいい。

入善町には、**下山芸術の森発電所美術館**といって、水力発電所をそのままアートスペースにしたかっこいい美術館もあります。

さらに富山駅からすぐのところから**富岩水上ライン**（ふがんすいじょう）という遊覧船が出ていて、これに乗ると水のエレベーターが体験できます。正式には閘門（こうもん）といって、水位の異なる河川や運河の間で船を上下に移動させる仕掛けのことです。水位差は二・五メートルということで、たいしたことはありませんが、観光客が閘門を体験できるのは全国でも数えるほど。富山県はローカル鉄道も多く、思えば、立山黒部アルペンルートも変わった乗り物が目白押しでしたし、トロッコや水上ラインを合わせれば、乗り物天国と言えます。

最後にもうひとつ。富山県には土木のほかに、別のスペクタクルもちゃんと用意されています。それが三大奇観と呼ばれる**魚津の蜃気楼、埋没林、滑川（なめりかわ）のホタルイカ**。もうめんどくさいので詳しくは説明しませんが、蜃気楼、ホタルイカ、立山の雪の壁、どれも春の風物です。富山県を訪れるなら春がいい。肴はあぶったイカでいい。もちろん夏や秋も山が美しい季節。冬についてはよく知りません。

山梨県

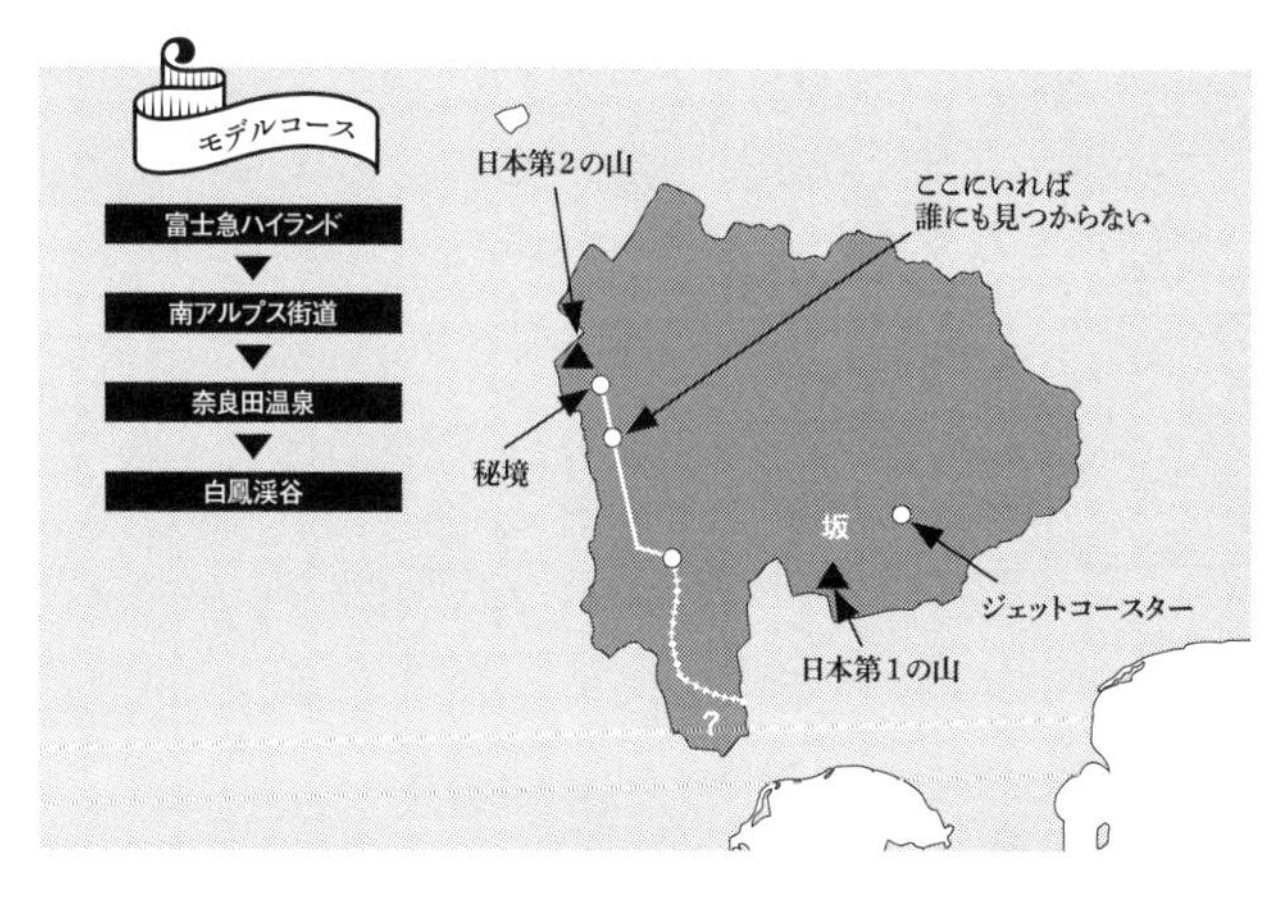
モデルコース
富士急ハイランド
南アルプス街道
奈良田温泉
白鳳渓谷
日本第２の山
ここにいれば
誰にも見つからない
秘境
坂
ジェットコースター
日本第１の山
?

山梨県といえば、まず何を置いても**富士山**から語りはじめなければなりません。

東京方面から中央高速もしくは中央本線を利用して富士山へ向かうと、大月で河口湖方面へ分岐もしくは富士急行に乗り換えます。その先、道も線路もくねくねと曲がりながら、山の合間合間に富士の姿が見え隠れするようになります。富士山の写真は日本人なら誰でも見たことがあるわけですが、それでも実物を見るとおどろきます。

でかい。思っていた以上にでかい。

山というのはだいたいこのへんにてっぺんがあるもの、といつもの調子で考えていると、それよりはるかに高くそびえたつ姿に威圧感を覚えるほどです。日本一の山と知っているからそう感じてしまうのでしょうか。威圧感といっても、形は美しく裾野は広く、まったく富士山の素性を知らない人間でも感動するはずです。

ちなみに富士急行に乗っているとやがて富士山駅に到着しますが、この富士山駅という名前はなんとかならないのでしょうか。ここからバスに乗って富士山に向かう起点なのだとしても、富士山麓もしくは富士山口とでもすべきで、富士山は盛りすぎです。めっちゃ町のなかです。かつて山陰本線に出雲大社口駅があり、出雲大社ははるかに遠いのにまちがえて降りてしまう人が続出、大問題になったのを思い出します。

ともあれ、日本一の山となれば誰もが一度は登ってみたいと思うもの。私も一度登りにいきました。そうしたら何ということでしょう、想像していた山登りとは全然ちがうではありませんか。

山登りといえば、ふつうは森を歩き、沢のせせらぎを聞き、ときには池塘(ちとう)だの巨木だの可憐な花などに出会い、また動物の姿を見たりもし、不意に視界が開けて素晴らしい眺めを堪能したりと、いろいろ緩急つけながら登っていくものです。しかし富士山にそんな旅情は一切ありません。あるのは砂と石のみ。道はひたすら、坂、坂、坂です。

森林限界を超えている五合目より上に森はなく、形のシンプルな単独峰なので道に変化もありません。眺めだけは一流ですが、最初からずっと下界が見えているので、すぐに感動はなくなり、とにかくただただ崩れやすい砂と石の坂道を、折り返しながら延々と登っていくだけです。

もちろん日本一の山頂に着いたときは達成感がありました。でも、また登りたいかといわれると微妙。山というより坂登り、それが富士登山の現実。一度富士山に登ってもう山はこりごりという人がいたら、こう言ってあげたい。ふつうの山はもっと楽しいと。

富士山以外はどうでしょうか。

山梨県というと浮かぶのは富士五湖や忍野八海(おしのはっかい)、そして多くの山や渓谷。とりわけエメラルドブルーの淵が美しい**西沢渓谷**や、川遊びが楽しめる**尾白川渓谷**(おじらがわ)など、ちょっとしたハイキングにうってつけのスポットであふれています。

しかしそんなお手軽な山と渓谷に気を取られ、みんな大事なことを忘れてはいないでしょ

美しい釜の連続する西沢渓谷は初心者でも
歩けるハイキングコース。

うか。そう、富士山に次ぐ日本第二の高峰＝北岳も山梨県にあるということを。

というか、日本で二番目に高い山が北岳だということもおおむね忘れています。

北岳は標高三千百九十三メートル。甲斐駒、仙丈ヶ岳、間ノ岳、農鳥岳などとともに山梨県の西に壁のようにそそりたっています。つまり南アルプスですが、山好きを除くと、ほとんどの人は南アルプスに天然水以外何があるのか知りません。北アルプスについては、穂高だの槍ヶ岳だの白馬大雪渓だの上高地だのいろいろ知っていますが、南アルプスとなると、農鳥岳？　なんだその変な名前、ってなもんです。雪解けの頃、解け残った雪の形が鳥に見えたら田植えを始めたことから農鳥岳と呼ばれるそうですが、ネットで検索しても鳥らしい雪形の画像が出てきません。本当にあるのでしょうか。

明るくてかっこいいイメージの北アルプスに比べ、南アルプスは地味で暗い印象です。実際、北にくらべて緑が濃い気がします。そうするとどうなるでしょうか。

知名度低い＋緑が濃い＝秘境感ＵＰ
ということになります。

切り立つ峡谷の奥の別天地　奈良田温泉

下部温泉付近から**南アルプス街道**と呼ばれる県道三十七号線が北岳のほうへ伸びています

が、この道をバスに乗って**奈良田温泉**へ向かうと、切り立った峡谷の壁があちこちで崩落して、そこらじゅう工事中だったのを覚えています。どこのヒマラヤかと思いました。奈良田温泉まで来ると景色は広がってあか抜けるのですが、それでいて俗世間とは切り離された「ここにいれば誰にも見つからない」感が漂っています。

県道三十七号線はこの先通行規制がかかっており、ストリートビューも引き返します。その奥には、原生林の紅葉が見事な**白鳳渓谷**（はくほう）があって、バスなら通れるとのことなのでいつか行ってみたいものです。

ジェットコースター天国　富士急ハイランド

そうそう、肝心な場所を忘れていました。富士吉田にある日本二大遊園地のひとつ**富士急ハイランド**。

日本の二大遊園地はTDなんとかやUSなんとかでは断じてありません。なぜなら遊園地の優劣はジェットコースターの数で決まるからです。誰がそんなこと決めたのかというと私です。富士急ハイランドには大人向けのジェットコースターが四つもあって、ここにその栄誉を称（たた）え表彰します。

そのほか地図を見ると山梨県は甲府盆地を中心にだいたい丸くまとまっていますが、最近なぜか左のほうだけ垂れ下がっていることが確認されました。東京方面からだと富士山の陰に隠れて見えないこの部分にいったい何があるのか、今後の調査が待たれます。

北海道

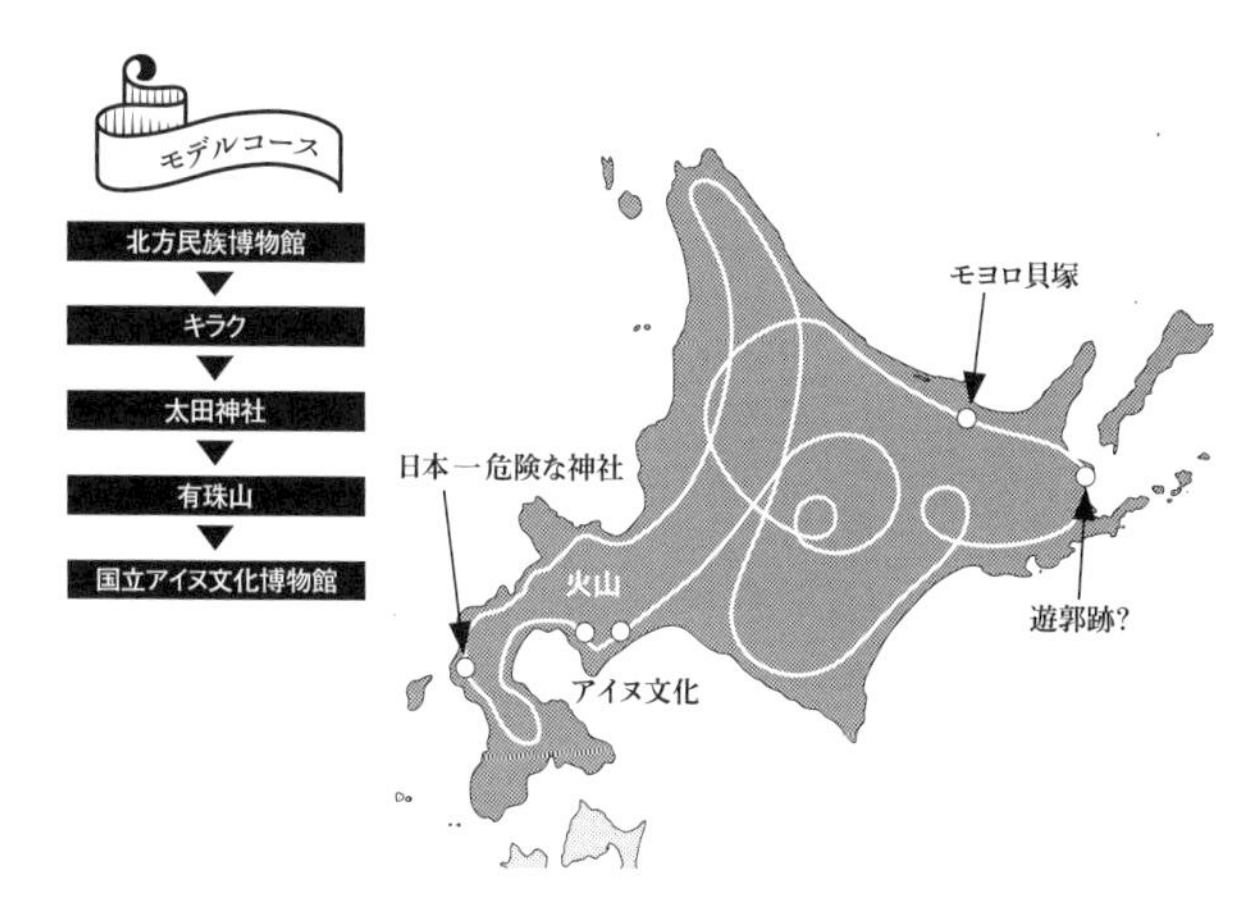
モデルコース
北方民族博物館
キラク
太田神社
有珠山
国立アイヌ文化博物館
モヨロ貝塚
日本一危険な神社
火山
アイヌ文化
遊郭跡?

私ごときが北海道の観光案内をするなど百年早い感がありますが、考えてみれば、どの都道府県を案内するのも百年早いので、気にせず今回も己の良心と公正さと思い込みと偏見にしたがって案内してみようと思います。

まず最初に言っておかなければならないのは、北海道は広いということ。九州の倍以上あります。北海道ひとつで十以上の県が入るぐらい広いのです。なので、だいぶ端折(はしょ)って紹介する必要があります。

とはいえ、本州以南の県と同じような感覚で広がっているわけではありません。人口密度も薄ければ、町も少ない。たとえば県別の地図を見て、他の県であれば地図上に何も載ってなくても、そこには町もあれば人も住んでいる可能性があります。全部載せられないから省略されているわけです。

でも北海道は違います。地図に載っていないものは存在しません。地図上で何もないところに一本だけ道路が走っている場合、そこには何もありません。町も店さえもない。あるのは原生林とときどき駐車場です。ただポツンと駐車場。自販機もトイレもないチェーン着脱スペースみたいなものが、国道沿いに配置されています。あまりに隣の町が遠いため、ここで休んでいけということでしょう。

さて、そんな北海道をひとことで言い表すとすれば、これはもう「大自然」と「外国」ということになるでしょうか。あ、ふたことになってしまった。

まず「大自然」。風景が日本じゃない。函館ですでに何かがちがいますが、そこで感心するのはまだ早い。道北に近づくと北海道はさらにもう一段変化し、ぐっと北極圏に近づいた感じがします。その荒涼たる大地の広がりは、トナカイが飛び出すまであと一歩という感じでしょうか。

そうしてそのまま大いなる期待とともに日本最北端の宗谷岬へと到達してみると、えーなんといいますか、ぼくは岬と言ったはずだよワトソン君。岬といったら陸地が海に突き出ているところだよね。

稚内（わっかない）まで来たなら、**利尻**（りしり）、**礼文**（れぶん）に渡るとさらに味わいがありますが、北海道の素晴らしい大自然について語りだすと、とてもこの項では手に負えないので割愛します。**宗谷丘陵**とか**サロベツ原野**とか**知床半島**とか**釧路湿原**とか**霧多布**（きりたっぷ）**湿原**とか**大雪山系**とか**摩周湖**とか**オホーツクの流氷**とか、全部いいのでどこでも行くといいでしょう。最近では摩周湖に近いエメラルドブルーの**神の子池**や、美瑛（びえい）の白金温泉を流れるコバルト色の**ブルーリバー**などの人気が上昇しているようです。

恐怖驚愕の噴火痕　有珠山

道東や道北まで行く余裕がないという方には、**有珠山**はどうでしょう。二〇〇〇年に大噴火を起こしたことは、もうみんな忘れていると思いますが、その爪痕がすごいです。そもそも噴火したのは従来の火口ではなく、道路でした。道路が陥没して火口となり、周囲の住宅や工場を飲み込んで、隣接する洞爺湖温泉街には熱泥流が流れ込んで橋と団地を破壊しました。その痕跡が今もそのまま残され圧巻です。雲仙、桜島、三宅島、浅間山など噴火の爪痕が残る場所は全国にいくつもありますが、これほど広範囲に生々しい痕跡が残る場所はかなりレア。

そもそもすぐそばには**昭和新山**というできたての山があるのですから、考えてみるとすごい話です。山って、そんな気軽にできていいものなんでしょうか？

エキゾかわいい北方民族遺産　網走

さてもうひとつのポイント「外国」についてです。

北海道は風景だけでなく歴史も本州以南とはまったく違っています。北海道には弥生時代がありません。古墳時代もない。縄文のあとは続縄文とオホーツク文化↓擦文↓アイヌと移り変わったと言われています。あとトビニタイ文化というのもある。どんな文化だったのかまるでイメージが湧きません。トビニタイ？　何語なんでしょうか。

　北海道にはかつて北方からやってきた異民族が住んでいました。網走にある**北方民族博物館**、**モヨロ貝塚館**では、そうした異民族文化の痕跡などを紹介していて、どこからどこまでが日本という既成概念が頭の中でとろけていくのを感じます。北方民族博物館は、大阪が誇る国立民族学博物館にも似て非常にエキゾチックなのですが、なぜかこれらの博物館はちっとも世間に知られておらず、実にもったいない話です。

　あと北海道といえば、アイヌを忘れるわけにはいきません。二〇二〇年、室蘭と苫小牧

北方民族博物館とモヨロ貝塚館

礼文島で発掘

モヨロ貝塚のシャチとクマ

日本らしからぬ彫像たち。

の間、白老の湖畔に**国立アイヌ民族博物館**がオープンしました。これも期待できます。

さらに北海道と本州以南の文化が全然違っている例として、北海道には大きな神社仏閣がほとんどない点があげられます。最近のものが少しあるだけ。そんななかで唯一面白いのは、瀬棚（せたな）町にある**太田神社**でしょうか。日本一危険な場所にある神社とも言われ、急斜面をさんざん登ったあと、さらに垂直の断崖にかかる鎖を登らないとたどり着けません。三度参拝すると願いが叶うと言われ、私が行ったときも彼氏が欲しい女性たちが集団で登っていましたが、残念ながら最後の鎖を前に断念していたようです。鎖を登ってみると小さな洞窟と祠があり、「恋人を作る！　横澤玲子」と大書きされた絵馬がかかっていました。横澤さんの健闘を祈ります。

最後に知床半島と根室半島の間にある小さな**野付（のつけ）半島**を紹介して終わりにします。国後島（くなしり）を望むこの地には今は海抜ゼロメートルの砂州しか残っていないのですが、あまりにぺったんこなのでまるで海の中に立っているかのようなこの土地に、かつて国後に渡る港があったそうです。**キラク**と呼ばれる遊郭があったという伝説もあり、こんな最果ての地に遊郭が、と想像するだけで寂寞（せきばく）とした思いが胸にこみあげます。

兵庫県

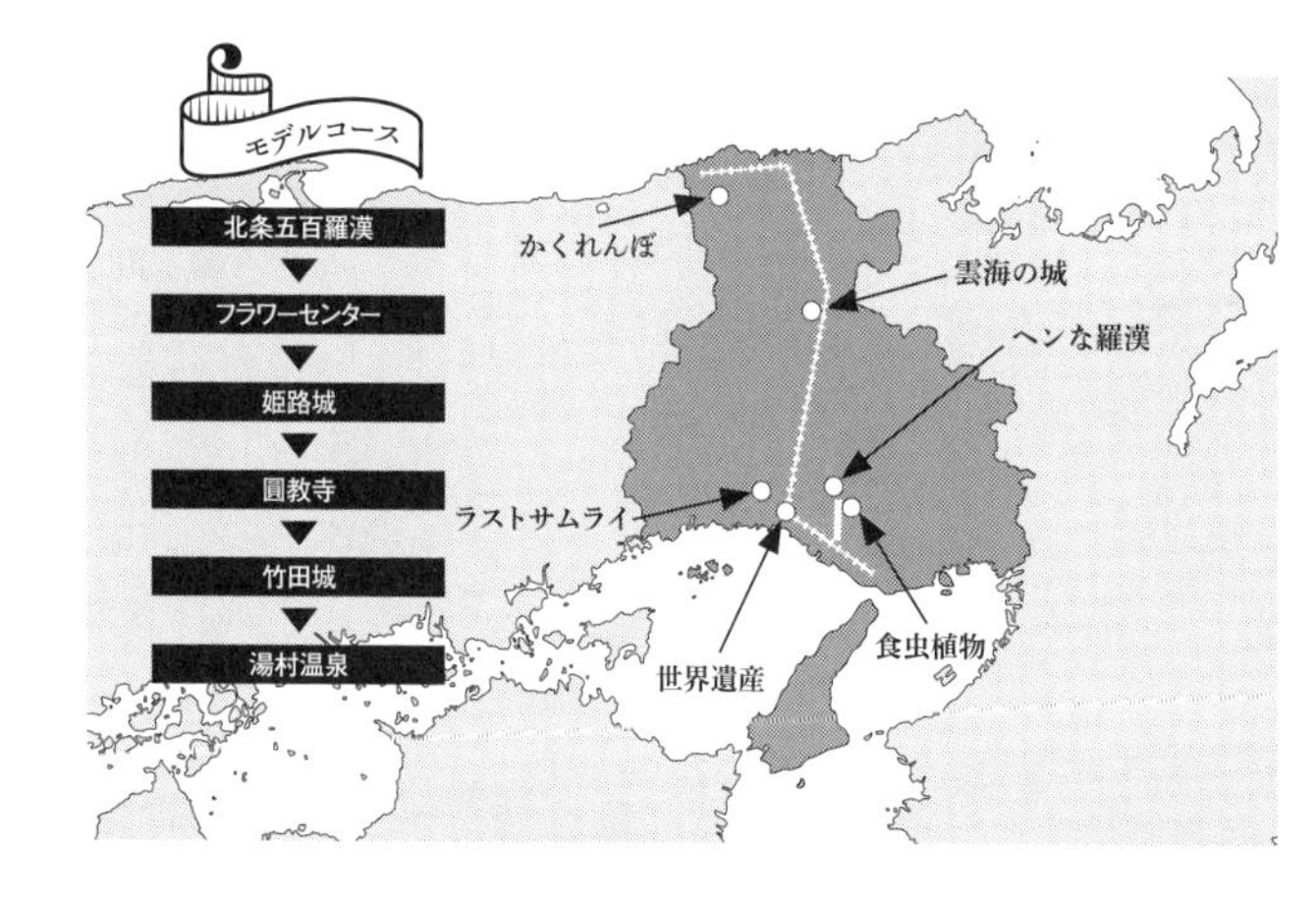

モデルコース
北条五百羅漢
フラワーセンター
姫路城
圓教寺
竹田城
湯村温泉
かくれんぼ
雲海の城
ヘンな羅漢
ラストサムライ
食虫植物
世界遺産

のっけから私事で恐縮ですが、兵庫県は私の生まれた県で、幼少期のかなりの部分を過ごし、今も実家があります。なので大いに盛り上げたいところなのですが、実家に帰るたびに悩むのは、正直行くところがないということだったりします。

兵庫県の観光地といえば、まず**神戸**、そして**姫路城**、**宝塚歌劇**などもあるでしょうか。それにまあ甲子園球場……は観光地ではないか。あとは何でしょう。すぐには出てきません。面積でいえば、日本で十二番目ということで、それなりに大きな県だと思いますが、それに比べて観光地の少ないこと少ないこと。

ためしに日本地図を広げてみても、全国的に名の知れた観光地は、今挙げた以外に**城崎温泉**（きのさき）、**有馬温泉**ぐらいしか目につきません。地元では**六甲山**が定番ですが、県外から観光客がわざわざ押し寄せるほどの特徴はないと言っていいでしょう。

考えてみると、日本海から瀬戸内海まで広がるあの県土の真ん中付近にはいったい何があるのか。宮田家の墓がありますが、観光客の知ったことではありません。

これは兵庫県から中国地方全般に言えることですが、この日本の西半分を横に貫く中国山地にはいったいどんな見どころがあるのか、なかなか思い浮かばないのが現状です。これほどのでかい面積を占めているのに、なんとももったいないことこの上ない。高い山が少ないのが原因でしょうか。火山や温泉も少ないのです。私はこの兵庫県内陸部から岡山や広島の山岳部そして、鳥取と島根の南部を含めた中国自動車道周辺を、西日本大味ベルト地帯と呼びたいと思います。

兵庫観光の救世主？　竹田城

そんなわけで、われながら持て余している出身県ですが、最近、この大味ベルト地帯を救う大発見がありました。

竹田城。

そう、今人気急上昇中の雲海の城です。

これほど短期間で急激に人気が出た観光スポットは全国にもそうそうないのではないでしょうか。空前の大ブームです。

十五年前に私が訪れたときは、観光客はほとんどおらず、もちろん入場料もいらず、上る道路に柵もなくてうっかりすると車ごと転げ落ちそうでした。それが、あれよあれよの大出世。今では、竹田城人気にあやかり、備中松山城だの越前大野城だの各地で雲海の城が名乗りをあげていますが、写真で見る限り、やはり竹田城が一番かっこいいように思われます。

いやあ、竹田城があってよかった。もちろん兵庫県には日本最高の姫路城がありますから、これまでも誰にも文句は言わせなかったわけですが、正直、あとは？　と聞かれたらひとたまりもないところでした。

ようやく心に余裕ができたところで、ほかにもどこかないか考えてみます。全国的にはそんなに知られていないけれども、ちょっといいスポットならあるかもしれない。

正体不明のおもしろ石像群　北条五百羅漢

最初に頭に浮かんだのが、加西市にある**北条五百羅漢**（らかん）です。

五百羅漢は全国各地にあり、羅漢といえば、顔が左右に割れて中から別の顔が出てくるシュワルツェネッガーの『トータルリコール（フィリップ・K・ディック原作のSF映画。主人公がホログラムで中年女性に変装するが、途中でホログラムの顔が割れて正体がバレるシーンがある）』みたいな宝誌和尚や、お腹を開いたら顔が出てくるラゴラ尊者など、奇怪な像が人気です。が、そうはいっても大半は見た目ふつうのおっさんであり、仏像ほどのスペクタクルがないため、観光スポットとしては微妙な立ち位置です。私の見るところ、堂内にある木の五百羅漢は見応えがあるけれど、屋外の石の五百羅漢はイマイチなところが多い。

そんななか北条五百羅漢は、屋外で石造りなのに、見て面白い五百羅漢になっています。

というか、羅漢かどうかも定かでない。ただ五百体近い石像が整然と並んでいたから五百羅漢だろうということで、そこに羅漢寺を建てたという正体不明のスポットなのです。

北条五百羅漢

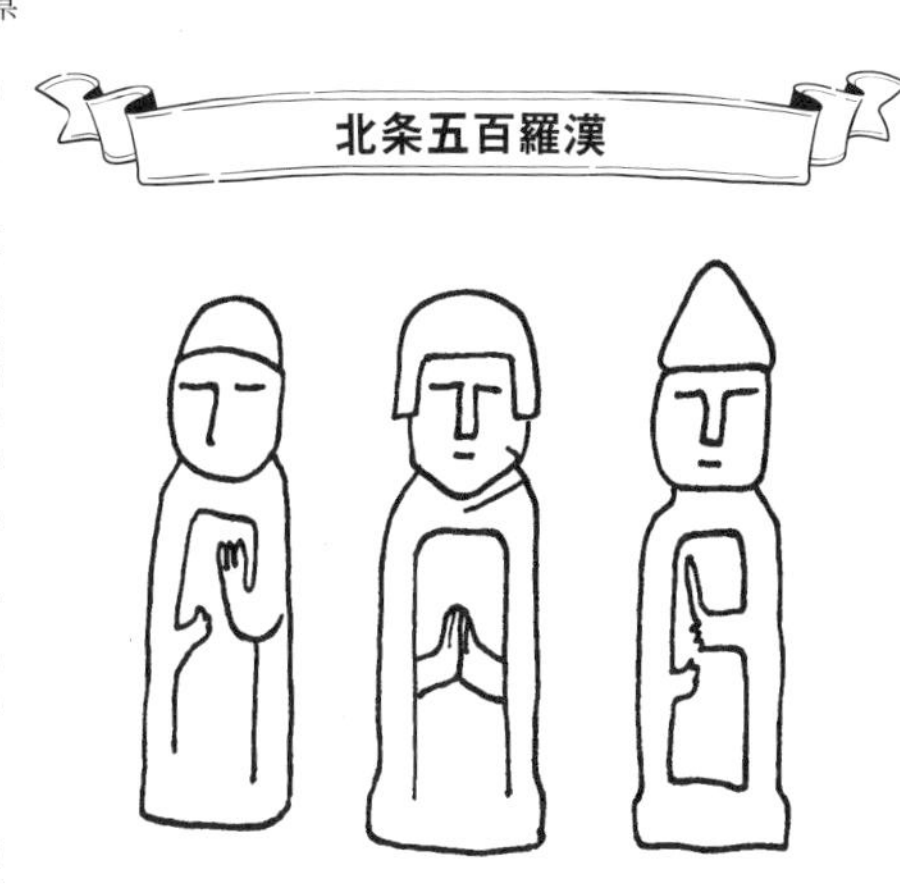

西洋人風の顔が並ぶ。

事実、ここの石像は羅漢ぽくなく、西洋人のようにも見えます。それが柵のようにきっちり並んでいるから得体が知れません。キリシタンが彫ったのではないかという噂もあるほどで、個人的には全国でも屈指の五百羅漢だと考えます。

　この加西市にはもう一ヶ所面白いスポットがあって、それが**兵庫県立フラワーセンター**です。つまりは植物園ですが、ここにいくとウツボカズラが満開です。まあウツボカズラはいつも満開というか全開ですが、ここは食虫植物のコレクションでは日本最大と言われています。植物園の目玉は誰が何と言おうとやはり食虫植物ですから、いやもう絶対そうなのですから、自動的にここが日本一の植物園ということになります。

食虫植物↓サボテン含む多肉植物↓苔↓バサバサした熱帯植物↓蘭↓その他植物。

これが植物界のざっくりしたヒエラルキーなのです。誰がそんなこと決めたのかというと私です。問答無用。次にいきます。

兵庫県のかっこいい寺といえば、**書写山圓教寺**でしょうか。映画『ラストサムライ』のロケ地として、また西国三十三観音霊場の札所として有名です。ロープウェイで上って広大で荘厳な伽藍を散策できるので行くといいでしょう。

そういえば最近、**福知山線の廃線区間**がハイキングコースとして整備されることになったようです。これまではみんな勝手に入り込んでハイキングし、JR西日本が、勝手に入るなこらっ、と看板を立てていたのですが、ついに音をあげ整備することに。武庫川渓谷に沿った鉄橋ありトンネルありのコースは実に楽しそうで、まったく一般観光客の白アリのような欲望はとどまるところを知りません。

そのほか県北の**湯村温泉**では、毎年全日本かくれんぼ大会が開催されています。ポストやゴミ箱などに変装するのもありとルール設定したところ、なぜかコスプレ大会になって、この日の温泉街は、隠れるどころか目立ってしょうがない人たちであふれかえっています。

徳島県

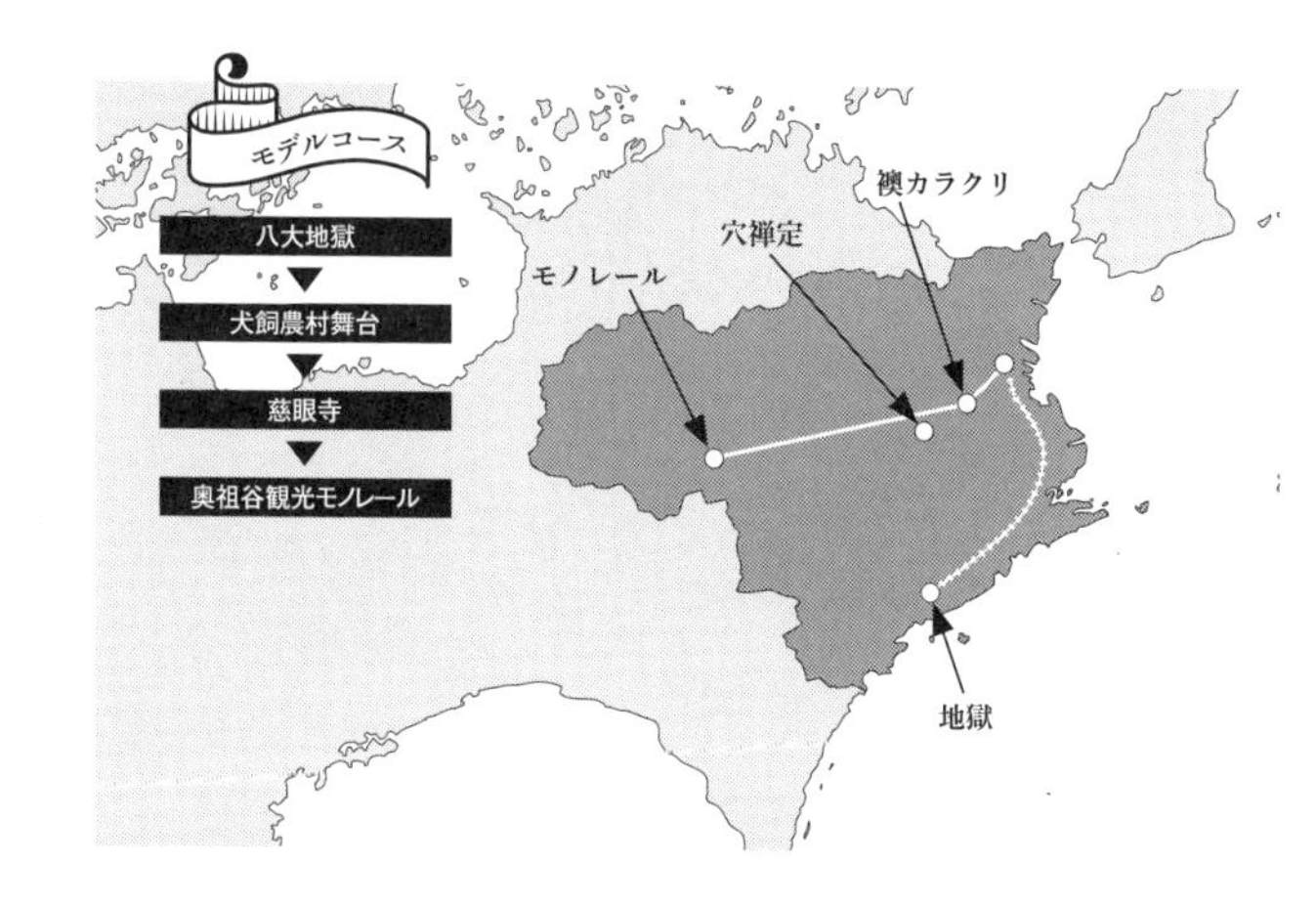

徳島観光といえば、何といってもまずは阿波踊りということになるでしょうか。残念ながら私は見に行ったことがありません。祭りというのは、地元民はともかく、通常なかなか見に行くことができません。休みを合わせるのも大変だし、宿は取れないし、取れたとしても腹立たしい値段です。

見に行ったら行ったで、ものすごい人ごみ。見えるのは前のおじさんの後頭部ばかりで、疲れても腰を下ろす場所はなく、飲み物もこの日だけ割高だったりして、すっかり疲れてしまいます。

そんなわけで祭りからどんどん足が遠ざかる一方の私であり、阿波踊りに限らず、祭りについてはあまり知りません。誰かほかの詳しい人に聞くといいでしょう。きっと詳しい人が丁寧に教えてくれるでしょう。とはいえ、いくつか例外の祭りもあるのですが、それについては後ほどその県の項でお話しします。

阿波踊り以外には何があるでしょうか。

鳴門の渦潮（なるとのうずしお）？　それとも四国遍路の第一番札所霊山寺でしょうか。最近は**大塚国際美術館**の人気が上昇中と何かに書いてありました。大塚国際美術館は陶板で世界の名画を再現しているふしぎな美術館で、なんで陶板で再現するのかよくわかりませんが、来館者の満足度は高いと聞きます。

これだけ見ると、まあ普通といいますか、行ってもいいし行かなくてもいい感じがしますが、実際に行ってみると意外に侮れないのが徳島県です。

なんというのでしょう、ものすごいものはないけれども印象深いといいますか、目立たないけど変わっているというか、小粒だけれど完成度が高いというのか、ズレているのに凄いというか、んんん、この感じをひとことで表すのは容易ではありません。まあ「発想が独特」とでもいっておきましょうか。

モノレールで思う存分森林浴　奥祖谷観光周遊モノレール

私がおすすめする徳島県の独特なものナンバーワンは、**奥祖谷観光周遊モノレール**です。

剣山(つるぎさん)の奥、高知県との県境にもほど近い東祖谷(ひがしいや)の山中に、奇妙な観光モノレールがある。

モノレールといっても、都市にあるような公共交通とはちがいます。ふたり乗りで、遊園地のアトラクションのような小さなものですが、乗車時間がなんと六十五分もあるのです。コースはほぼ森の中。一瞬眺めのいい場所に出ますが、それもせいぜい二、三分でしょうか。

いったいこれは何なんでしょう。なぜ森の中で延々モノレールに乗る必要があるのでしょうか。

その答えはおそらく、モノレールに思う存分乗りたいから。

斜面の果樹園などでたまに個人所有の農業用モノレールを見かけることがないでしょうか。一般人は乗れないあの乗り物に思う存分乗ってみたい、そんな人のために造ったと思われます。みんなが喜ぶなら採算性なんかどうでもいい、と思ったのかどうなのか。そう考えると、ユーザー本位の素晴らしい観光スポットといえます。

正観寺の八大地獄

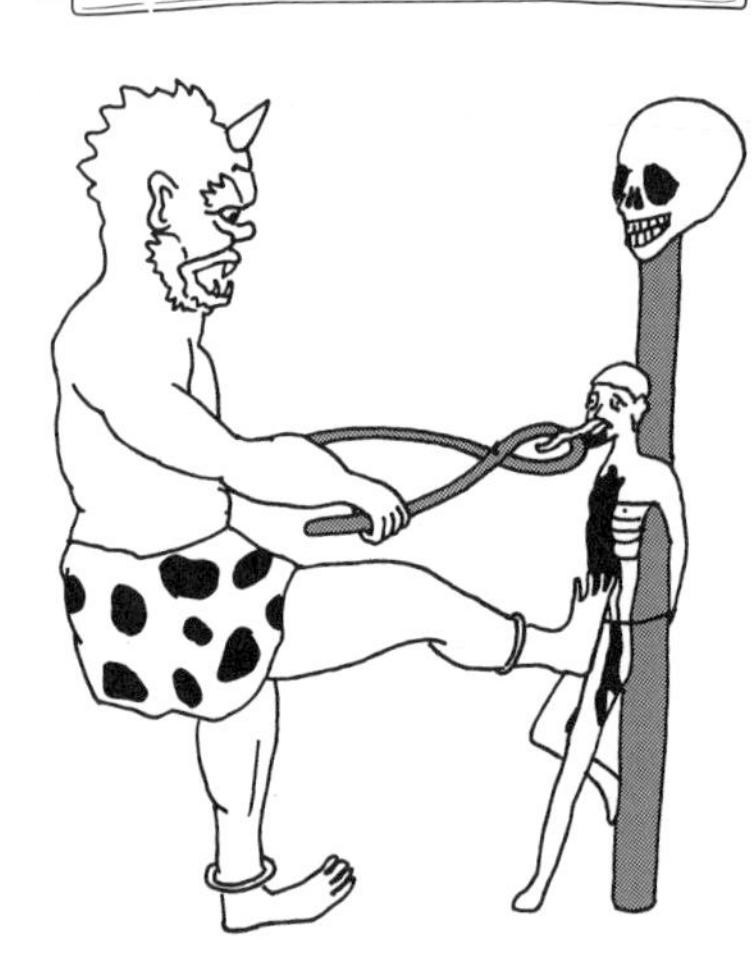

人形の造形がとてもリアル。

泣く子をちびらせるド迫力 正観寺の八大地獄

独特なものはまだあります。太平洋に面した牟岐（むぎ）の町に、**正観寺（しょうかんじ）の八大地獄**というすごい地獄めぐりがある。地獄めぐりとは、地獄の様子を人形やジオラマなどで再現し、それを参拝者がめぐるというう、古いお寺にたまにあるアトラクションですが、正観寺の八大地獄の完成度は全国でも群を抜いています。

電気仕掛けの閻魔大王や鬼が亡者たちを徹底的に苛め抜くさまは、子どもならトラウマ必至の大迫力。亡者たちの表情にリアリティがあり、いかにもそのへんにいそうな人たちだったりするのが実に恐ろしい。

なぜ地獄めぐりなどという今どき流行らないマイナーな施設に、こんなに力が入っているのかはわかりません。モノレール同様、どうせやるなら納得いくまで、という作り手の心意気なのかもしれません。

そのほか徳島といえば、**農村舞台**が有名です。農民たちが村の神社の境内で人形浄瑠璃などを上演するのですが、それはいいとして、そのなかに**襖カラクリ**という演目がある。これは人形も役者も一切出てこなくて、舞台の絵襖が開くとその奥に別の絵襖、それが開くとさらに別の絵襖、そしてまたそれが開くと……と延々絵襖を見せていくというマトリョーシカのような舞台なのですが、ひたすら襖絵を見せて何が面白いのでしょうか。

実はこれは、奥行に限りのある舞台で果てしなく襖が続いていく不思議さ、どこまで奥に続いているんだという驚きを見せるトリックアートなのです。地元のおじいさんも、子どもの時に見たときは舞台の奥がむこうの山まで続いているように感じられて驚いたと言っていました。

どこか発想がズレているようでいて、実際に体験すると意外に感動させられるという徳島観光の特徴は、こういった伝統行事にも表れているのです。

もっと紹介しましょう。

四国遍路番外霊場の慈眼寺(じげんじ)に、**穴禅定**(あなぜんじょう)という修行があります。鍾乳洞に入ってその奥で弘法大師を拝み般若心経を唱えて出てくるのですが、この鍾乳洞がすごい。めちゃめちゃ狭いのです。太った人はまず入れない。岩と岩の隙間を体を横にしたり這いつくばったりしながら進んでいきます。案内人の言うとおりの動きをしないと通り抜けられない場所も少なくありません。そんな狭い穴を往復約一時間。よくぞこんな修行を思いついたものです。というか、最初に入った人がすごい。よそではまずできない修行であり、一般観光客も体験できるので(太っていなければ)おすすめです。

このように全体的にちょっとどうかしているというか、ズレているというか、やりすぎというか、凝りすぎというか、よく言えば個性的な徳島観光。あるいはこれも、同じアホなら踊らにゃそんそん、の精神なのかもしれません。

栃木県

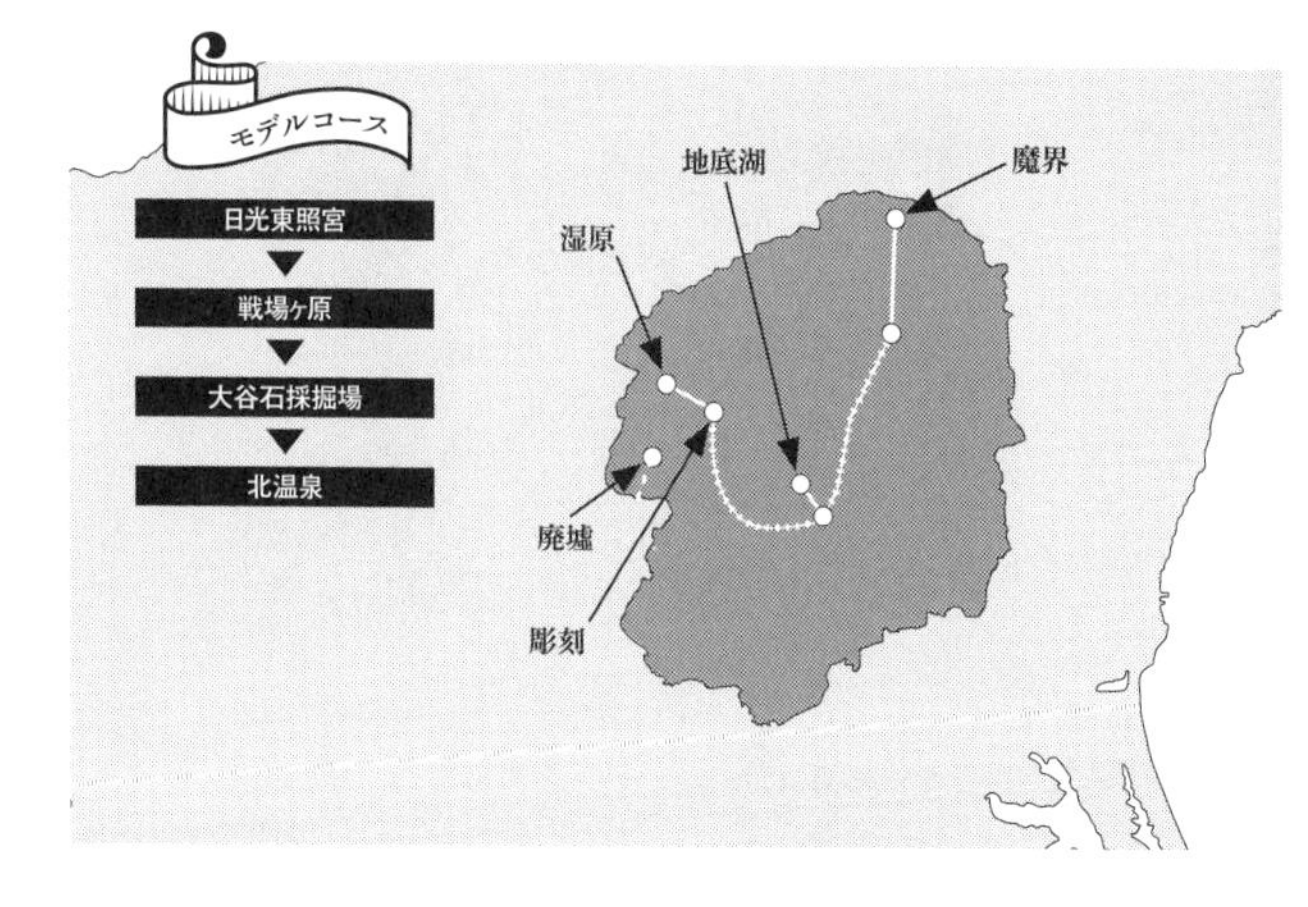

関東平野の北端に位置する栃木県は、東京近郊の他県同様、ダサい県ということになっています。

ですが、東京から東北新幹線もしくは東北自動車道で北上してみると、新幹線なら宇都宮あたり、高速ならもっと早くて埼玉県との県境を流れる渡良瀬川を越えたあたりで、心がだんだん穏やかになってくるのがわかります。やっとぺったんこな関東平野から脱出できる、山が見える、という安心感が、そうさせるにちがいありません。

平坦で、人工物に覆われ、人と車であふれかえった関東平野から、離れれば離れるほど人は緩やかになる。その意味で、東京から遠ざかるにつれ、ダサさはむしろ減ると言っていいのではないでしょうか。

このことから最もダサい都道府県は東京であるという隠された真理がじわじわと浮かび上がってくるわけですが、それについては東京都の項で語るとして、今は栃木県に集中しましょう。

細かくしつこく見てみよう　日光東照宮

栃木県の観光といえばなんでしょうか。

何といってもまずは日光でしょう。

「栃木県」と書いてみると、「栃」の時点で瞬く間に親近感がなくなっていきますが、「日光」と書いてみれば、がぜん輝きを増してくるからふしぎです。

日光の見どころは、やはり**東照宮**の圧倒的な彫刻群。なかでも有名なのが左甚五郎（ひだりじんごろう）の作とされる眠り猫ですが、見にいくと、とりたててインパクトはありません。なぜこれが有名になったのか。バリ島のおみやげに似たようなのがあった気がします。

一方で、陽明門（ようめいもん）はさすがに迫力があります。彫刻が密集していて、ひとつひとつじっくり見てみたい衝動に駆られますが、見あげていると首が痛くなってくるうえ通行の邪魔になるので、何度行っても記憶にとどめることができません。

そんなわけで、たくさん彫刻があるな、とは思っても、東照宮の真のすごさを味わって帰る人はあまり多くない気がします。

そこで私がおすすめしたいのが、回廊の壁にある彫刻です。花鳥風月や動物などが二十四面にわたって彫り込まれ、圧巻です。やや見あげる必要がありますが、見ている人は多くなく、落ち着いて楽しむことができるでしょう。

彫刻以外では、薬師堂の天井に龍が描かれてあり、その下で手を叩くとその音が反響して龍が鳴いたように聴こえるというのですが、残念なことに、ひとくさりおみやげを営業されてからでないと自由に手を叩かせてもらえません。鳴き龍は全国各地にあるので、思う存分龍を鳴かせてみたい人は、他所でやるのがいいでしょう。

日光東照宮からさらに奥へ進むと、いろは坂や華厳の滝、中禅寺湖などがあって全国的に有名ですが、さらにその奥、**戦場ヶ原の大湿原**が素敵です。尾瀬よりもアプローチが簡単で、夏はハイキング、冬は歩くスキーなども楽しめお手頃です。

日光に次ぐ栃木県の観光地といえばどこでしょうか。塩原の温泉や那須高原の名前が浮かびます。

御用邸もある那須高原には、爽やかな森と、そのなかに、なぜここにあるのかよくわからないたくさんのミュージアムがあふれています。避暑地ならではの光景と言っていいでしょう。高原の避暑地にはなぜミュージアムが乱立するのか。牧場がたくさんあるのはわかるのです。牧場は広大な草地が必要だから。しかしミュージアムは別に高原でなくてもいいはず。

このふしぎな現象は、つまるところ、われわれ日本人が実は高原での過ごし方をわかっていないことに起因していると思われます。われわれは高原に慣れてない。来てみたものの何をしていいかわからない、それが高原というもの。高原と聞くだけで、なんだか浮わついた感じすらしてきます。いったい高原は何をするところなのでしょう。乗馬？

となると乗馬しないわれわれは、ミュージアムやアウトレットで時間を潰すしかないわけです。

魔界の宿　奥那須北温泉

ところで、那須高原には関東屈指の、いや全国でも類を見ない知られざる名スポットがあります。それは**北温泉**。

山間の一軒宿ですが、ただの温泉宿ではありません。魔界です。

安政の時代からある迷路のような建物に、巨大な天狗の面がかかる混浴の浴室（数年前までは廊下が更衣室でした）、なぜか建物内に神社があり、温泉の川が流れ、日露戦争のポスターが貼ってあって、外には巨大プールのような露天風呂。

いったいここは何なのか。というか温泉宿ですが、これほど魔界めいた場所はなかなかありません。強力

奥那須北温泉

この雰囲気だけで行く価値あり。

おすすめです。

そのほか、宇都宮からほど近い場所に**大谷石の採掘場跡**があり観光地になっています。付近の町は奇岩がそびえるふしぎな景観で、それ自体も面白いのですが、さらにその下に野球場が入るほどの大地下空間があるというから驚きです。すぐ隣には巨大な観音像が彫られていたり、磨崖仏（まがいぶつ）が国の重要文化財に指定されている大谷寺などもあって、このあたりちょっとユニークなゾーンとなっています。

今のところ観光客はその三ヶ所だけを見て帰りますが、実はほかにも全体で二百五十以上の地下空間があるそう。水が溜まって地底湖ができている場所もあり、最近になって探検ツアーが組まれるようになりました。何か恐ろしい生物が棲息していたりするかもしれません。

さらに町のはずれには、平らな畑の一画に、突然巨大な竪坑（たてこう）がぱっくり口を開いていたりして、大地の下に知られざる地下世界が広がっているというダイナミックな驚きは、この場所ならでは。新しい感覚の観光スポットとして注目です。

福岡県

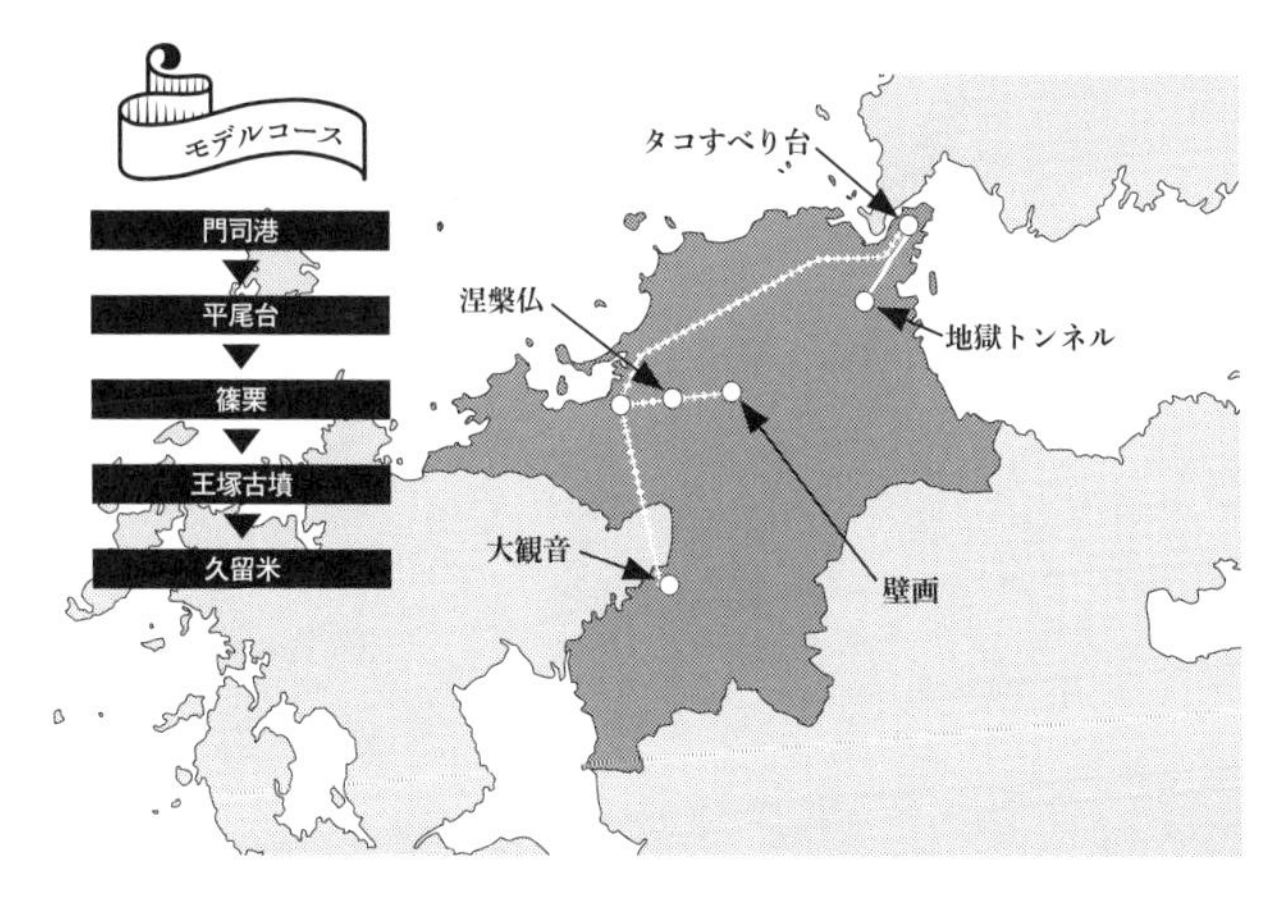

福岡県と聞いて、誰もがまず思い浮かべるのは博多でしょう。

空港と新幹線の駅と都心がコンパクトにまとまり、海や山などの自然も近く、転勤先として大人気の博多。めしもうまいと評判です。

筥崎宮か太宰府天満宮でも見物したら、天神でウィンドウショッピングし、夜は中洲の屋台で博多ラーメン。福岡県に観光に行ったことのある人は、まあだいたいそんな感じで過ごしたのではないでしょうか。

昨今は少し西のほうへ足をのばして、新しいお店が増えた糸島あたりを徘徊するのも流行っていると聞きます。現地の友人に、白糸の滝の流しそうめんに連れて行かれたりするのも、すっかり福岡観光の定番になりました。

ですが、それで福岡県を満喫した気になっていいのでしょうか。

え、何？　福岡ドーム？　大濠公園？　キャナルシティ？　海の中道のマリンワールドにも行った？

そうですか。でも、それが福岡観光なのでしょうか。それで真に福岡を観光したと言えるでしょうか。ここで私が言いたいのは、つまり、それ全部博多周辺だろ、ということなのです。

そう。福岡県の問題はこの点にあります。

いや、少し詳しい人であれば、博多以外に北九州の**門司港**を訪れたことがあるかもしれません。門司港周辺にはちょっとした見どころが集中しています。

山口県の下関へ歩いて渡れる海底トンネルや、レトロな街並み、鉄道記念館もあったでしょうか。さらに和布刈公園のほうに回り込みますと、日本最大ではないかと思われるタコのすべり台があって、知る人ぞ知る名所となっています。

ですが、福岡県で知っているのも、ここまでです。夜空の星でいうなら、一等星の博多、二等星の門司港があり、博多の隣に連星の太宰府が光っているのが見えますが、あとは真っ暗。肉眼では何も見えません。

え、福岡県ってそれ以外何かあるの？

と思った人はよくよく地図を見てください。博多は福岡県のむしろ外れにあり、福岡県は瀬戸内海側や有明海方面にも展開していることがわかるはずです。そこそこ広さのある県なのです。にもかかわらず、肉眼で見えるのは博多と門司港、あとは太宰府、それだけです。福岡県に博多周辺と門司港以外に、いったいどんな観光地があるのか。とっさに三つ以上挙げられる人は、そうそういないのではないでしょうか。

仕方がありません。ここから先はハッブル望遠鏡で見てみましょう。

豪華絢爛キラキラ観音　成田山久留米分院

よくよく解像度をあげてみると、**久留米**に高さ六十二メートルの**大観音**が見えます。この大観音は、やたらゴージャスなことで知られており、額の白毫と呼ばれる部分には、直径三十センチの純金の板に三カラットのダイヤモンドが十八個埋め込まれ、胸には二千カラットの水晶、さらにその周囲には五十六個のヒスイがちりばめられているという具合で、貧乏人にはまばゆいばかり。大観音の内部に入ると、人類はみな平等などと謳ってありますが、そんな宝石ばかり見せられたあとでは、まったく腑に落ちません。それでも内部には地獄めぐりのアトラクションなどもあって楽しめるので、行ってみる価値はあるでしょう。

さらに、世界遺産に認定された**宗像大社**（むなかた）もありました。宗像大社の沖の玄界灘（げんかいなだ）には、沖ノ島という女人禁制の聖地があって、男子であっても観光などといった軽々しい目的では上陸できないことになっています。パワースポットとして非常に魅力的ではありますが、残念ながらこれは割愛せざるを得ません。

んんん、いくつか列挙してみましたが、博多の光がまぶしすぎるせいか、どうもわざわざ行ってみたい感がありません。なぜこんなことになっているのでしょうか。

あらためて地図を広げてみると、福岡県は中央部の筑豊、南部の三池など、かつて炭鉱で栄えた土地で占められていることがわかります。つまり、ひと昔前まで、福岡＝炭鉱地帯、だったのです。石炭もほぼ掘りつくされた今では、それが観光的に未発達の大地となって残ってしまっているわけです。

ああ、もういいよ、博多があればそれで。

なんだかそんな気持ちになってきました。

しかしもう少しがんばってみましょう。

篠栗霊場（ささぐり）はどうでしょうか。博多と筑豊を結ぶ篠栗線に沿って、霊場が点在しています。なかでも**南蔵院**と呼ばれる篠栗四国の一番札所には巨大な**涅槃像**（ねはん）があって、それなりに有名です。久留米と篠栗、二つの巨大仏を巡れば何かいいことあるかもしれない。

巨大で思い出しましたが、福津市にある宮地嶽（みやじだけ）神社には巨大なしめ縄があって、ちょっと面白いです。

派手な壁画が日本にも。王塚古墳

あとは、そうだ、筑豊の炭鉱地帯のなかに、**王塚古墳**という装飾古墳があります。近畿地方などにある古墳と違い、内部の壁画が原始時代っぽく、それでいてカラフルというプリミティブな古墳で、洞窟壁画などに興味のある人には面白いと思われます。

王塚古墳

九州には装飾古墳が多い。日本らしからぬ造形が新鮮。

自然はどうでしょうか。

県の西北部に日本三大カルストの一角を担う**平尾台**があります。山口県の秋吉台、愛媛県と高知県にまたがる四国カルストなどと比べると、起伏が激しく箱庭の風情があってなかなかです。ここにはカルストにつきものの鍾乳洞がいくつかあって、そのなかのひとつ**千仏**（せんぶつ）**鍾乳洞**は、洞窟の中に川が流れ、そこをバシャバシャ歩いて奥へ進める冒険気分たっぷりの洞窟です。九百メートル地点で照明設備はなくなりますが、地獄トンネルという狭い穴を抜けて、自力でさらに奥へと進むことも可能。ふつうの鍾乳洞に飽きた人にはもってこいです。ただし懐中電灯は必須。

それから、ほかには、ええと、ええと……。

ブッブー、タイムアップ！
福岡県からは以上です。

滋賀県

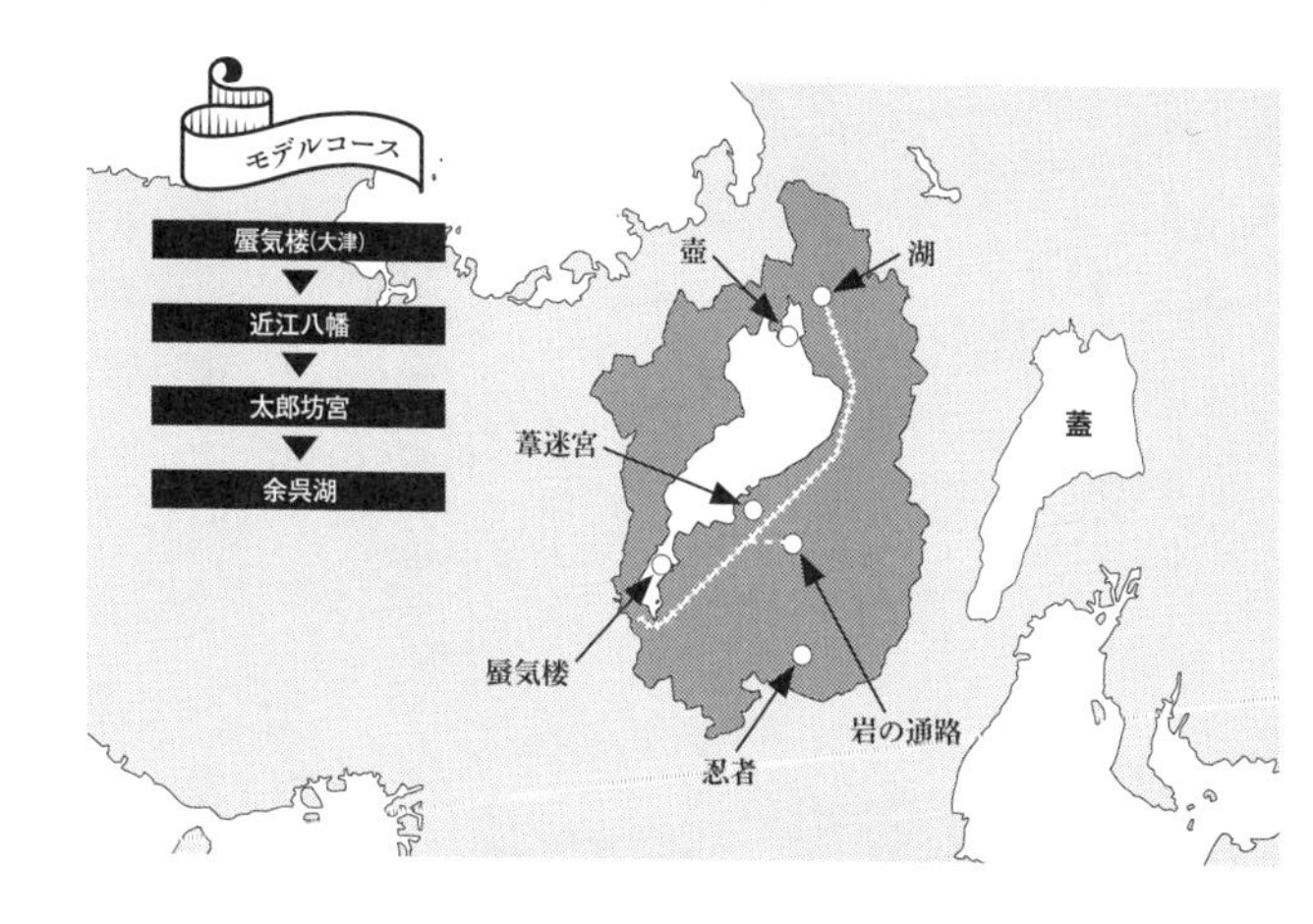

滋賀県は不遇の県です。

日本最強の観光地京都の陰にかくれ、存在感が消えています。京都の宿泊施設不足で外国人宿泊者が増えるという恩恵にあずかってはいるものの、それがまた屈辱だったりします。

実は滋賀県には魅力的な観光地がひしめいています。たとえば国宝**彦根城**をはじめ、**安土城跡**など、城好きにはたまらない県となっているうえ、**比叡山延暦寺**や**三井寺**（みいでら）などの大寺院もあれば、**甲賀忍者**もいる。かっこいい仏像もあれば、紅葉の名所もどっさりです。それだけのポテンシャルを持ちながら、観光地の権化、ラスボスともいえる京都府の隣にあるという不運。

もし京都の隣ではなく関東地方にでもあったなら、滋賀県の好感度、重要性はもっと増していたはずです。今からでも埼玉県あたりに引っ越せないものでしょうか。

しかし滋賀県の不遇の原因は、京都府の隣だから、というだけではありません。滋賀県自体にも問題がある。それは琵琶湖の存在です。滋賀県といえば琵琶湖を抜きに語ることはできません。日本最大の湖、琵琶湖は滋賀県の誇りでもある。

ですが、冷静に考えてみてください。湖って、何をするところでしょうか。これが海であれば、幾多のマリンスポーツをはじめ、海水浴、磯釣り、潮干狩りなどそれはもうバラエティ豊かな楽しみ方がある。川ならば散策したり、清流に心癒されたりできます。しかし湖

滋賀にはワンダーな日本がたくさん詰まっている。

は？　実は案外やることがないのが湖なのです。水辺の観光ポテンシャルには、

海＞川＞湖

という厳然たる序列が存在しています。

単純に泳ぐということを考えてみても、海や川と比べてなんとなく盛り上がらないのが湖ではないでしょうか。とすると湖の観光面での存在意義とは何でしょう。

遊覧船に乗る？

釣り？

たしかに琵琶湖では外来魚の釣りが人気ですが、そんなのは一部のマニアだけで、一般観光客にとって大きな魅力にはなりません。結局、湖はただ眺めるものなのです。であれば、そんなにでかくなくていい。むしろもっと小規模で雰囲気のいい湖がたくさんあったほうがよかった。

そんな観光的には微妙な巨大湖が、県のまんなかにどーんと横たわっているのですから、県外の観光客に無意識のうちにこう判断されている可能性があります。

湖＝退屈

滋賀県＝日本最大の湖

よって、

滋賀県＝日本最大に退屈

実に明快な三段論法です。

いっそ琵琶湖に蓋(ふた)をしてはどうでしょうか。日本最大の蓋。そういえば兵庫県にちょうどいい蓋があります。淡路島……。地図で見ると琵琶湖の形にぴったりです。もともと琵琶湖の蓋だったのではないでしょうか。

しかし今となっては戻すのも大変なので、やはりここは琵琶湖ならではの魅力、他の有象無象の湖には決して追従できないすごい何かを見つけ、汚名返上したいところです。ただでかいとか日本一とか言っていても埒があきません。

ミズウミ侮りがたし！　琵琶湖あれこれ

琵琶湖にしかないすごいもの、実はあります。

春先に**蜃気楼**が見られるのです。蜃気楼といえば富山湾が有名ですが、琵琶湖の蜃気楼もそれにひけをとらない面白さです。蜃気楼には大別して上位蜃気楼と下位蜃気楼があって、下位蜃気楼は逃げ水のようなどこでも見られるものですが、上位蜃気楼は遠くのものが近くに見えたり、逆さに見えたりと面白く、われわれが蜃気楼といって期待するのはこっちです。

そして琵琶湖は、富山湾と並びこの上位蜃気楼が見られる日本で数少ない場所のひとつなのです。

さらに葛籠尾崎(つづらおざき)の湖底、水面下七十メートルのところには**謎の遺跡**があります。たくさんの壺が湖の底にきちんと上を向いて並んでいるのです。水深七十メートルといえばダイバーでもなかなか潜れるものではありません。それなのにいったいなぜそんな場所に壺が並んでいるのか、いまだ解明されていません。こうした例を挙げるだけでも、琵琶湖がただの平板な水面ではないことが理解できるのではないでしょうか。

そうして大味な湖のイメージを払拭してみれば、琵琶湖の周囲に数々の魅力的観光スポットがちりばめられている。侮りがたし滋賀県。

最初に挙げた城やお寺、忍者や仏像、紅葉のほかにも伊吹山の高山植物、長浜の黒壁スクエア、針江(はりえ)の川端、そして水郷などなど。

近江八幡(おうみはちまん)の水郷は、福岡県の柳川(やながわ)、茨城県の潮来(いたこ)と並び、日本三大水郷のひとつですが、私の見たところ三つの中でももっとも迷路度が高く、冒険的なのが近江八幡です。葦原(あしはら)のなかをさ迷う船の旅は、船頭さんが帰り道を忘れたら遭難しそうなほどです。

その他、県内各地で行われる火祭りや、東近江の**太郎坊宮**には悪人が通ろうとすると塞がると伝えられる岩の通路があったり、琵琶湖の北にある**余呉湖(よごこ)**なども風情があります。何度も言うように、おしなべて退屈なのが湖というものですが、余呉湖には観光開発した気配がほとんどなく、そうやって捨て置かれた湖だからこそ、逆に味わいが醸し出されている気がします。湖はそっとしておくのが一番なのです。

観光的魅力たっぷりな県、それが滋賀県です。なのに思ったほど人が来ない。京都さえなければ……。

一番いいのは京都に淡路島をのっけて蓋をすることかもしれません。

山形県

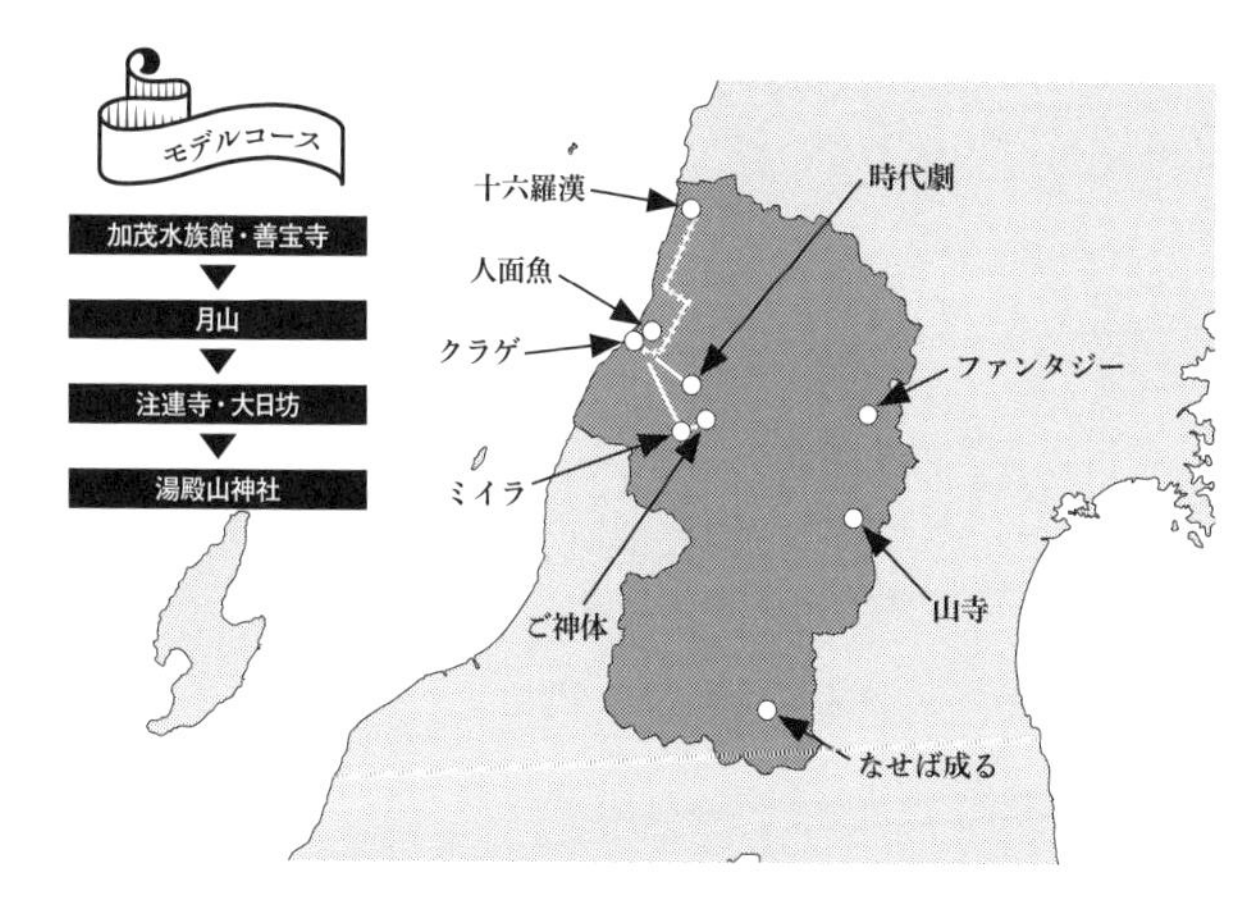

モデルコース
加茂水族館・善宝寺
月山
注連寺・大日坊
湯殿山神社
十六羅漢
人面魚
クラゲ
ミイラ
ご神体
時代劇
ファンタジー
山寺
なせば成る

山形県をひとことで表すとすれば何だろうかと、ずっと考えているのですが、なかなかいい答えが見つかりません。明らかにある特徴があるのですが、それをなんと表現していいのかわからないのです。悩んだ末に判明したのは、山形県には二つの印象が混在しているということです。

他人に語ってはならない　湯殿山のご神体

だから、ひとことで言えなかったのです。二つの印象とは、異世界っぽさと、狙ってる感とでもいいましょうか。異世界っぽさの代表格はもちろん**出羽三山**です。修験道の聖地といえば紀伊半島の大峯（おおみね）や国東（くにさき）半島、石鎚山（いしづちさん）など全国にいくつかありますが、出羽三山はなかでもとりわけ謎めいています。

たとえば**湯殿山**（ゆどのさん）のご神体。古来、これを拝んだ者は決してご神体の姿を他人に語ってはならないとされ、現在でも写真撮影厳禁、スケッチなどももちろんできません。今でこそ、インターネットで検索すれば誰かが撮った写真がそこそこ出てきますが、決して見てはいけません。ご神体は必ず自分の眼で見なければならないのです。

また即身仏の存在も山形県の異世界っぽさを際立たせています。生きたまま土に埋まりミイラ化した僧侶の遺体が、**大日坊**や**注連寺**（ちゅうれんじ）などいくつかの寺で公開されているのです。なぜ死ぬとわかっていてそんな修行をしたのか。異様ともいえる習俗にわれわれは戦慄せざるを得ません。

こうしてみると、まさに異世界の入口としかいいようのない出羽三山なのですが、単に異世界的であるだけでなく、同時にミステリー脳を刺激してくるところにうまく興味をかきたてられた感があります。ネッシーや雪男と同列に語ってみたくなる雰囲気とでもいいましょうか。たまたまではありましょうが、これによって他の修験道の聖地との見事な差別化、絶妙なポジショニングがなされているわけです。

異世界っぽさと狙ってる感の混在という意味では、有名な**銀山温泉**を挙げてもいいかもしれません。

東北地方の温泉といえば、普通は秘湯っぽいというか、古くからの風情を残した温泉が多いわけですが、銀山温泉は、大正から昭和初期にかけての建物が中心で、夜になると川の両側に並んだそれらの建物にあかりが灯っておしゃれだと旅雑誌などで人気です。たしかにどことなく映画『千と千尋の神隠し』のような雰囲気。先日、男ふたりで出かけてしまい、実に場違いな場所に来てしまったというか、呼ばれていない感をひしひしと感じました。

加茂水族館

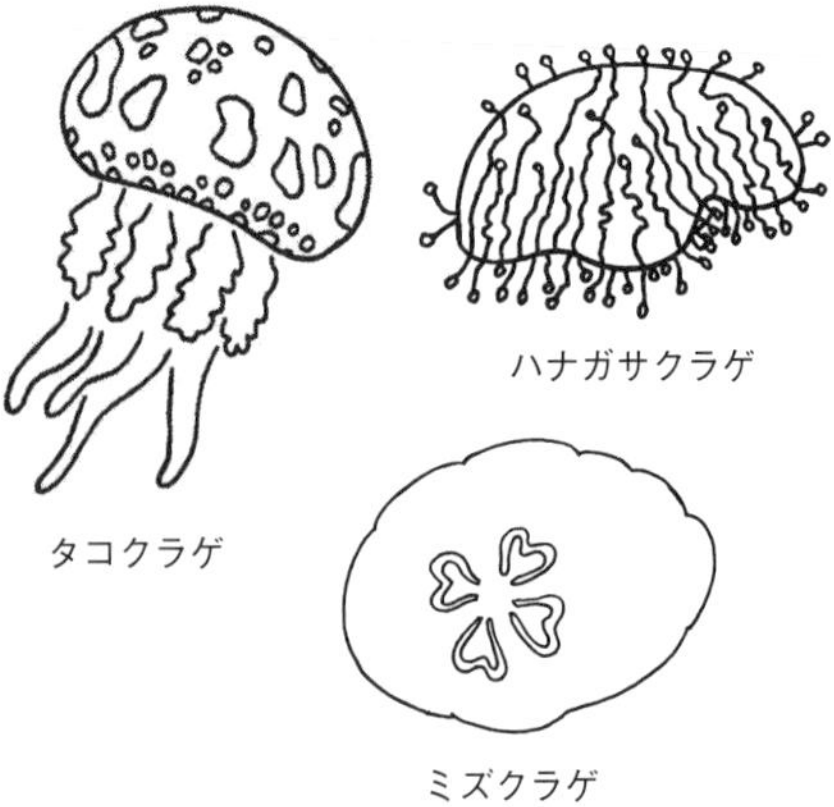

タコクラゲ

ハナガサクラゲ

ミズクラゲ

50種類以上のクラゲが展示されていた。
いつまでも見入ってしまう。

クラゲの種類日本一 加茂水族館

さらに鶴岡市郊外にある**加茂水族館**も、ひとひねり加わった施設です。

ここは日本で唯一のクラゲ水族館で、かつては赤字続きで閉鎖は時間の問題とされていました。それがクラゲのおかげで一躍人気スポットになったのです。一時はラッコ方面で切り抜けようとしたもののうまくいかず、そこから今度は海の中の神秘的な生きものに特化することで差別化を図り、その後大成功を収めたというわけです。

現在飼育しているクラゲの種類はもちろん日本一。どの水槽にもひたすらクラゲが泳いでいる様子は、ちょっとした異次元世界のようです。

こうした観光地を見てくると、どこもまるで狙ったかのように（実際に狙っているかどうかは別として）、現代人のファンタジー嗜好やミステリー嗜好にさりげなく寄り添っていることがわかります。なかなかの手練れの県と言わざるを得ません。

このほかにも山形県には、**蔵王**や、**山寺**（立石寺）、**最上川の川下り**、酒田市には**土門拳**（どもんけん）**記念館**があったり、**月山**（がっさん）の麓に時代劇映画の広大なオープンセットがあったりして観光地にはことかかないわけですが、ためしにここで、県の観光部の資料から山形県でもっとも人気のある観光スポット、一番結果を出してるのはどこなのか調べてみますと、それは蔵王でもなく、山寺でもなく、出羽三山でも加茂水族館でもなく、松岬（まつがさき）公園とのことでした。

松岬公園？

なんだそれ。

聞いたこともありません。いったいどこにある公園かというと、米沢城だそうです。園内には上杉謙信公を祀る上杉神社があり、桜の名所でもあるそうですが、なんだかふつう。

申し訳ないですが、私としては、鶴岡に人面魚でも見にいったほうが面白いように思います。

鶴岡市にある**善宝寺**（ぜんぽうじ）の池には、人面魚が生息していると昔テレビで話題になったことが……、おお、ここにもミステリー。

人面魚はその後すっかり忘れ去られましたが、今でも生息しています。見にいったところ、人面というより犬の顔のようで犬面魚と呼びたい気がしました。

ま、あれこれ言いましたが、いずれにしても、つい行ってみたい気持ちにさせられるスポットの多い県であることは間違いないので、みんな行くといいでしょう。

思えば最初に庄内平野を訪れたときは、その明るさに驚いたものです。それは地味で暗いという東北のイメージからはほど遠いものでした。青々と広がる広大な水田と、そのむこうにそびえる鳥海山の美しい姿。東北が、しかも日本海側がこんなに明るい場所だったなんて、西日本育ちの私はさっぱり知りませんでした。

その庄内平野にある**吹浦**（ふくら）という海岸には、岩を削って造った十六羅漢があり、ここも観光地になっています。海をバックにした羅漢像など他に例がなく、なんてかっこいいんだと感心しますが、これもなんとなく、磯に仏像彫ったら珍しいから人来るんでね？　みたいなうまいこと考えた感が滲んでる気がするのは、私の考えすぎでしょうか。

愛知県

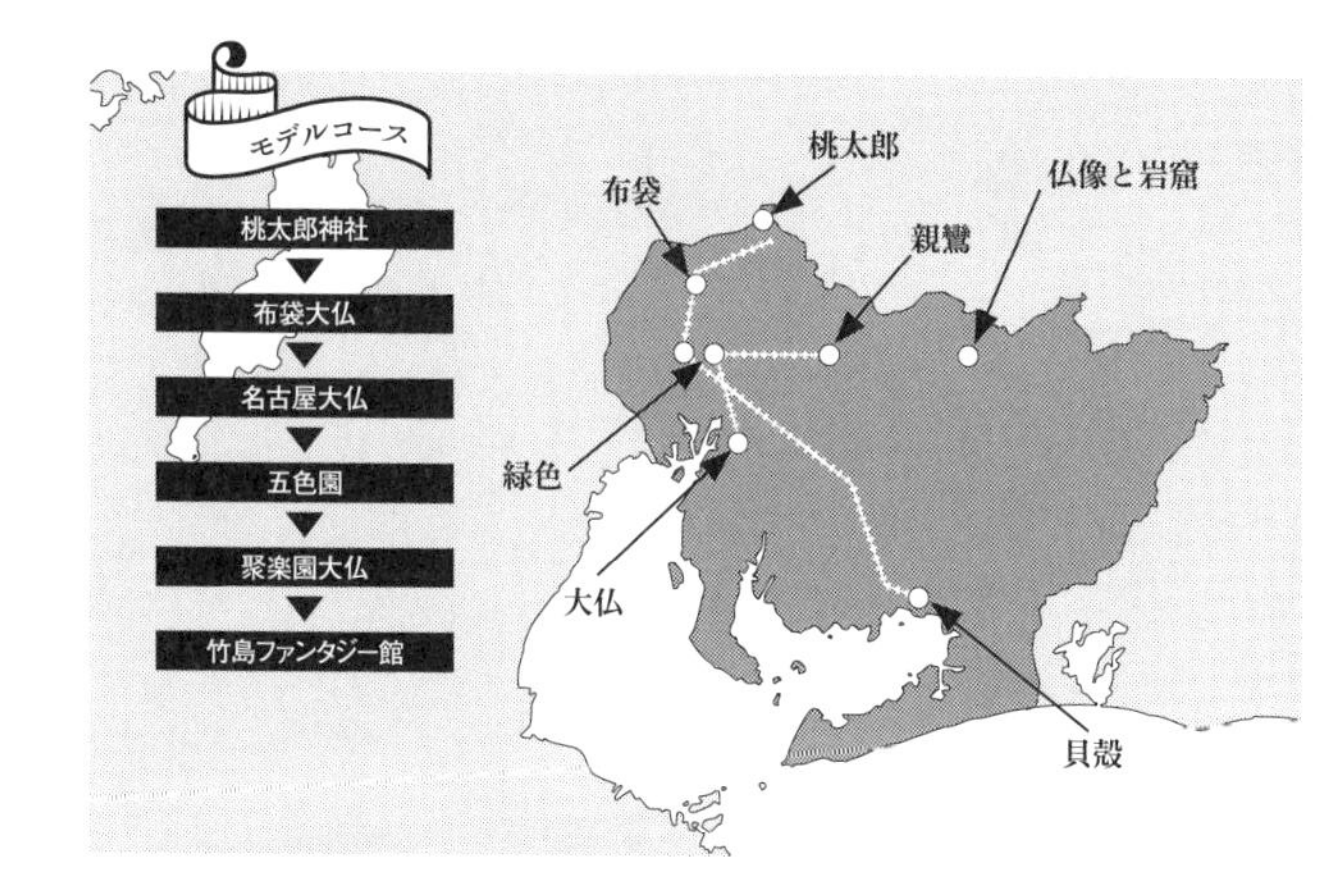

モデルコース
桃太郎神社
布袋大仏
名古屋大仏
五色園
聚楽園大仏
竹島ファンタジー館
桃太郎
布袋
仏像と岩窟
親鸞
緑色
大仏
貝殻

数年前に名古屋市が実施した「都市ブランド・イメージ調査」で、「行きたい」度が、国内主要八都市（札幌・東京・横浜・名古屋・京都・大阪・神戸・福岡）中ダントツ最下位、七位大阪市の十分の一にも満たないポイント数という不名誉な結果に終わった名古屋市。

自分で調べて自分が最下位だったわけで、はじめから、ひょっとしたら、という危機感があってあえて調べたのではないかと思われます。

たった八都市の比較とはいうものの、たとえばこれに仙台、広島が加わったとしても、さらに新潟・金沢・松山・熊本などが加わったとしても、きっと最下位だったんじゃないかと思わせてしまう名古屋ブランド。自他ともに認める「とくに行ってみたくない」感は、かなりの深刻度といっていいでしょう。

ためしにここで名古屋の観光地を思い浮かべてみます。名古屋城、熱田神宮、名古屋港水族館、東山動物園。愛知県全域に目を向けてみると、国宝犬山城、明治村などなど。観光地はそこそこあるものの、似たようなものはよその県でも見られそうです。

こうなると、愛知県は新幹線の窓から見ればいいや、とさっさと結論を出してしまいたくなりますが、ちょっと待ってください。それは早計というもの。実は愛知県の底力はこんなものではありません。それどころか、ある意味では全国トップクラスの観光県とも言えるのです。

先入観をふり払い、真っさらな目でよくよく愛知県を見てみると、そこに他県の追随を許さない素晴らしい観光資源が眠っていることに気づきます。気を持たせずに結論から言いましょう。愛知県が全国に誇れる観光資源、それは、

「B級スポット」です。

二〇〇〇年以降急速にブームになったB級スポットが、どういうわけか愛知県に集中しています。具体的に統計をとったわけではありませんが、私の印象では、単位面積あたりのB級スポット数は全国平均の倍、いや、それ以上あるような感じがします。

例をあげましょう。

なんじゃこりゃの三大仏　愛知各市

まずは**桃巌寺**（とうがんじ）**の名古屋大仏**。高さ十五メートルほどの大仏が千種（ちくさ）区の街なかに鎮座しています。ビルやマンションに交じって大仏がそびえる光景はかなりのインパクト。しかもド派手な緑色です。なぜ緑色かというと、ご住職が好きな色だからだそうで、仏像が好きな色に塗ってもいいものだったとは、初めて知りました。

ほかにも江南市には、得体の知れない笑みを浮かべた**布袋**（ほてい）**大仏**があります。高さは十八メートルで、住宅の間から、ぬっと姿をあらわすさまはかなり異様。背中は建物と合体し、大

仏としても異形です。さらに東海市の高台にも**聚楽園大仏**（しゅうらくえん）がある。どの大仏もそれぞれ単体では有名でなくても、これだけ密集して存在しているとなると特殊です。

なぜ愛知県に集中するのか。

偏愛？　コンクリート像　愛知各市

大仏以外にも、親鸞聖人の教えを数々のコンクリート像で表現した**五色園**（ごしきえん）は、だだっ広い公園に、唐突にユルい像が置かれてあって、どういうジャンルの観光地と考えていいのか理解に苦しみます。犬山市のはずれにある**桃太郎神社**にも同様のコンクリート像があふれ、そもそもなぜ犬山に桃太郎かという大前提からしてよくわからないうえに、コンクリート像のユルい表現がB級度をいや増しに増しています。これらのコンクリート像を製作したのは浅野祥雲という昭和の仏師で、今ではひそかに研究本も出るほど人気上昇中。

え、知らない？

いやほんとに人気なんです。「B級スポット」界では知る人ぞ知る存在です。

このほか、豊田市に仏像がひたすら並ぶ**風天洞**（ふうてんどう）と呼ばれる岩窟、蒲郡（がまごおり）市には貝殻で作られたジオラマが延々続く**竹島ファンタジー館**など、きりがないのでこのへんにしますが、よくぞこんなにヘンなスポットばかり集まったものだと、吸引力の強さには驚くばかりです。

なぜ愛知県にこれほど「B級スポット」が多いのでしょうか。大都市近郊のわりに土地が余っていた、名古屋人のヘンなもの好きな気質など、さまざまな説が唱えられていますが、真相はいまだ解明されていません。解明しようとしている人がいるのかどうかも定かではありません。

しかし、そういえば名古屋には他県では見られないヘンな食べ物が多い。おまけに独特な喫茶店文化が発展しており、そこには何かしら一貫したポリシー、もしくは性癖のようなものがうかがえます。だとするなら、それこそが名古屋そして愛知県の、他県に優る個性であり、お城だの水族館だのどこにでもありそうな観光施設に頼るよりも、独自の道をゆけという、これは神のお告げなのではないでしょうか。Ｂ級と呼ばれるのが面白くないなら、珍スポットでもいい。

愛知県のキーワードは「珍妙」。

いいのではないでしょうか。

この線をもっと打ち出しておけば「行きたい」度最下位などという不名誉な地位に甘んじることはなかったはず。いやそれでも最下位だったかもしれませんが、もはやどうあがいても、Ａ級路線では、日本の首都である東京や、超有力観光地を擁する関西には勝てないのです。ここは虚栄心を捨て、自分たちの真の価値を見つめなおすことによって、二十一世紀の新しい観光を牽引していくべきです。愛知県にはそれだけのポテンシャルがある。

え、何？　Ｂ級とか珍妙とか言われるぐらいなら観光客なんか来なくていい？

何を言うか！

今こそエリート意識を捨て、地に足のついた発想が肝要。

決してバカにして言っているのではありません。真に新しいものは、最初は理解されないものなのです。そしてそれは異端のなかからしか生まれないのです。今は珍妙でも、それは二十二世紀のスタンダードかもしれない。愛知県の可能性は無限です。

広島県

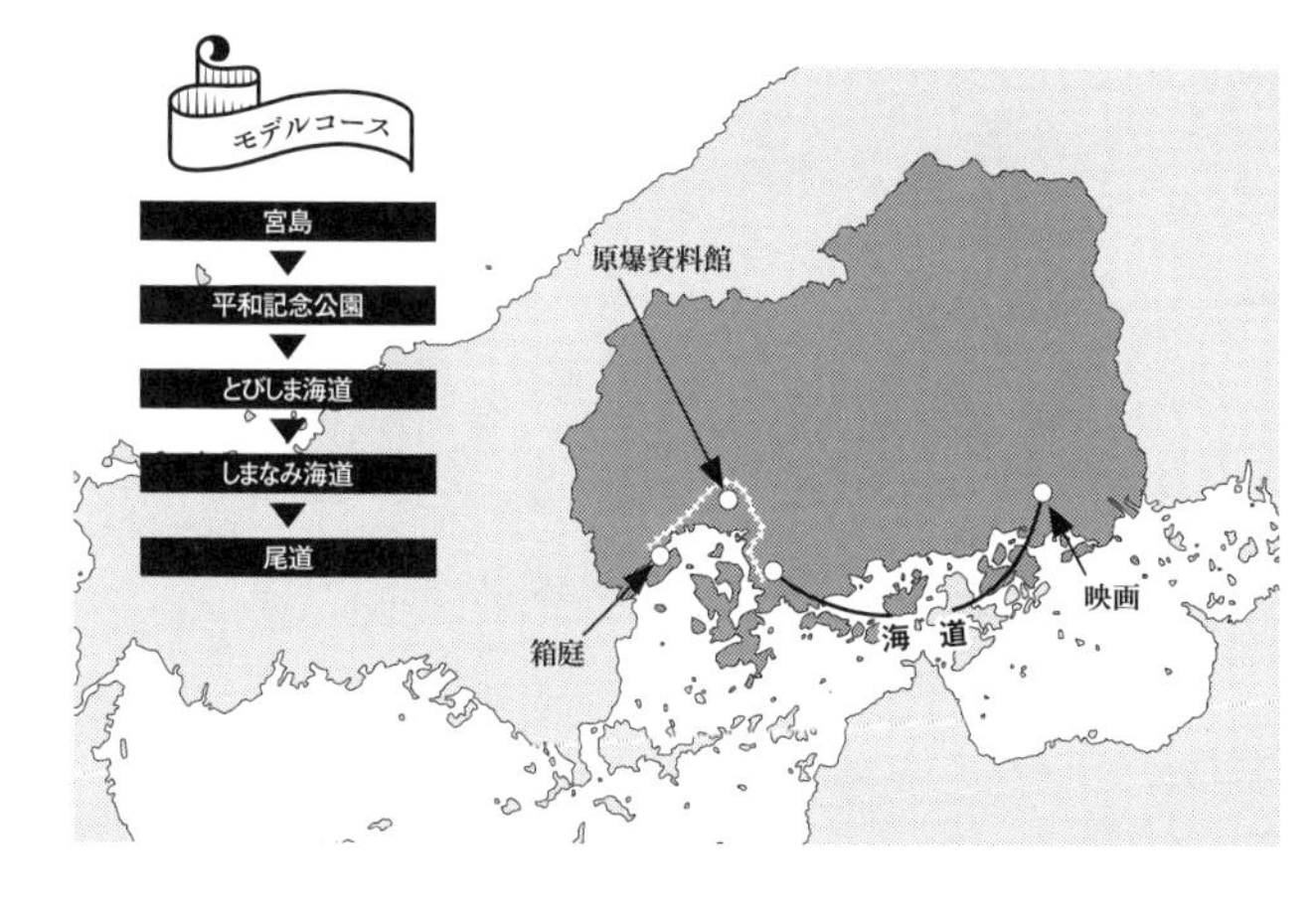

広島県は、観光地に恵まれています。外国人観光客も非常に多く、他県がうらやむほどの充実ぶりです。筆頭はなんと言っても**安芸の宮島**。海の中にそそりたつ**大鳥居**は、富士山や芸者とならんで日本観光の象徴ともいえます。外国人が鳥居というとき、頭に思い浮かべているのは約九十二パーセントが厳島神社のものと言われているほどです（テキトー）。

鳥居だけでなく、海面すれすれに建つ**厳島神社**もユニークで、島の奥にはお寺もあれば渓谷もあり、さらにロープウェイで山頂に登ることもできたり、水族館があったり、鹿がほっつき歩いていたり。狭い島のなかに見どころがコンパクトに詰まっている環境は、優良観光地のお手本といってもいいでしょう。観光客はこういうなんでもありの箱庭的スポットが好きなのです。聖と俗、歴史とモダン、自然と人工、そういったもろもろが入り混じったところに動物でダメ押し。鉄壁のフォーメーションというほかありません。

小ぎれいになった　原爆資料館

宮島以外では、オバマ前大統領がやってきた**平和記念公園**があります。

ここにある**原爆資料館**は、日本人なら、いや、地球人なら一度は見ておくべき施設でしょう。かつては入口に巨大なキノコ雲の写真があって、どーんという大きな音とともにオレンジ色に光っていました。あとに続く展示もそれはそれは恐ろしく、見学した日の夜はなかなか寝付けないほどのインパクトを残したものですが、今ではずいぶん小ぎれいなミュージアムになり、かつてほど真に迫ってこなくなったのは残念な気がします。

ともあれ、以上の二ヶ所（厳島神社と原爆ドーム）はともに世界遺産であり、世界遺産を二つも持つ県などそうそうあるものではありません。

そして広島県のすごいところは、これで終わらないところです。

映画と坂の街**尾道**（おのみち）、映画『崖の上のポニョ』の舞台とされる**鞆の浦**（とものうら）など、風情のある町が並んでいるかと思えば、最近では呉にある**大和ミュージアム**や、うさぎ島として知られる**大久野島**（おおくのしま）も人気上昇中。

瀬戸内海を走る二本の道　しまなみ海道・とびしま海道

さらに何といっても忘れてはいけないのは、**しまなみ海道**でしょう。尾道から愛媛県の今治まで、六つの島を伝って伸びる道路は、歩行者や自転車でも渡れるとあって、人力で渡れない岡山＝香川間の瀬戸大橋以上に親しまれています。

また、しまなみ海道のほかにも、**とびしま海道**と呼ばれるもうひとつの海上の道があるのをご存じでしょうか。これは呉市の東から五つの島を伝って西へ延び、現在愛媛県の岡村島に渡ったところで終わっていますが、地図を見ると、その先も橋をかければ、しまなみ海道

尾道のロープウェイ

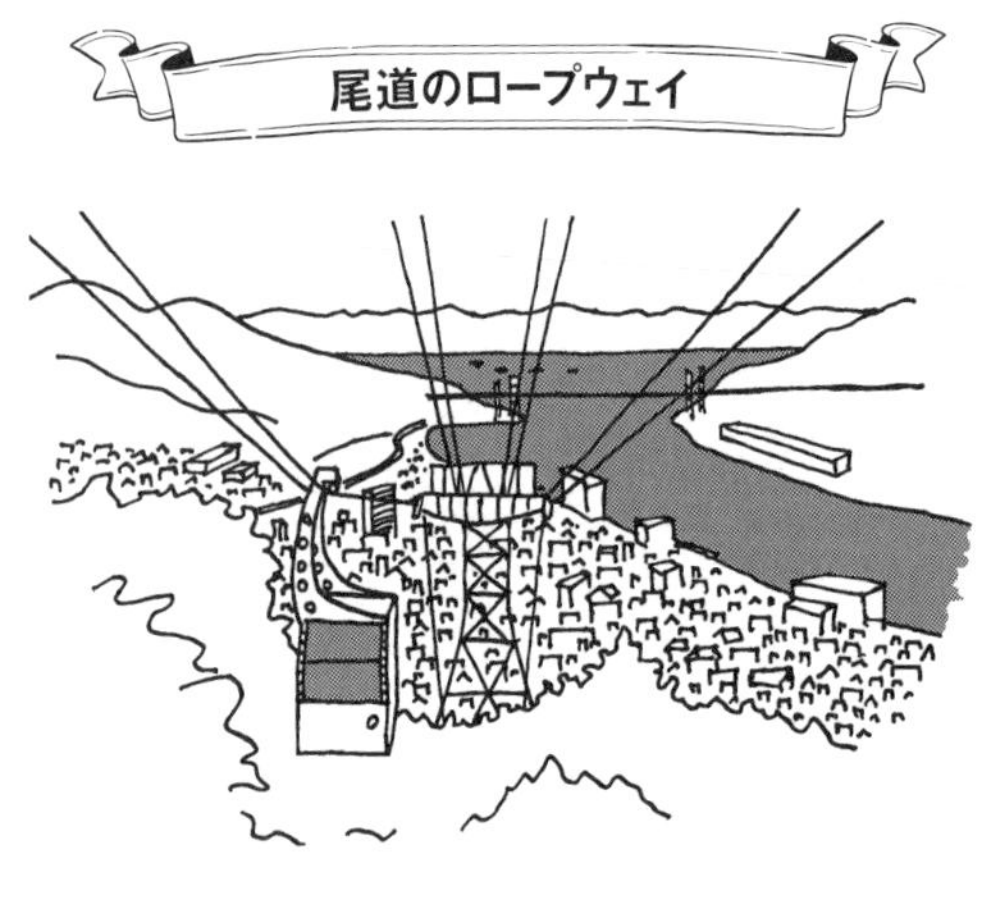

駅のかっこよさは日本一。

の大三島に接続できそうです。

というか地図を見るとですね、そこはもう橋をかけて繋いでくれといわんばかりの島の並びなのであって、橋がないほうが不自然なぐらいです。でなければ、なぜ岡村島まで橋で繋いだのか。ここはぜひ愛媛県に圧力をかけ、岡村島から大三島を繋いでもらえると、瀬戸内の旅のバリエーションがさらに豊富になっていいと思うので、国土交通省もリニアなんか造ってないで、ここに橋をかけてほしいところです。地元にどんなメリット・デメリットがあるか全然知りませんが、私の観光の都合上ここには橋が必要です。

というわけで、広島県の紹介は、観光スポットいっぱいいめでたしめでたし。で終わってもいいのですが、ここで冷静になって考えると、ある事実を忘れていたことに気づきます。

広島県の上のほうはどうなってるんだっけ？

ここまで挙げてきたのは、すべて瀬戸内海沿いのスポットでした。しかし広島県にとって瀬戸内海沿岸は、片面でしかありません。いや片面どころか面積でいえば、県全体の三分の一ぐらいではないでしょうか。残りはどうなっているのか。

山になっています。

順風満帆、向かうところ敵なしの瀬戸内に対し、圧倒的に存在感を消されている中国山地がそこにあります。そしてまさにそれこそは、兵庫県の項でも触れた西日本大味ベルト地帯の一部なのでした。

西日本大味ベルト地帯とは、兵庫県中部の竹田城から西に向かって山口県の秋吉台にぶつかるまでの、中国地方の山中を東西に貫く観光地密度が著しく低いゾーンのことで、まあ、何も観光だけが存在意義ではないので現地は大きなお世話とは思いますが、旅行者としてはこのへんに何かひとつぐっとくるものが欲しいところです。

広島県でこのあたりの観光地といえば、三段峡や帝釈峡（たいしゃくきょう）などの渓谷ということになるでしょうか。

ただ日本はそこらじゅう渓谷だらけで、われわれはこれまでの人生で、もうさんざん渓谷を見てきました。渓谷なんて、わざわざ広島県まで出かけなくても近所にある。大都市圏を除けば、スタバに行くより渓谷に行くほうが近いぐらいです。

そんなわけなので、他県からここに観光客を呼ぶには、何かが必要です。たとえば明るさ。そもそも渓谷とはつまり谷底のこと、新緑や紅葉の季節は美しいものの、普段は狭くて暗くて陰気です。そのぶん明るい渓谷は貴重で魅力的に映るわけで、そういう場所なら行ってみたくなるかもしれません。

あと中国山地といえば、昔ヒバゴンという謎の生物の存在が取り沙汰されたことがあります。しかし、ツチノコだのイッシーだの、そういった謎の生物も今ではもう魅力を感じられなくなってしまいました。写真も映像も自由に捏造できる時代、UFOだの幽霊だの謎の生物は飽和状態です。今はそれより深海生物でも見ていたほうが現実的に面白く、もはや伝説の生物の出番はないと思ったほうがいいでしょう。

と思っていたら、三次(みよし)市に三次もののけミュージアムなる素晴らしい博物館ができたとの情報が入ってきました。《稲生物怪録(いのうもののけろく)（江戸時代中期に稲生武太夫の体験した怪異を記した物語）》の舞台となった土地に、妖怪の博物館が登場したというのです。調べてみるととても面白そうではないですか。大味ベルト地帯などとくさしてすみませんでした。前言を撤回し、今こそ行くべきは広島県の上のほうということに修正します。

神奈川県

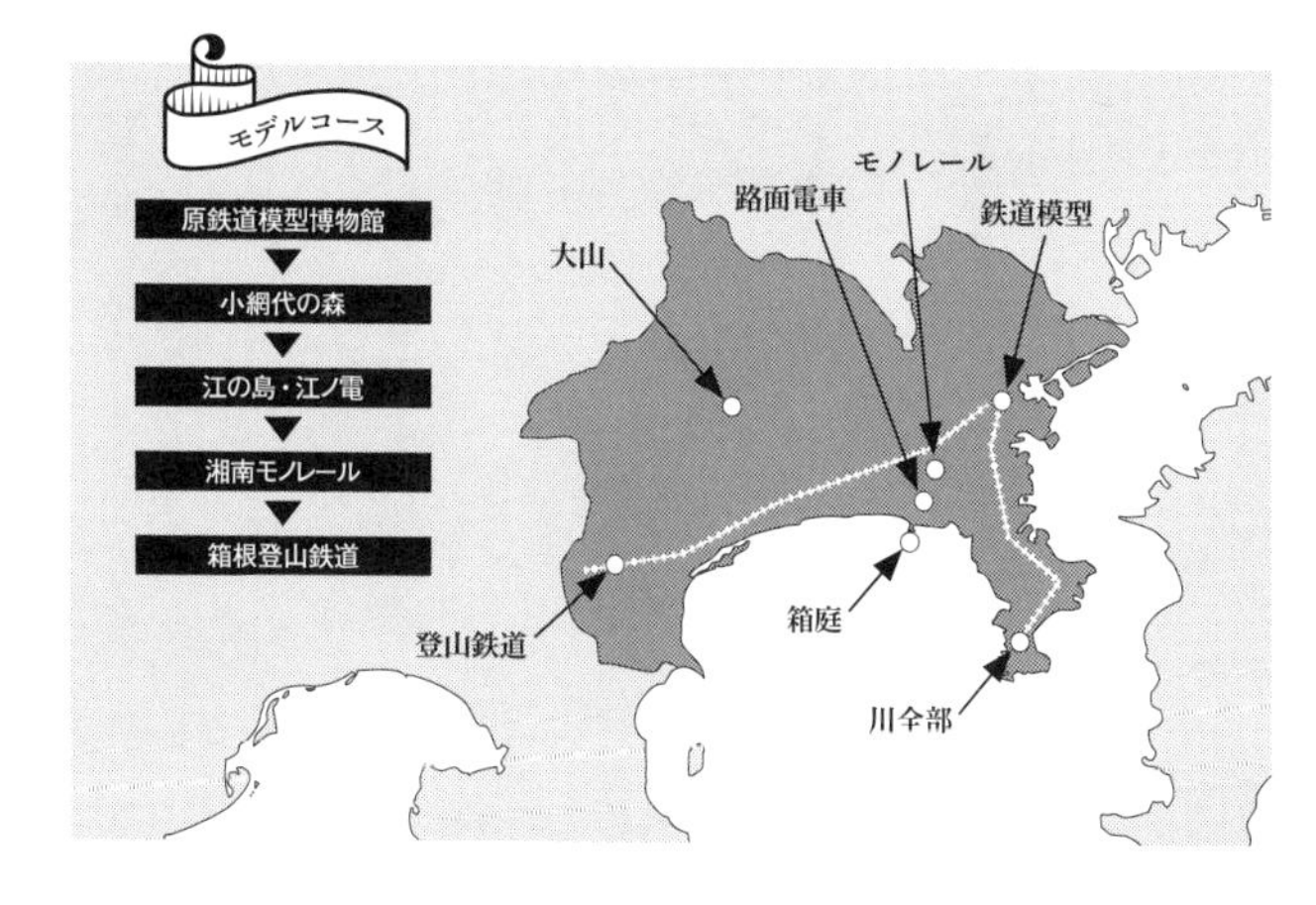

モデルコース
原鉄道模型博物館
小網代の森
江の島・江ノ電
湘南モノレール
箱根登山鉄道
大山
路面電車
モノレール
鉄道模型
登山鉄道
箱庭
川全部

最近、神奈川県に対するバッシングが強まっているという話を何かで読みました。エラそう、すかしてる、他県をバカにしている、というのです。

たしかに、のっぺりと起伏がなく退屈な関東平野から少し距離を置いているせいか、関東にあるにしては、珍しくメリハリのある県になっており、やっかみもあってそんなふうに言われるのかもしれません。神奈川県をひとことで言うなら「すかしてる」とでも断定してみれば、なんとなくそうかもしれないという気がしてきます。

しかし本当にそうでしょうか。

神奈川県とひとくちに言っても広い。横浜や湘南、鎌倉だけでなく、三浦半島や、丹沢の山々もある。北は東京の高尾山の裏側まで広がり、西はなんと静岡県のものかと思っていた箱根や芦ノ湖（あしのこ）までも実は神奈川県というのですから、これらすべてがエラそうだというのは無理があります。果たして丹沢の山々がすかしているでしょうか。芦ノ湖が他を見下しているでしょうか。仮に神奈川県に他を見下している者があるとしても、ごく一部の地域に過ぎないでしょう。

それより、神奈川県にはもっと大きな特徴があります。ひとことで言うなら、それは「ジオラマ感」です。

どういうことか説明しましょう。

神奈川県には観光地がたくさんあります。

　横浜周辺には、みなとみらいや中華街、山下公園など定番スポットが集中していますし、少しいけば古都鎌倉や江の島もあり、箱根には幾多の温泉や大涌谷(おおわくだに)、芦ノ湖もある。その他、よくよく見れば、海、山、大都会、島、渓谷、湖、温泉、古都、城、庭園、遊園地、動物園、水族館、博物館、美術館、パワースポットなど、考えうるほぼ全種類の観光資源が揃っているのです。足りないものといえば、湿原と鍾乳洞ぐらいでしょうか。いや、それとてどこかにあるかもしれない。

　とにかくなんでもある。それが神奈川県の特徴です。

　というと向かうところ敵なしと思われそうですが、ひとつひとつ見ていきますと、そのほとんどが小さい、もしくは狭いということに気づきます。

　たとえば古都鎌倉は、京都、奈良に比べてかなり狭い。一時は東日本の中心になりかけた都にしてはずいぶんな狭さです。

　大仏も小さい。かつては奈良の大仏に次ぐナンバー2の位置を誇っていた鎌倉大仏ですが、そこらじゅうに新規の巨大仏が乱立する今のご時世、歴史的価値は別として、見た目のインパクトはどうしても弱くなってしまっています。また東海道線に乗っていると、大船(おおふな)の小高い山に大船観音がのっそり建っているのが見えますが、あれも大きそうに見えて上半身しかありません。

その他、小田原城もとくに大きくありませんし、あんまり関係ないけど横浜名物のしゅうまいも小さい。

そもそも三浦半島にしてからが、東の房総半島、西の伊豆半島に比べて、ずっと小さいわけです。もっと小さい真鶴半島なんていうのもある。

いったい神奈川県には大きなものがあるのでしょうか。ランドマークタワーぐらいでしょうか。大磯のビーチがロングだ、という意見もありますが、全国的に見ればそのぐらいロングな浜はいくらでもあります。

このように、これといって大きなものがない神奈川県なわけですが、だからといってバカにしたいわけではありません。むしろそこがいい。神奈川県が面白いのは、それら小さきものたちが、ごちゃごちゃに入り混じって、そこらじゅうでジオラマ感をかもし出しているところなのです。

愛しきちまちま感　江の島

たとえば**江の島**。小さな島のなかに神社あり商店街あり、タワーもあれば、登山用エスカレーターまであり、裏に回れば大きな洞窟もある。島全体がまるで箱庭のようです。

は、もうまるごとジオラマにしたいほどかわいい。同じ電車でいえば、**箱根登山鉄道**も小さな電車がゴトゴト山を登り、その途中途中にいろんな温泉がある。なんとも贅沢で密度の濃い路線といえます。

また、**江ノ電**のミニチュアっぽさは言うまでもありません。路地並みに狭い線路を走る姿

ぶらぶら行こう　湘南モノレール

まだあります。**湘南モノレール**をご存じでしょうか。大船から江の島にかけて、日本でも数少ない懸垂式のモノレールが走っています。乗ってみると、古い住宅地の上をガタガタ走り、山あり谷あり、トンネルや急勾配の坂まであって、まるでジェットコースターのよう。終点は高いビルのてっぺんだったりするのもなんだか不思議で、これら三つの路線を、私

神奈川の五大レール

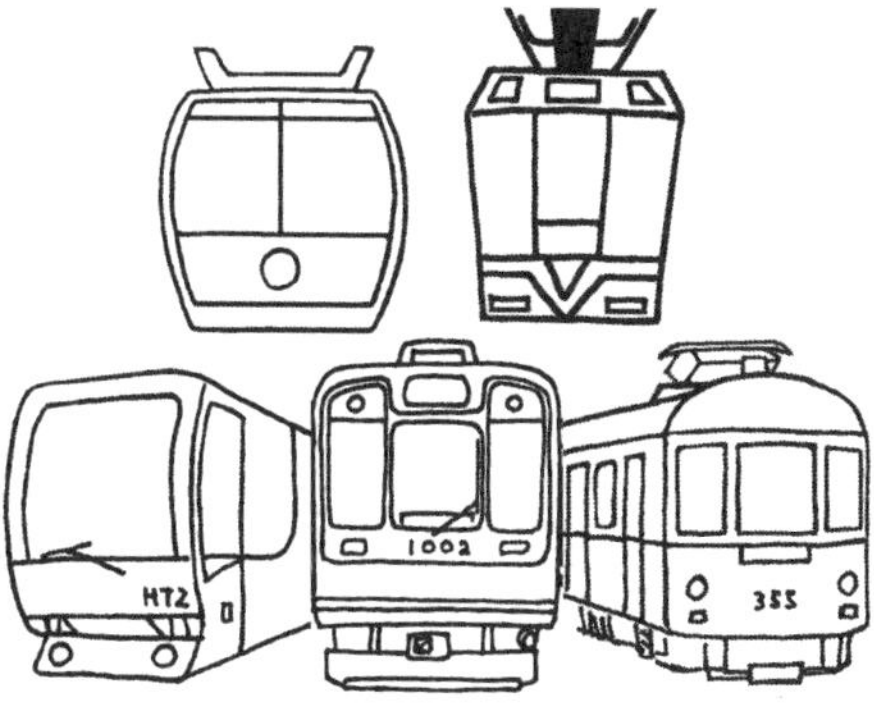

上右から、箱根ロープウェイ、湘南モノレール。
下右から、箱根登山ケーブルカー、江ノ電、箱根登山鉄道。

は神奈川三大ジオラマ路線と呼びたい。

それだけではありません。三浦半島も小ささのわりに高低差が激しく、京浜急行で走っていくとこれまた崖ありトンネルありの風景がめまぐるしく変化するジオラマ半島になっています。

その三浦半島の先には、ひとつの川を源流から河口までまるごと保存した**小網代の森**があって、遊歩道を歩けば、一時間ちょっとで川の全部を見て回ることができる。一時間で川全部！　なんてコンパクトなんでしょうか。こんな場所は全国でも滅多にありません。

このように、なんでもあって、すべてが小さくて、それがぎゅっと集まっている。そんなジオラマの中をさ迷う幻惑感こそ、神奈川観光の魅力です。

めくるめく神奈川。

そして、そんなジオラマ県のまさに象徴ともいえるスポットが横浜にあります。

原鉄道模型博物館。

フロアいっぱいに広がる全国屈指の巨大鉄道模型は、何時間でも見ていられる密度と完成度で、われわれを別の世界に誘ってくれるのです。

沖縄県

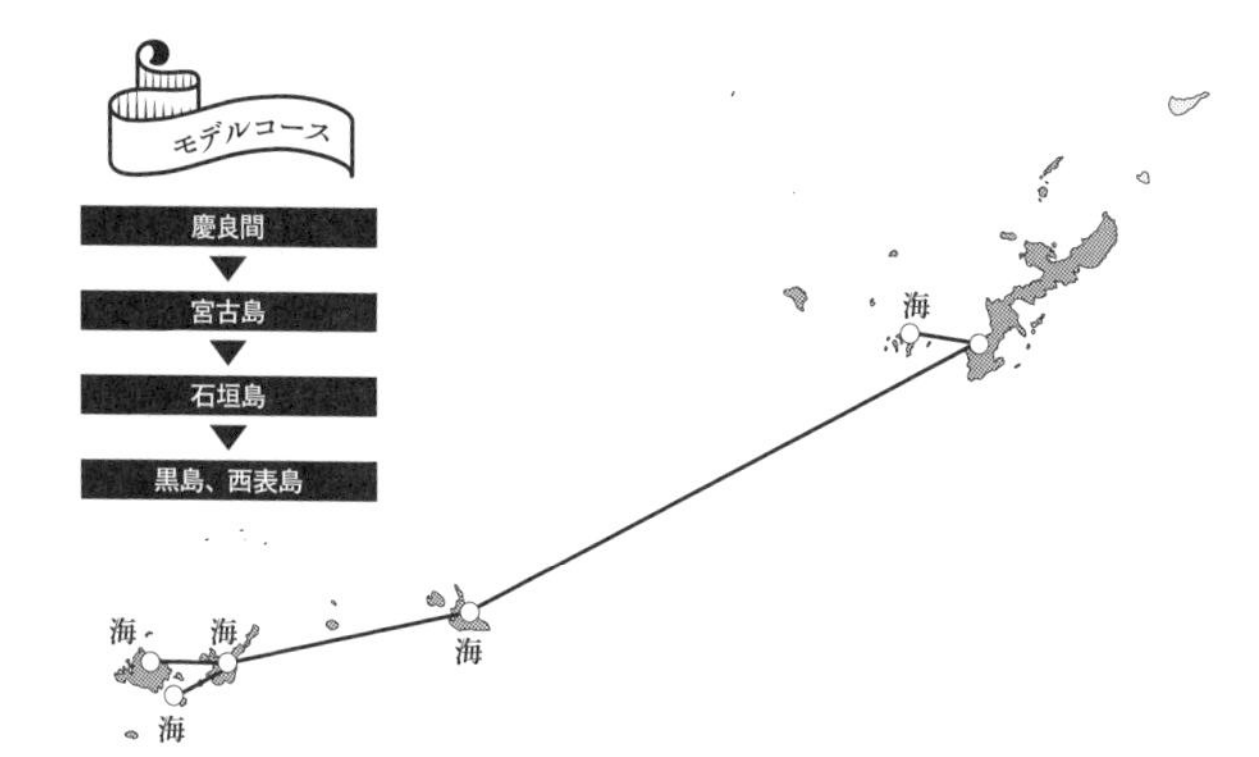

沖縄県について書こうとして机に向かいながら、私は今途方に暮れています。みんな大好きな沖縄県。本屋に行けば、たくさんの沖縄本があふれています。今さら私が何を付け足すことがあるでしょうか。

そもそも私が沖縄に行くときは、ほぼ海に浮かんでいるのであって、陸の上にいったい何があるのかよく知りません。

美ら海（ちゅらうみ）**水族館**に、世界遺産**首里城**（しゅりじょう）、**国際通り**に泡盛に沖縄民謡に、ひめゆりの塔？ あとはどんな観光上のチョイスがあるのでしょう。何もないと言いたいわけではありません。知らないのです。きっと知る人ぞ知るディープなスポットがいろいろあるでしょう。これはどの県でもそうですが、とくに沖縄については黙っちゃいられない人が多そうです。

そんなわけで、他人は知りませんが、私が見たところ、沖縄県には海しかありません。それもシュノーケリングで楽しめる浅い海。それで十分なのが沖縄県であり、私に言わせればあとは全部おまけにすぎません。異論はあるかと思いますが問答無用。沖縄まで行って海に入らないでどうする。

沖縄県民はあまり海で泳がないと聞きますが、本土からきた観光客にとっては、あんな青い海を見せられて黙って見ていることなどできるわけがありません。あの青い水面の下には、そこらじゅう美しいサンゴ礁があって、カラフルな熱帯魚が群れ泳いでるはず、そしてときどきはイルカやマンタや、運が良ければクジラだって見られるはず、そんな期待に胸を膨らませてしまいます。

　でも実はこれがそう簡単な話ではありません。たしかにビーチへ行けば、青い海と白い砂、そして熱帯魚なんかも少しいるでしょう。しかし、沖縄本島中心部でシュノーケリングして、いつかテレビで見たあの竜宮城のようなサンゴ礁に出会えるかといったら、それは案外難しい。沖縄ならどこの海でもあんな感じと思ったら大きな間違いなのです。

　なので、真の竜宮城を訪れたいと思うならば、離島に行くことをおすすめします。

シュノーケル天国　慶良間諸島

　一番いいのは、**慶良間諸島**(けらま)に渡ること。那覇の泊港から日帰り可能なので、渡嘉敷島(とかしき)、座間味島(ざまみ)、阿嘉島(あか)のどれかに渡って海へ突入すれば、すばらしいサンゴに出会うことができるでしょう。というか、那覇まで行って、慶良間諸島に渡らない意味がわかりません。

　那覇に行く＝慶良間諸島に行く
　これが常識です。

　異存もいろいろありそうですが、耳を貸す気はありません。

　沖縄には他にも離島がたくさんありますが、全部の海を知っているわけではないので、なかでもとくに大きな**宮古諸島**、**八重山諸島**について書いてみたいと思います。

二〇一五年に伊良部大橋が完成し、宮古島とすでに繋がっていた池間島、来間島、そして伊良部島と繋がっていた下地島、これら五つの島が車で行き来できるようになりました。

もしあなたがてっとり早くサンゴ礁の海を堪能したいのであれば、宮古諸島はうってつけです。まあ、沖縄本島以外はたいがいうってつけなんですが、なかでも宮古諸島はどこで海に入っても、だいたいきれいというパラダイスです。これが八重山諸島になると、島によって個性がありすぎて、どこでもいいというわけにはいかなくなります。八重山よりも範囲の狭い宮古群島は、その意味でシュノーケラー天国といえるでしょう。

宮古島の吉野海岸、新城海岸、来間島の橋を渡ってすぐ左、池間島の北側の小さなビーチ、さらに下地島の中ノ島など、どこを潜っても大丈夫。ただ宮古島の与那覇前浜にはサンゴはありません。ここは白砂を楽しむビーチ。あとイムギャーマリンガーデンは地形が複雑で面白そうに見えますが、入ってみると汽水のせいで、水中メガネで見るとぐにゃぐにゃになってしまうのが、やや残念です。

何、そんな細かい情報いらない？

もっと陸のことも書け？

そうですか。では少しだけ。伊良部島の北側に**佐和田の浜**という遠浅のビーチがあります。

佐和田の浜タトゥイーン

干潮時に行くのがおすすめ。

ここは海の中に大きな岩がごろごろ転がるふしぎな景色が特徴です。大津波によって海中の岩が運ばれてきたといわれています。
面白いのは干潮時。遠浅の海がはるか二キロも後退し、まるで砂漠のような景色に変わるのです。そしてその砂漠に転がる大量の岩。これを見たとき、私はスター・ウォーズに出てくる惑星タトゥイーンを思い出しました。ここは絶景といっていいでしょう。

天国に一番近い諸島　八重山諸島

八重山諸島にいきます。
宮古諸島よりもたくさんの島があり、そのそれぞれが際立った個性をもつ八重山は、この世の天国です。石垣港離島ターミナルに立つと、船の行先としてたくさんの魅力的な島の名前が掲示されていて、じっとしていられない気分になります。

そして**石垣島**といえば、マンタ。ボートで見にいけば簡単で安全なので、乗るといいでしょう。浜から海に入ってすぐ楽しめた宮古と違い、八重山でシュノーケリングするにはボートに乗ることが多くなります。白保（しらほ）や、米原はビーチエントリーも可能ですが、いいスポットは結構沖にあることが多いのです。

一方ボートは、いろいろと個性的なスポットに行けて楽しいのですが、乗れば当然お金がかかります。その点は注意しておいたほうがいいでしょう。

気軽に海に入るには**黒島**などがいいですが、ボートに乗る予算があれば**西表島**（いりおもて）が強力おすすめです。海底一面がすべてサンゴに覆われた絶景を楽しむことができます。

日本最南端（有人島のなかで）の**波照間島**（はてるま）にも、すばらしいビーチがありますが、サンゴをたくさん見るには沖まで泳ぐことになります。また台湾に近い与那国島（よなぐに）は、黒潮の流れが速くシュノーケリングには向きません。ここではむしろボートからワイヤーで引っ張ってもらって海中遺跡（？）を見るのが面白い経験になるでしょう。

長野県

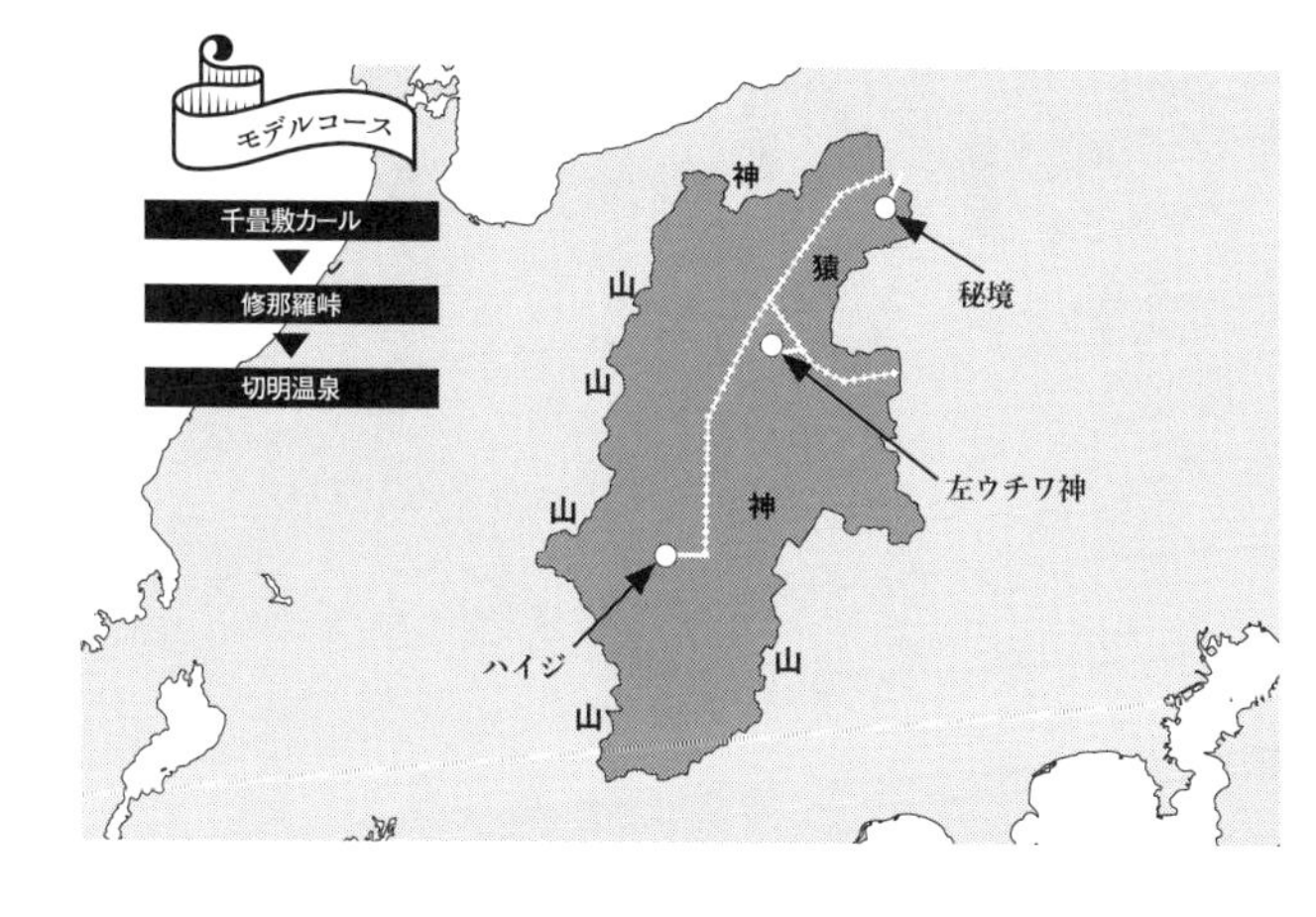

長大な日本アルプスを擁する長野県をひとことで表すとすれば、それはもう「山」というしかないでしょう。

名峰と称される素晴らしい山々が、長野県を取り囲んでいます。ですので、山好きであれば選りどりみどり、どれでも好きな山に登るといいでしょう。

たとえそれほど山が好きでない人でも、気軽に行ける高原が多くあるので、好きなところへ行くといいでしょう。それさえも興味がないという人には、たくさんの温泉があります。もうほんと、どこでも勝手に行けばいいでしょう。

なんだか投げやりなようですが、そのぐらい観光地としてはテーマがはっきりしており、とくに言いたいこともないのです。

山や温泉以外にも、国宝**松本城**や**善光寺**、**軽井沢**、**諏訪湖**、**安曇野**、中山道**妻籠宿**などなど、いろいろありますが、名だたる山々に比べれば、どれもおまけのようなもの。日本最高レベルの山が県内どこからでも見えるのですから、山のない関東平野に少し分けてやりたいぐらいです。

ただ、じゃあ山を観光しようとなった場合、山慣れた人はいいのですが、そうでない人にとっては少々やっかいです。見るだけならともかく、山の良さ、本当の面白さを体験しようとすると登らなければならないからです。

山登りはきつい。きついどころか下手すると遭難したりする。

なぜ観光にきて、わざわざ大変な思いをしないといけないのか。高原でいいだろ高原で。高原牧場でアイスクリーム食って帰ろう。そう思っている人がたぶんこの世に半分ぐらいいます。いや、もっといるかもしれない。

そういう人は、登山家たちがあこがれる北アルプスの槍ヶ岳、穂高岳、さらに剣岳（これは富山県ですが）などの写真を見ても、ちっともワクワクしません。あんなゴツゴツした無骨な岩山に自分が登ったところを想像しても、とくに面白そうに感じません。

ハイジ的な草の斜面へ　中央アルプス・南アルプス

でも中央アルプスの木曽駒ヶ岳だったらどうでしょうか？　南アルプスの仙丈ヶ岳は？　槍ヶ岳の北へ続く、野口五郎岳から薬師岳への稜線（富山県ですが）の写真を見たらどう思うでしょうか？

そこには岩山とは違って、広々とした草の斜面が広がっています。おお、岩山なんか登りたくないけど、こういうハイジ的な斜面だったら行ってみたい。なかには、そう、ときめく人もあるのではないでしょうか。

たとえ今はときめかなくても、人間は中高年になると人生に疲れ、草花などの自然に目覚めがちですから、そのうち魔が差して山に行きたくなったりするかもしれません。

体力的に無理という場合でも、たとえば、北八ヶ岳ロープウェイで**縞枯山**（しまがれやま）や**北八ヶ岳**に上がるとか、中央アルプスの駒ヶ岳ロープウェイで**千畳敷カール**（せんじょうじき）に上がるとか、栂池（つがいけ）ゴンドラリフトとロープウェイで**栂池自然園**、あるいはバスで乗鞍（のりくら）の**畳平**（たたみだいら）などという楽チンルートも用意されているので、ためしに上がってみることをおすすめします。乗り物を降りると、上はとても景色が良くて、空気もおいしく、めっちゃ寒いです。

えっ、そうですか。寒いのだめですか。

わかりました。無理ったら無理という人のために、別の角度から長野県に光を当ててみようと思います。

そこになにかいる!?　安宮神社

長野県＝「人じゃないものの世界」
山自体もともとそういう世界です。そこは人間よりも野生動物の世界であり、また神の領域でもあります。べつに長野県でなくたってそうなのですが、長野県の神様についていうと、なんだか独特なのです。
パワースポットである**諏訪大社**や**戸隠**（とがくし）の神々は、われわれのよく知る伊勢や出雲の神様、さらに身近な八幡さんとか、お稲荷さんとか、天神さんなどとは雰囲気が違って、自然の力がとりわけ濃厚な感じがします。

さらに田沢温泉から千曲方面に少し戻った修那羅峠にある**安宮神社**は、修那羅大天武命に

安宮神社の石像

アポロ地蔵

ガリガリ君地蔵

女学生地蔵

奪衣婆（大雲寺）

奇妙な石仏がたくさん見られる。その数1000体以上と言われている。

よって開かれた小さな神社なのですが、この修那羅大天武命自体も聞いたことがないうえ、境内には無数のふしぎな石仏、石神が並んでいます。シンバタレ神、ミヤクニヨアウワコレイ神、ラツソ神、ハアハ神などなど、まったく知らない神様のオンパレード。なかには左ウチワ神、ピエロ観音、アポロ地蔵などギャグみたいな神仏も紛れ込んでいますが、全体としてとても異様な世界です。

長野県は道端に道祖神もたくさんあって、そこらじゅう神様だらけといっても過言ではありません。民俗学者ではないので、間違っているかもしれませんが、長野県は全国にチェーン展開している神様とは違うタイプの神様があふれている気がします。

さらに「人じゃないもの」としては、**地獄谷温泉**に温泉につかる猿がいて、外国人観光客に人気です。われわれにすれば猿なんて何が珍しいのかと思いますが、外国人がいくので日本人もつられて見にいっています。

それから新潟県との県境付近、中津川の上流には、小さな集落が並ぶ**秋山郷**(あきやまごう)と呼ばれる一帯があります。ここは全国の秘境のなかでもとりわけ秘境と考えられており、最奥にある**切明温泉**(きりあけおんせん)に予約を入れたところ、駅から送迎車に乗って宿まで約二時間かかりました。最寄駅から片道二時間の送迎は生まれて初めてです。採算とれるんでしょうか。

江戸時代にこの地を旅した鈴木牧之(ぼくし)は、まるで中世以前のようなこの地の暮らしに驚き、

『秋山記行』を著しました。それによれば、村人は、豪雪地帯にもかかわらず、ろくに壁もない竪穴住居のようなところに住んでいたとのこと。人があまりに少ないため、蚊もいないと彼は書いています。今では道路が通じていますが、ときどき豪雪によって道が寸断され、何日も閉じ込められたりするようです。ここも本来は「人じゃないものの世界」だったのかもしれません。

奈良県

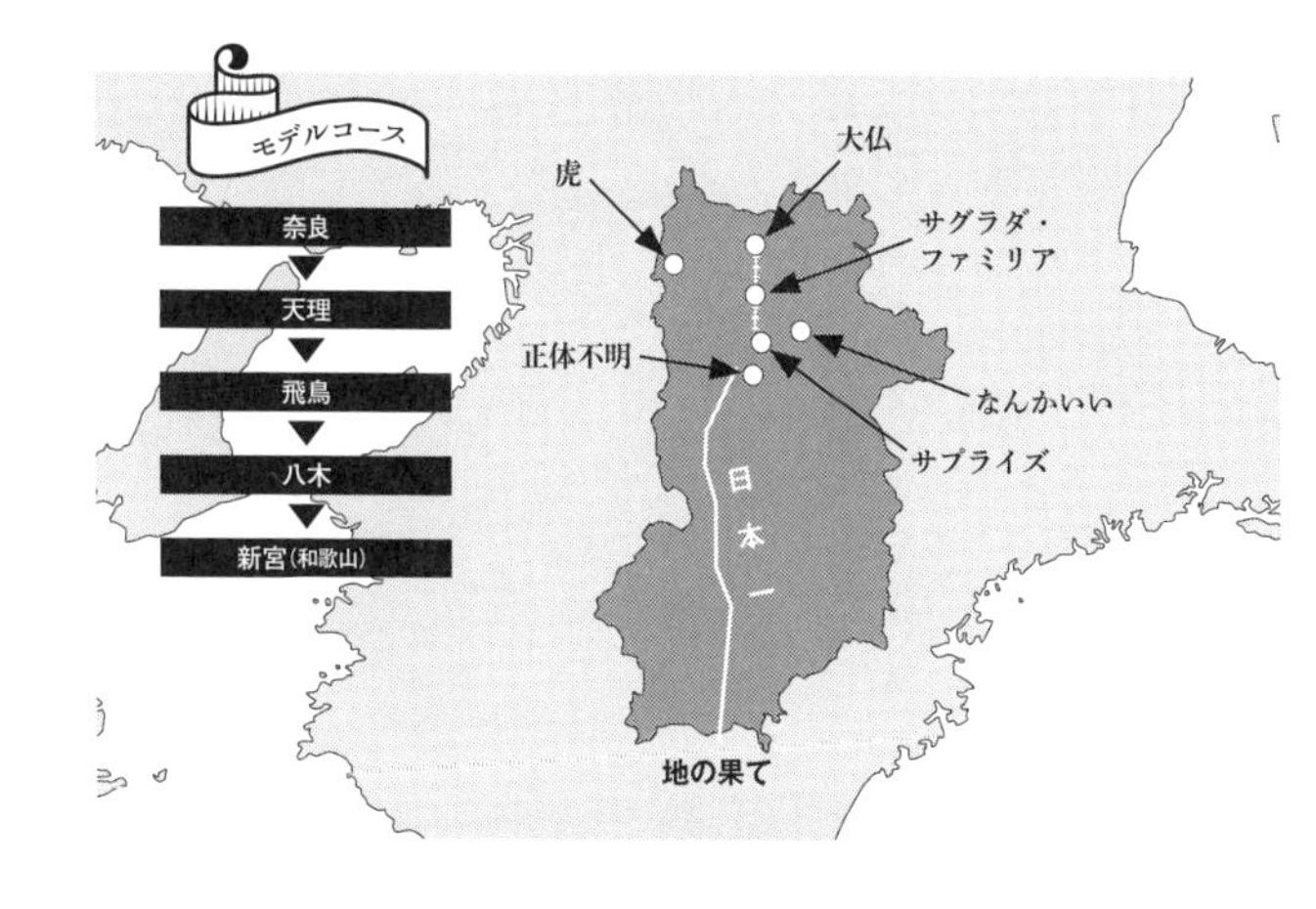
モデルコース
奈良
天理
飛鳥
八木
新宮（和歌山）
虎
大仏
サグラダ・
ファミリア
正体不明
なんかいい
サプライズ
日本一
地の果て

奈良県の印象をひとことで言い表すとするなら、それは「カサカサしている」です。かつて都のあった歴史上重要な県であり、その意味で京都と比較されることの多い奈良県ですが、何かにつけ煌びやかな京都に比べ、カサカサしています。夏であってもまるで晩秋のような枯れ具合。

柿食へば鐘が鳴るなり法隆寺

とはよく言ったもので、これがみずみずしい夏の西瓜(すいか)を食っていたら、鐘が鳴っても、ちっともさまにならなかったでしょう。

仮に京都を朱色とイメージするなら、奈良は茶色。歴史が古い分だけ、色が褪せてしまったかのようです。京阪神に住む関西人のなかには、京都があれば奈良いらんのちゃう、と思ってる人間もときどきいます。

このように地味と言えば地味な奈良ですが、ただ枯れて古ぼけているわけではありません。よくよく心を研ぎ澄ましてみると、そのカサカサの裏に独特の不気味さが隠されているのが感じられます。

たとえば京都が陰陽道だの魔界だののオカルト的な側面をたまに打ち出してくることがありますが、それはただ人間の心の闇を表現したものに過ぎません。妖怪だの鬼だの幽霊だの名前のついた怪異は、結局は人間が作り出したもの。

奈良の後ろ暗さは、そんなわかりやすいものではありません。人間などはるかに超越した大宇宙の暗さとでもいいましょうか。目に見える風景の背後にうっすらと虚無がはりついているようなそんな不気味さがあるのです。

法隆寺釈迦三尊像

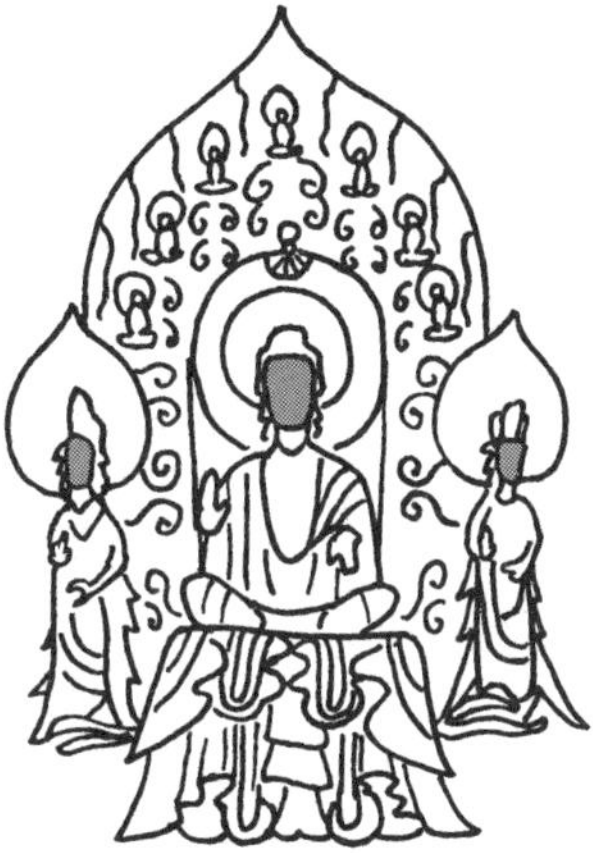

奈良の仏像はときどき顔がこわい。

どこに、と聞かれると、そこらじゅうにとしか答えられないのですが、たとえば**法隆寺の釈迦三尊像**や**救世**（ぐぜ）**観音**の表情を見ても、衆生を救おうなどとは微塵も考えていない、もっと次元の違うことを考えているのがわかります。**當麻寺の練供養**（たいまでら ねりくよう）の何ともいえない不気味さ。お寺も神社も、京都に比べて人間くささが薄い気がします。（【當麻寺練供養】25の菩薩が来迎橋の上を練り歩く。大きな仮面を被って歩く行列が圧巻）

京都のしっとりした人肌の闇に対

し、奈良の乾いた虚無的な闇。奈良を観光するときは、世界の虚ろさ、世の無常を儚みつつ歩くのがおすすめです。カサカサした風景がしっくりして見えてくるからです。

有名な観光地は、**東大寺大仏殿**、**春日大社**に**若草山**、そして**平城京跡**や、**法隆寺**、**薬師寺**、**唐招提寺**など。どこへ行っても見応えがありますので、好きなところへ行くといいでしょう。

初めて奈良を訪れる人は、だいたいそのあたりを巡って帰ります。

ただし、それでは見るべき奈良の半分も見たことにならないことは、言っておいたほうがいいかもしれません。

味わい深いディープサウス　奈良南部の仏閣

というのも、奈良盆地の観光スポットはざっくり南北二つのゾーンに分かれており、今のは北の奈良。京都に近いほうの奈良なのです。一方で、南のほうにも奈良があり、交通の便が今ひとつで県外からなかなか行きにくいのですが、**橿原神宮**を筆頭に、**當麻寺**、**飛鳥**、**室生寺**、**吉野**といった味わい深い観光スポットが集中しています。

なかでも私のおすすめは**長谷寺**。何がいいかと聞かれると答えに窮するというか、際立った特徴はないのですが、なんかいい。

え、参考にならない？

では、白洲正子が絶賛した**聖林寺**(しょうりんじ)**の国宝十一面観音**を見にいくのはどうでしょう。国宝に期待していくと、その前にものすごいサプライズがあるので是非いってみてください。何があるかは敢えてここでは伏せておくことにします。

南の奈良からさらに南へ下ると、パワースポット天河(てんかわ)を経て大峰、熊野へと続く修験者の世界が待ち受けています。最後は地の果て和歌山へとつながりますが、この修験の奈良は、あまりに山深いため観光難易度が高く、車がなければ、大和八木から日本最長の路線バスに乗って和歌山県の新宮に抜けるのが精一杯で、関西人ですら滅多に行かない秘境と呼ぶにふさわしいゾーンになっています。

そのほかに奈良で気になる観光地としては、米俵が群れをなして空を飛ぶ日本屈指のSF絵巻、国宝「信貴山縁起絵巻」で有名な**朝護孫子寺**(ちょうごそんしじ)があります。虎の置き物があふれたカオスな寺として知られ、虎のトンネルや、宝くじ必勝祈願銭亀善神など、庶民的アトラクション施設が並ぶB級感あふれる光景は、国宝の寺と思ってやって来た観光客をとまどわせています。

日本随一の宗教都市　天理市

また独特な場所といえば、宗教都市**天理**を忘れるわけにはいきません。天理教の聖地である「ぢば」を中心に、一大都市が発達しているのです。このような宗教都市は日本では、たぶんここだけでしょう。

「ぢば」に建つ神殿の礼拝場は誰でも入ることができ、広大な畳が敷かれた清々しい空間になっています。天理市には参考館という質の高い民族学の博物館があり、好きでたまに行くのですが、そこへ行くときは、信者でもないのにこの畳の大広間にあがってどーんと休憩することにしています。

そして天理で何といっても驚くのは、おやさとやかたと呼ばれる巨大なビルです。高さは高いところでも七階建てぐらいですが、神殿を取り囲んで一辺が八七〇メートルの正方形になるよう建設中、しかもいつ完成するかは未定という、サグラダ・ファミリアかよ、とツッコみたくなる話のデカさ。ビルは千鳥破風の連続する瓦屋根になっており、和洋折衷の不思議な大景観が生まれています。

正体不明の奈良がここに　飛鳥

さて、いろいろ挙げてきましたが、奈良県でもっとも忘れてはならない場所が残っています。それは**飛鳥**。

謎に満ちた場所は全国各地にありますが、飛鳥ほど正々堂々とわけがわからない場所はありません。誰が何の目的で作ったのか不明の石造物群、ペルシャ人らしき石像など、真に得たいの知れないもの目白押し。

日本の歴史の中心地に、謎の物体が続々出てくるこの底抜け感こそ、奈良県の真骨頂と言えるでしょう。

大分県

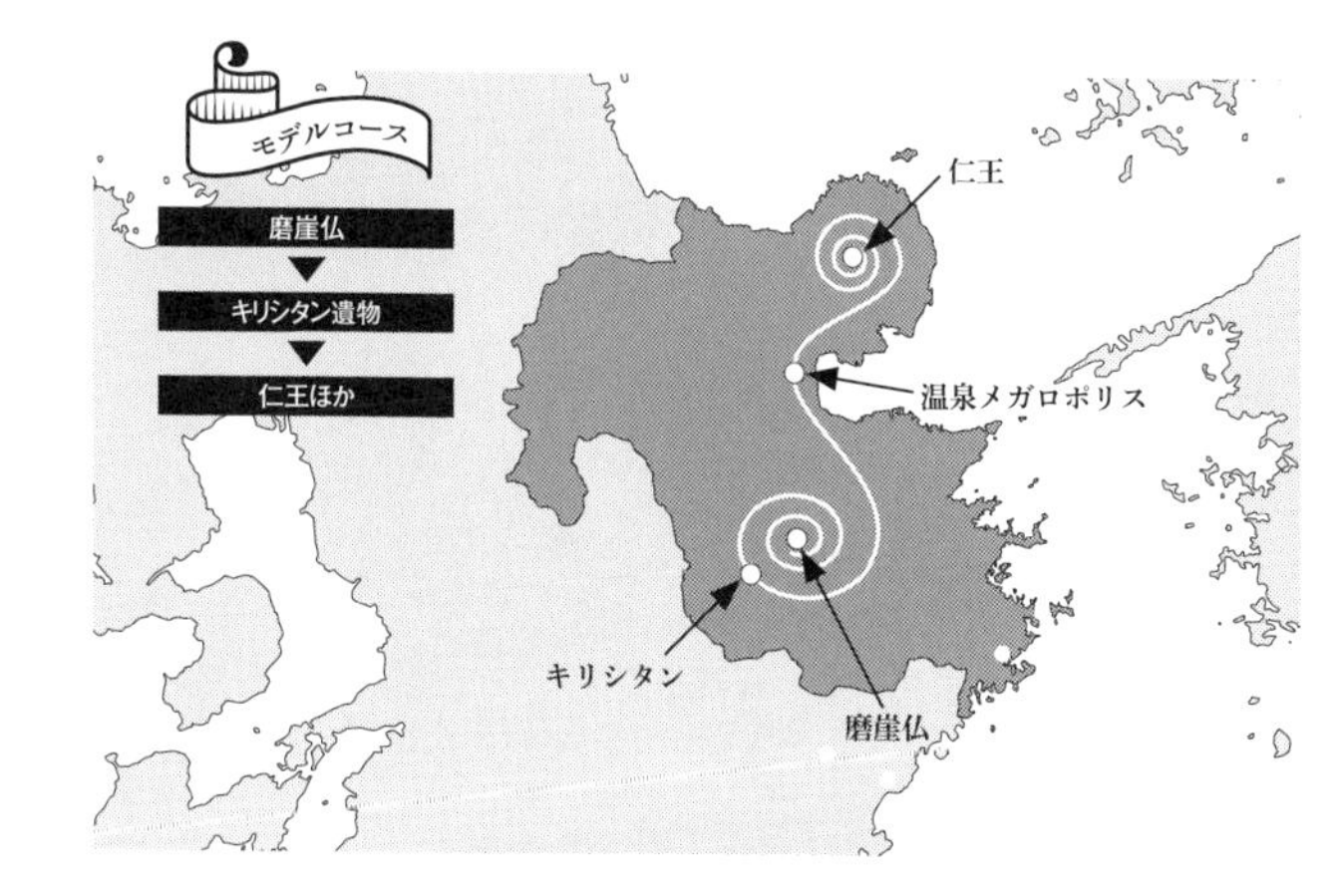

目下おんせん県として売り出し中の大分県。

このネーミングについては、誰も異存のないところでしょう。別府と湯布院の二大温泉地は、大分観光の要。とりわけ別府の凄さは日本でも群を抜いています。

日本で温泉地といえば、一軒宿か、もしくは温泉街を形成しているところが多いわけですが、別府は違います。それは温泉都市。十二万人もの市民が、湯治客とともに毎日温泉に浸かります。熱海や伊東も温泉都市と呼ばれているようですが、別府のスケールに太刀打ちできるものではありません。源泉の数二千三百。温泉都市どころか、温泉メガロポリスと呼びたいぐらいです。

多種多様な温泉が湧いており、日帰り湯もよりどりみどり。貸間旅館などに長く滞在して、あちこち巡るのも面白い体験になるでしょう。貸間旅館では食事は出ませんが、「地獄蒸し」といって、各自が温泉の蒸気で食材を自由に蒸して食べることができるので、料理の手間も省けます。

そんなわけで、大分観光は温泉をおさえておけば十分と言えそうですが、これがそうではないのです。むしろ温泉の陰に隠れている部分にこそ大分県の真実があります。

ここで温泉はひとまず置き、それ以外の大分県の特徴をひとことで言い表したいと思います。

隠れキリシタンに磨崖仏　謎だらけの大魔境

それは「魔境」。

秘境ではありません。魔境です。

秘境は日本に数ありますが、魔境は滅多にありません。

なぜ魔境なのか。

臼杵に磨崖仏があり、国宝に指定されていることは誰もが知っていると思います。実は臼杵に限らず、**国東の熊野磨崖仏**や**普光寺の不動明王**など、大分県には多くの磨崖仏が存在しています。理由はわかりませんが、かつてこのあたりで磨崖ブームがあったようなのです。

仏像というのは、たとえ慈しみに満ちた姿をしていたとしても、偶像ならではの不気味さ、怖さのようなものをもともと持っているため、それが磨崖仏として大地に刻まれると、どうしてもその場所が魔境っぽく見えてしまうという法則があります。御仏に対し失礼な話ではありますが、ハリウッド映画でもだいたいそういうことになっています。すがすがしい大自然の場面も、そこに磨崖仏が出てきた途端、近くに悪の秘密結社のアジトがあると思って間違いありません。

大分県には、いまだ多くの磨崖仏が十分に整備されないまま埋もれており、それが、磨崖仏↓悪の秘密結社↓魔境と連想させる一因になっているわけです。

ちなみに、なかでも魔境度が高い場所を一ヶ所挙げるとすれば、**竹田市上坂田の磨崖像**でしょうか。地元の人の案内なしではまずたどり着けない森の中に、突然直方体に彫りぬかれた洞穴が姿を現し、中に神様とも仏様とも違う得体の知れない姿が彫られています。翼らしきものが生えたその像は、隠れキリシタンが天使を彫ったものではないかと推理する人もあり、数ある磨崖像のなかでも、群を抜くミステリアスさです。どこかに秘密のスイッチがあり、それを押すとゴゴゴと大地が揺れて、伝説の秘宝の扉が開くのかもしれません。

この竹田という土地は、実際隠れキリシタンの里としても有名で、キリシタンにまつわる史蹟をめぐるツアーが行われています。農家の蔵で発見された**山の神**と呼ばれる像があるのですが、これが一つ目で翼の生えた異様な姿で、キリシタンと関係があるという説があり、魔境感はとどまるところを知りません。

しかし大分＝魔境説の根拠は、それだけではありません。

瀬戸内海に瘤（こぶ）のように突き出した**国東半島**に目を向けると、ここがさらに魔境っぽいといいますか、ほぼ本物の魔境になっているのです。

地図で見ると、まん丸い国東半島は、大きなひとつの山であるかのように錯覚しますが、

大分の不思議な石造り神仏

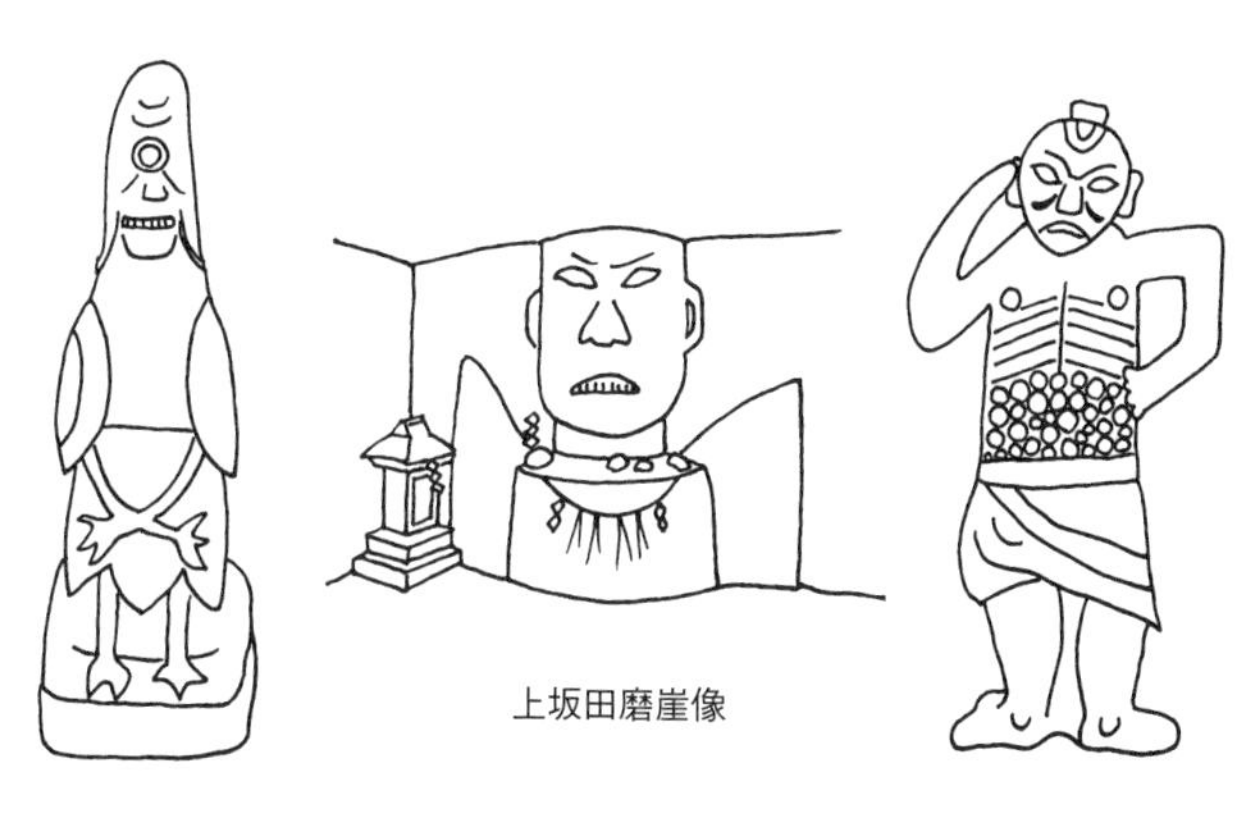

上坂田磨崖像

山の神

石造仁王

そこらじゅう正体不明。

実際は全然違って、そそりたつ岩山が連続する山水画のような世界です。

かつては修験道が盛んで、多くの寺院がつくられ、その名残りでそこらじゅうに**仁王像**が立っているのですが、仁王像といえば普通は山門のなかに木で造られるのに対し、ここは石造りで、なおかつ露天にむき出しています。そのせいで磨崖仏と同様、その場所の魔境感がいや増しに増しています。石造仁王は九州には結構多いのですが、国東半島にはとくに密集しているといいます。

そのほか、人の髪の毛を大量に

軒先にぶらさげた**椿堂**（つばきどう）、巨大な牛に乗る**大威徳明王像**（だいいとくみょうおう）が鎮座する**真木大堂**（まきおおどう）、**夷谷仙境**（えびすだに）にはまるで孫悟空でも現れそうな岩峰群があり、さらには墾田永年私財法（こんでんえいねんしざいほう）の頃に開かれた田園が現役で残る**田染荘**（たしぶのしょう）など、いったい何のファンタジー世界でしょうか。

恐怖の橋に足がすくむ　無明橋

なかでも極めつけは高さ百メートル以上ある絶壁の上に架かる**無明橋**（むみょうばし）。たかだか二メートルほどの距離を跨（また）ぐだけなのですが、手すりのない小さな石造りの太鼓橋は、高所恐怖症にはほぼ無理な難所となっています。これは修験者の修行の場として造られたもので、このような橋が半島内に数ヶ所あるというのですから、国東半島が全体としてダンジョンになっていることがわかります。

このように、温泉の裏に魔境が広がっている大分県。別府から見える由布（ゆふ）岳稜線の美しさには惚れ惚れしますが、実はその麓にも、絶壁に挟まれた峡谷をバシャバシャ歩いて突破できる**由布川渓谷**があって、ここもダンジョンとなっています。

青森県

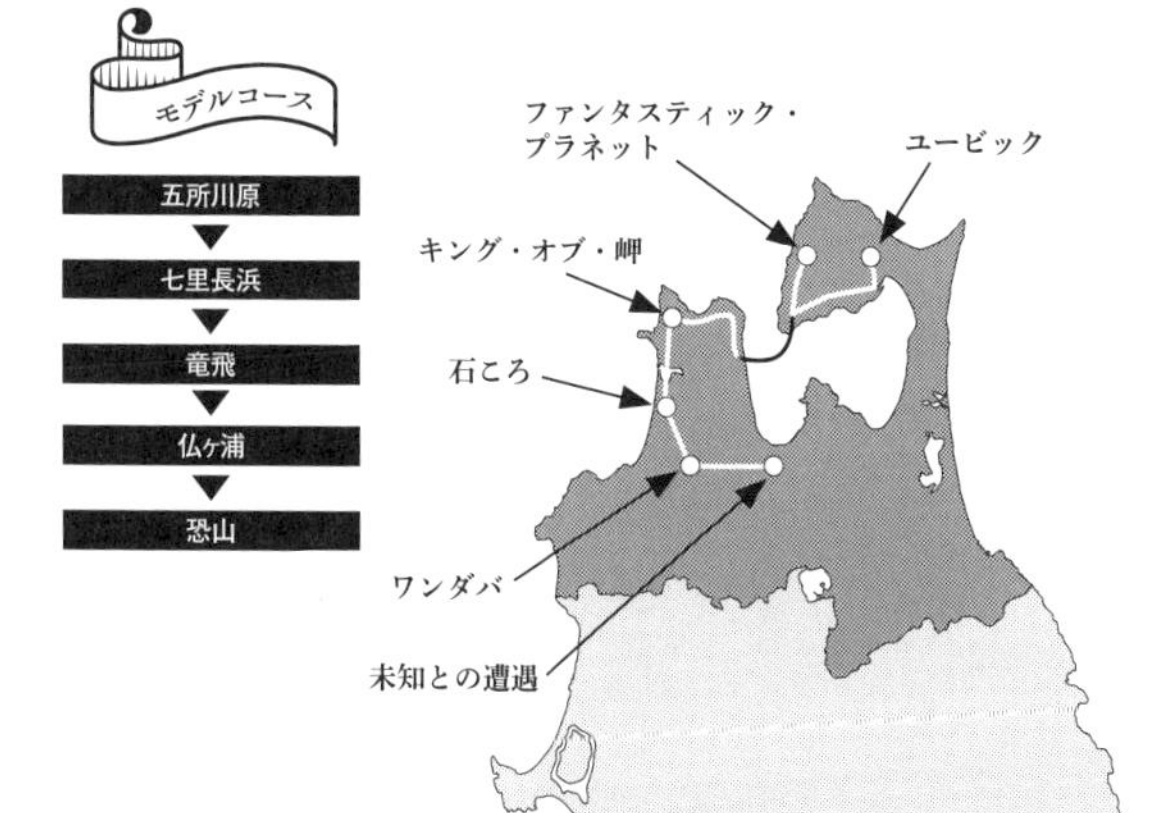

モデルコース
五所川原
七里長浜
竜飛
仏ヶ浦
恐山
ファンタスティック・
プラネット
ユービック
キング・オブ・岬
石ころ
ワンダバ
未知との遭遇

西日本や東日本に比べるとどうしても観光地の数が少なめの北日本にあって、青森県は圧倒的な存在感を示しています。

えっ？　とくにそんな感じはしない？　いえいえ、青森ほど濃厚な県はそうそうありません。全国でも屈指の濃度です。

その特徴をひとことでいうなら、「ＳＦ」。べつに宇宙基地があるとかＵＦＯが出やすいとかそういう意味ではありません。青森の存在そのものが現実を超越しているのです。

一般に青森県の観光といえば、**恐山**（おそれざん）、**十和田湖**と**奥入瀬渓流**（おいらせ）、**太宰治**、**ねぶた祭り**などを思い浮かべる人が多いでしょう。鄙びた温泉もあります。このへん、とくにＳＦとは関係なさそうですが、実はこのなかにもちゃんとＳＦが紛れ込んでいます。

いまだ日本中のイルミネーションが結集してもかなわない、光の一大絵巻「ねぶた」。このギラギラした祭りは歴史や伝統を感じさせるというより、宇宙から突然やってきた『未知との遭遇』の大宇宙船を彷彿させます。いやこじつけではなく、その溢れんばかりの光の洪水は、一般に祭りというものが持っている古臭さを超越している気がするのは私だけでしょうか。しかもやたらぴょんぴょん飛び跳ねる。ラッセーラー、ラッセーラー？　何語なんでしょう。本当に日本の伝統行事なんでしょうか。

ＳＦ感を醸し出しているのは、ねぶただけではありません。イタコで有名な恐山も、霊界と交信できるというのですから、『ユービック』の世界です（【ユービック】フィリップ・K・ディックのSF小説。死者を半生命状態にして精神を維持させる技術により、死者との会話が可能になっている設定がある）。そうでなくても賽の河原とかいいながら、横に広がる湖のエメラルドブルーっぷりは何なのでしょう。あれが地獄の色でしょうか。あれは『コンタクト』に出てきたヴェガの海岸ではないでしょうか（【『コンタクト』に出てきたヴェガの海岸】SF映画『コンタクト』で主人公が異星人と対話するとき、背景には主人公の脳内イメージから再現されたとおぼしい美しい海岸が広がっている）。

何？　SF用語で無理やり煙に巻こうとしている？

違います。私が言いたいのは、日本の田舎ならではの穏やかな景色から、突如としてカラフルだったり未来的だったりするイメージが飛び出してくる、その意外性が、青森県の特徴ではないかということなのです。

ビルの中から発進する　立佞武多

五所川原市に**立佞武多**（たちねぷた）という祭りがあります。青森市のねぶた同様、光る巨大な張子（はりこ）が街を練り歩きますが、電線のせいで高さに制限のあるねぶたに対し、こちらは電線を地下埋設することによって高さ二十三メートルもの縦長の立佞武多を実現しています。

この立佞武多、普段は**立佞武多の館**という大きな吹き抜けのある施設に格納されていて、祭りの日だけ建物から出すのですが、そのとき、建物のゲートが横に開き、館内の橋が跳ねあがって、その間から出動するのです。その光景は、まさに宇宙基地からの発進そのもの。なんというサンダーバード感、ウルトラホーク感でしょうか。思わず、ワンダバダバ、ワンダバダバ、と口ずさんでしまいそうです。ランバダではありません。ワンダバです。このへん何を言ってるのかわからない人もいるかと思いますけれども、とにかく立佞武多を見るだけでも青森がＳＦだということが理解できると思います。

そもそも青森といえば、三内丸山で知られるように、縄文遺跡のメッカでもあります。弥生時代が一般に、昔そういうものがあったのね、という穏やかな印象を与える程度なのに対し、縄文は、でえええっ！　なんじゃこりゃあああ！　という謎と岡本太郎的気迫に満ちた時代であり、五能線の木造駅には宇宙人を模したのではないかといわれる遮光器土偶のモニュメントがあったりして、歴史的にもＳＦの香りが濃厚に漂っているのです。

そういえば青森にはキリストの墓も残っていると聞きます。県内のどこかにワームホールがあるとしか考えられません。

絶景どころか地球外景？　仏ヶ浦

仏ヶ浦の奇岩

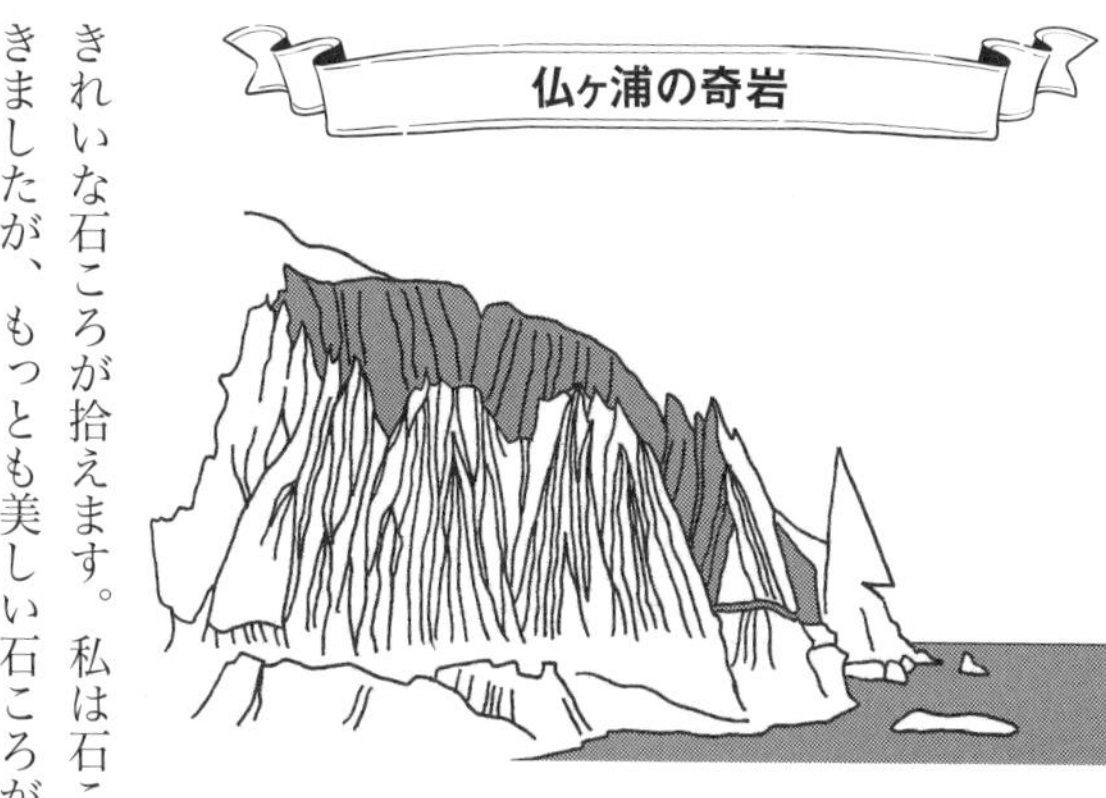

鋭角的な岩に囲まれた不思議な空間がある。

まだあります。まさかりのような形をした下北半島の刃の部分に、**仏ヶ浦**（ほとけがうら）と呼ばれる奇岩が立ち並ぶ海岸があるのですが、この景観がどう見ても映画『ファンタスティック・プラネット』の世界です（**【ファンタスティック・プラネット】**フランスのSFアニメ映画。巨人族にもてあそばれる地球人のような種族が登場するが、彼らにとっては世界は何もかもが巨大）。奇岩の多い日本でもここほど奇抜な風景はまずありません。岩ごとに、如来の首だの、蓮華岩（れんげいわ）だの、一ツ仏だの、仏教風の名がついていますが、そういうネーミングはこの場所にそぐいません。もっと宇宙レベルで考えるべきです。

そのほか津軽半島の日本海側、**七里長浜**ではきれいな石ころが拾えます。私は石ころを拾うのが好きで、そのために全国各地の海岸へ行きましたが、もっとも美しい石ころが拾えたのがこの七里長浜でした。さまざまな色の石が落ちているので、石ころ＝地味、という固定観念を揺さぶってくれます。なかでもとくに美しいものは錦石と呼ばれ、工芸品などにも加工されて売られています。このように一見、地味な風土のようでいて、中にたくさんの色を隠し持っているところが青森なのです。さすが棟方志功や奈良美智を生んだ土地というべきかもしれません。

さて、日本屈指のSF県といっても過言ではない青森ですが、もうひとつわかりやすい特徴があります。これはとくに青森県だけの特徴ではありませんが、いい感じの岬があることです。

岬。

地形数あれど、岬ほど旅情をそそる地形はないのではないでしょうか。岬に立つと、いろんな思いがこみ上げてきます。悔しいけど、どうしてもロマンチックです。

そして全国にある岬のなかでも旅情ナンバーワンを争うのが、青森県の**竜飛（たっぴ）岬**だといわれています（私に）。断崖の風情、周辺の集落の雰囲気、そしてはるかな北海道の眺め、すべてが一級品です。いろいろ思い詰めたときは行くといいでしょう。

ほかにも下北半島には**尻屋崎（しりやざき）**があって、牧歌的で素敵です。ただ本州最北端の大間崎（おおまざき）については考えもの。日本最北端の北海道宗谷岬と同様、岬としての旅情はどこかにいってしまっているので注意が必要です。ここではマグロに集中するのが賢明でしょう。

高知県

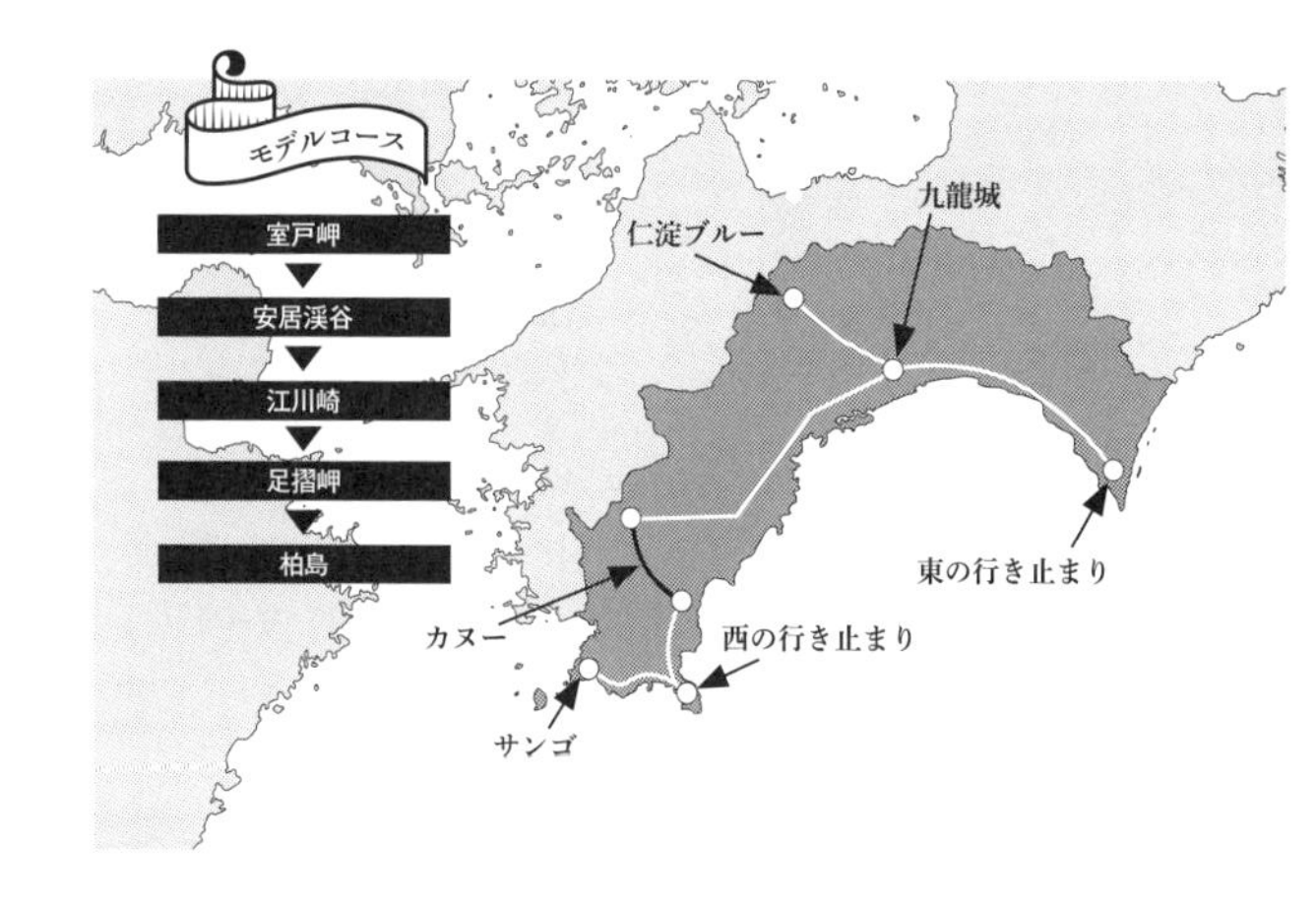

高知県の印象をひとことで言い表すとすれば、それは「知らんぜよ」です。土佐弁これで合ってるでしょうか。関西弁でいうと「知らんがな」、東京だと「知らねーよ」のことです。仮に四字熟語でいうなら「馬耳東風」とでもいいましょうか。とにかく他県のことなど知ったこっちゃない、それが高知県です。

地図を見ればこのことは一目瞭然です。

高知県は太平洋に向かって両手を広げる一方で、全日本に対しては背を丸めて拒絶しています。しかも和歌山県や宮崎県と顔を合わさないよう、ふたつの岬で視界を阻むほどの徹底ぶり。

単に地図上の話のようですが、宮本常一『忘れられた日本人』を読むと、かつて四国遍路には土佐を除いた三国巡りというのがあり、土佐は危険なので女性などは一国省いたと書かれていました。海外旅行でも紛争地帯や治安の悪い土地は避けて通りますが、それと同じような状況です。

もちろん今はそんなことはないにしても、高知にはどこか他県と交わらない空気のようなものがある気がします。高知県民が非社交的といいたいわけではありません。それは人ではなく、土地にあるのです。

実際、高知県を旅すると、他の県など存在しないような気がしてくるのは、いったいなぜなのでしょう。この道をずっといけば隣の県に続いているという、他では当たり前のことが感じられない。高知県の道をずっといっても、室戸(むろと)岬か足摺(あしずり)岬に出て終わりなのです。高知県民に、室戸岬の東側に何があるか聞いてみればきっと、何もない、もしくはダークマターと答えるに違いありません。

逆にいうと、そのおかげで、高知県を旅行すると、まるで圏外に来たかのような解放感があるともいえます。携帯は通じても、気分はもう圏外。「無理です。今日中には帰れません」て、旅先としては完璧なんじゃないでしょうか。

さて、そんな高知県の見るべき観光地といえば、どこでしょう。

まずなんといっても**室戸**、**足摺**の二大岬は外せないところです。

足摺岬は周囲に見どころが多く、海中公園などもあって賑わいが感じられますが、室戸周辺は弘法大師ゆかりの洞穴がある程度でわりと寂しい岬になっています。しかも地図ではあんなにキリキリに尖っているにもかかわらず、現場に行くと突端がまるっとしてわかりにくい変な岬で、岬の風景といえば全国どこでも似たような感じになるなか、珍しい味わいがあって、個人的には日本三大岬のひとつに数えています。もうひとつは青森県の竜飛岬で、あとひとつは北海道室蘭市の地球岬でしょうか。

きれいな水はうれしい　黒尊川、仁淀川

高知といえばそのほか**四万十川**も有名で、カヌーイストの聖地になっています。ただ最後の清流といわれるわりには、行ってみるとそれほど透明ではありません。透明感を求める人は、支流の**黒尊川**か、**仁淀川**を遡ったほうがいいでしょう。近年、仁淀ブルーとして知られるようになった仁淀川の奇跡的な透明感は、上流の**安居渓谷**や、**にこ淵**で体感することができます。

思えば渓流や湧水池など、水が透明で美しいスポットは日本全国にあり、その意味では決して珍しくない平凡な観光地といえなくもないのですが、不思議なもので、水のきれいな場所は何度行っても飽きません。滝だの湖だの鍾乳洞だのリアス式海岸だのはすぐに飽きるのに、透明な水は飽きないのです。

これは海辺の波や、キャンプにおける焚き火と同じ原理なのかもしれません。前にどこかの県の案内で、渓谷なんて陰気で見飽きたと書きましたが、ものすごく水の透明な渓谷については、その限りではありません。

日本の九龍城　沢田マンション

沢田マンション

他の観光スポットも見てみましょう。
高知市内でいえば桂浜が有名でみんな一度は行ってみますが、坂本龍馬の像があるだけで、とくにどうということはありません。下関の巌流島（がんりゅうじま）と肩を並べる拍子抜け感といいましょうか。それなら日本屈指の植物園、**県立牧野植物園**の温室とか、さらに新奇なものが見たいなら、**沢田マンション**に行かれることをすすめます。

これは沢田夫妻が建てた五階建て手造りマンションで、建築基準法もへったくれもありません。最上階まで車であがれたり、屋上に畑や大きな池があったり、絶えず改築が施されているため突然階段ができたり消えてなくなったりするという得体の知れない構造は、日本の九龍城（クーロンじょう）と呼ばれ、珍スポット界隈で一目置かれています。そもそもマンションを手造りって、どういうこと

今も変化を続けている。

なのでしょうか。

お金を払って泊まることもでき、マンション内見学ツアーもあります。町内のお祭りでは住民が巨大ゼリー神輿（みこし）を出したりして親しまれているとのこと。ゼリー神輿？ いろいろ意味がわかりませんが、坂本龍馬の銅像を見るより百倍楽しそうです。

意外に観光スポットの多くない高知県なのですが、ひとつひとつにインパクトがあるので十分おなかいっぱいな気分になってきました。そもそも高知県は、何かを見にいくというより、体で味わう県のような気がします。四国遍路しかり、四万十川のカヌーしかり。

その意味で最後に私がおすすめしたいのは、**柏島**。足摺岬からさらに西、大月町の突端に浮かぶ小さな島です。島といっても橋で繋がっており、ダイビングが盛んです。

ですが、ダイビングをやらない人でも、ここは楽しい。シュノーケルセットをつけて海に入れば、サンゴがうじゃうじゃあって、不思議な海の生きものが溢れているのです。沖縄のような白砂にコバルトブルーの海とも違い、熱帯と温帯の入り混じった水中景観は、両方の生きものが入り乱れ何が出てくるかわからない箱庭の世界。普通の海水浴に飽きた人に強力おすすめです。

石川県

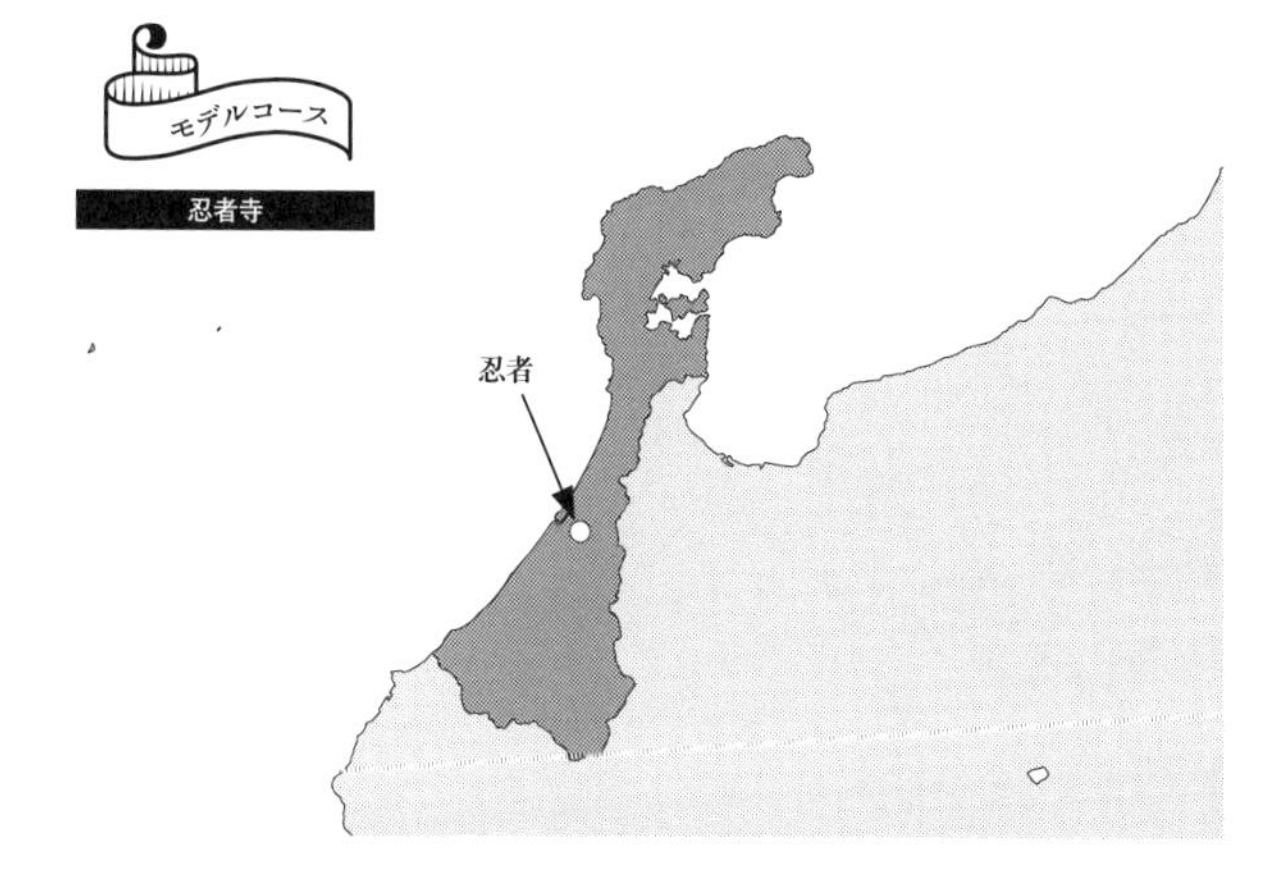

石川県といえば金沢です。金沢以外はありません（ウソ）。金沢以外もありますが、誤差の範囲であり、福岡県といえば博多であるのと同様、石川県＝金沢でほぼ問題ありません。

では、金沢といえば何でしょうか。

当然、**忍者寺**ということになります。というか忍者寺以外はありません。**兼六園**（けんろくえん）はどうした、**金沢城**があるだろ、最近は**二十一世紀美術館**が人気のはず、などいろんな意見があるかと思いますが、忍者寺の前では何ほどのものでしょうか。すべて誤差の範囲です。

そうしてみると、石川県＝金沢、金沢＝忍者寺というわけですから、結局、石川県＝忍者寺、ということになります。異論もあるかと思いますが、問答無用。天魔伏滅です。

日本は、忍者の国として外国人に人気ですが、実は日本には忍者屋敷がほとんどありません。実物が残っているのは、甲賀だけ。あとは全部、今出来のアトラクション施設です。そしてその甲賀の忍術屋敷も、思ったほどカラクリは多くありません。

これは実は日本観光業界におけるトップシークレットであり、外国人観光客に漏らすのはご法度です。彼らは日本じゅう忍者屋敷だらけだと思っていますから「忍者の国なのに、なぜ忍者屋敷ないですか。それでも日本ですか」と幻滅し、日本に来なくなるからです。

なぜ日本には忍者屋敷がほとんどないのでしょうか。たしかにおかしな話です。日本になくて、いったいどこに忍者屋敷があるというのでしょう。

一方で、なぜかたくさんあるのが武家屋敷です。そんなに必要でしょうか武家屋敷。あれを見て何を思えというのか。いったいどんなスペクタクルがあるというのでしょう。

せめてあの十軒に一軒ぐらい忍者屋敷にしておいてくれたなら、外国人は今の数倍来たにちがいなく、昔の人の先見の明のなさが、悔やまれてなりません。

子どもは入場できない　妙立寺（忍者寺）

で、忍者寺です。

忍者寺というのは通称で、正式には妙立寺（みょうりゅうじ）といい、加賀前田家の祈願所として建設されました。当時は三階建て以上の建物が許されなかったので、二階建てに見せてはいますが、内部は四階建て七層に及び、前田家が徳川幕府の侵攻に備えて、ひそかに築いた出城だったともいわれています。

つまり実は忍者屋敷ではなく隠し砦であって、忍者とは関係ありません。おお、忍者関係なし！　これもトップシークレットでお願いします。

しかし、そのカラクリの複雑さ、見事さたるや、これぞ日本一の建築といっても過言ではありません。落とし階段や、地下へ通じる抜け穴、隠し部屋に、秘密の扉など、考えうるすべての忍者要素が搭載され、井戸の内部には行先不明の横穴まで通っていると聞きます。図面もなく、案内係のお姉さんでさえ、すべては把握していないと言っていたほど。勝手に歩きまわると、うっかり落とし穴にハマったり行方不明になる可能性があるので、子どもの拝観はできなくなっています。

このような素晴らしい建築物がなぜ国宝でも世界遺産でもないのか、理解できません。そんなわけで、石川県に行くなら忍者寺に寄らなければ意味がありません。逆に忍者寺さえ見れば、あとは誤差の範囲ですから、各々行きたいところに行けばいいということになります。

石川県には忍者寺以外に観光地はないのかといえば、そういうわけではありません。金沢に次いで思い浮かぶのは**能登半島**(のと)でしょう。

日本海に、栓抜きのように突き出し、なかなか行けないけど、いつか行ってみたい気がする能登半島。

半島というのは、たいていどこでもちょっとタガが外れているものです。幹線から外れているせいか、変な感じになりやすい。日本最大の紀伊半島しかり、下北半島しかり、九州の国東半島しかり。知床半島などいまだ太古の世界だったり、房総半島や関東に近い伊豆半島だって微妙なオーラを放っています。

ですが、どういうわけか能登半島はタガが外れていません。観光スポットとしては、軍艦のような見附島や輪島の朝市のほか、砂浜が道路になっている千里浜なぎさドライブウェー、白米千枚田や能登金剛、能登島などがありますが、どこもまっとう。さらっとしたドライブにぴったりです。

こんなに海に突き出してドン詰まりの半島なのに、なぜ独自の異形文化が発達しなかったのでしょうか。かつては北前船などが頻繁に往来した土地柄であり、そのせいで洗練されてしまったのかもしれません。

岩が妖怪のよう　奇岩遊仙境

あるいは、白山の存在が影響している可能性も考えられます。白山といえば、かつては富士山、立山とともに三大霊山と呼ばれ、修験道も発達していました。すぐ内陸にそういう霊的な世界があるわけですから、半島のほうは現実方面でやっていこうという判断です。実際、半島より、県南部のほうに異形スポットは集中しており、**加賀温泉の巨大観音像**や、巨大な仏頭がある**ハニベ巌窟院**のほか、個人的には**那谷寺にある奇岩遊仙境**の不気味な岩がおすすめです。

観光客としては、できればもっと白山信仰の不思議世界に触れてみたいわけですが、**白山**

比咩（ひめ）神社のほかに、どこに行けばそれを目にすることができるのか。いろんな乗り物を乗り継いで上まであがれて、充実した博物館もある立山に比べ、とっかかりが少ないのが残念です。

石川見応え名所

忍者屋敷

奇岩遊仙境

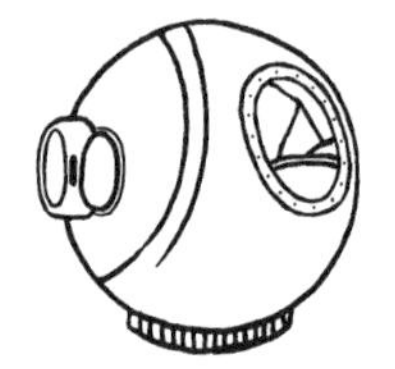

ヴォストーク

忍者以外にも探せばいろいろあるようだ。

そうだ、能登半島にタガの外れたスポットありました。**コスモアイル羽咋**。UFOの町にある宇宙科学博物館で、本物のソ連の宇宙船ヴォストークが展示されています。なぜそんな重要なものが石川県にあるのか。理由は不明ですが、こういう場所がもっとあってほしい気がします。

千葉県

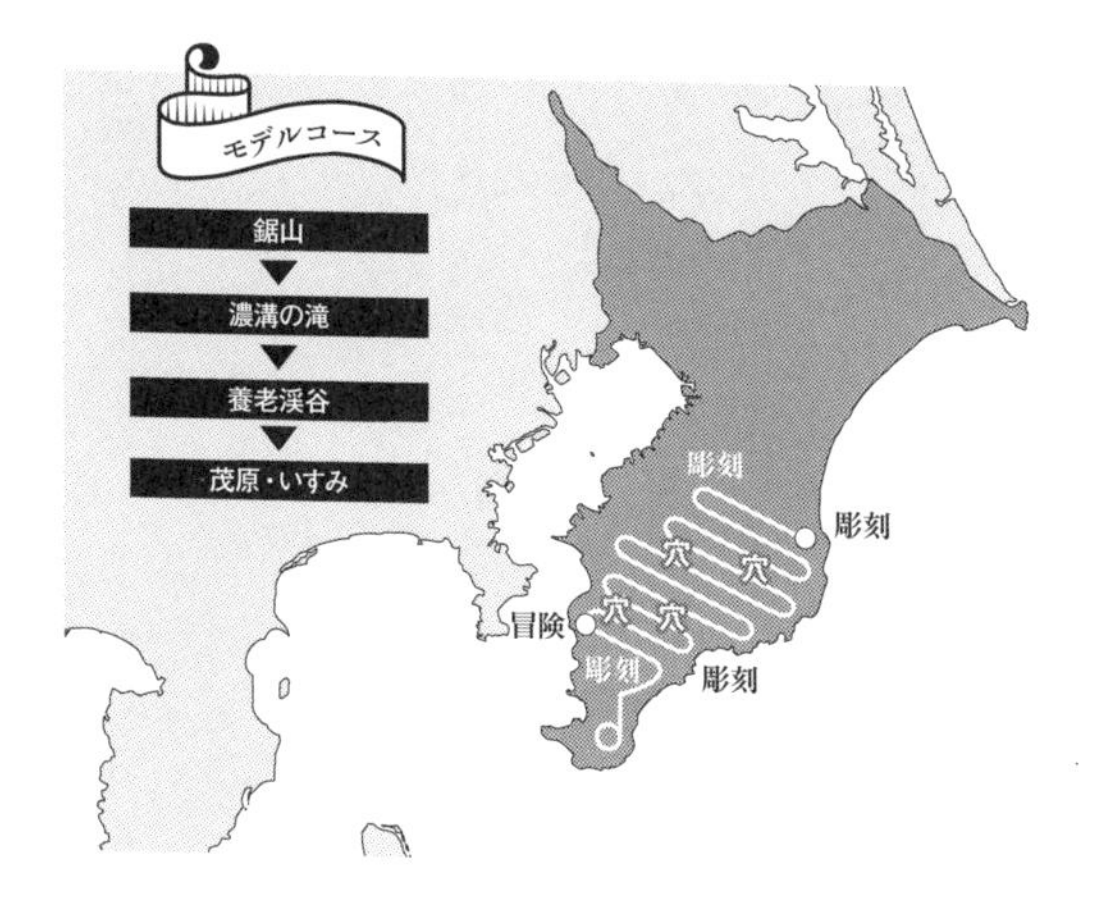

千葉県内で、訪れる人がもっとも多い観光スポットは東京ディズニーランドです。では二番目はどこでしょうか？

とっさに思い浮かびませんが、答えは成田山新勝寺（しんしょうじ）です。

ああ、聞いたことある、という人もいると思います。

では三番目はどこでしょう？

さっぱり浮かびませんが、答えは、**海ほたる**です。海ほたる知ってますか？　東京湾アクアラインの途中にあるパーキングエリアです。

そして四番目は**幕張メッセ**。これは展示場です。

こうして見てくると、成田山以外のスポットは、千葉でなくてもいいようなものばかりです。東京周辺の多くの県同様、千葉もダサい県として認定されがちですが、このように強力な観光地が少ないことも影響しているのかもしれません。

実際、関東になじみのない西日本などの人間から見ると、千葉県のイメージは、ディズニーランドと成田国際空港で完結しています。

千葉には他に何もないのでしょうか。

たしかに、成田と千葉市中心部を結んだ線から西側は、平板で退屈な関東平野に飲み込まれて、埼玉県や茨城県、あるいは東京都の一部と見分けがつかなくなっています。

しかし、そこだけを見て千葉県を語ることはできません。むしろそのへんは切って捨て、その他の千葉を見てみると、意外に面白い姿が浮かび上がってくるのがわかります。

房総半島から九十九里を経て銚子に至る千葉、実はそこにはある際立った特徴があります。ひとことで言うならば、それは「削られやすい」、もしくは「掘りやすい」です。

このあたりの大地はおおむね砂岩でできており、そのため風や波に削られやすく、それによって独特の地形が形成されています。

最たるものは**九十九里浜**でしょう。大地が削られて生まれた大量の砂により日本有数の長いビーチができあがっています。そのほか、ショートケーキの断面みたいな崖が続く**屏風ケ浦**も、削られた景観といっていいでしょう。

さらに面白いのが**房総半島内陸部**です。もともと高低差があまりなく、それでいて削られやすい地質のせいで、川がそこらじゅうで

おかしなトンネル群

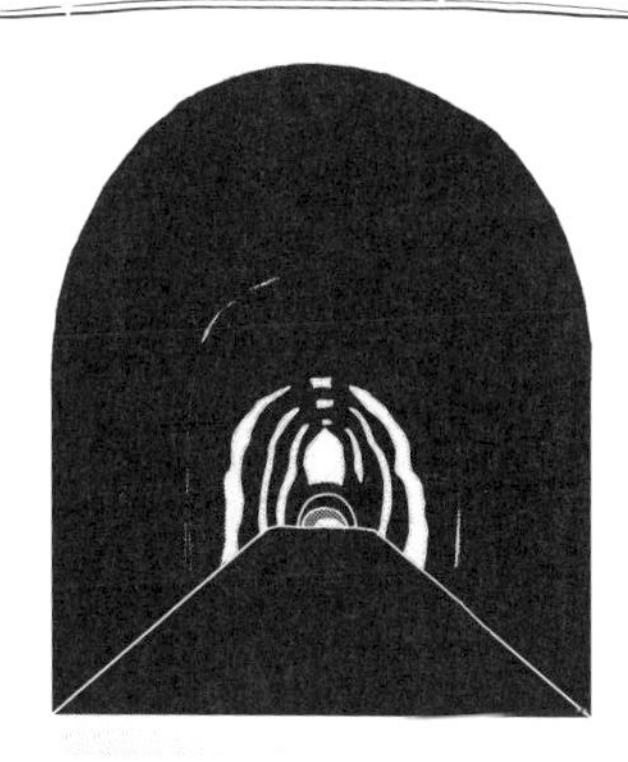

上下に出口が見える？

蛇行しまくり、迷路のよう。そんな入り組んだ地形がめんどくさかったのか、あちこちでショートカットしようとしてトンネルを掘った結果（←掘りやすい）、そこらじゅう抜け穴だらけになって、おかしなトンネルや洞穴がたくさん見られるという、半島まるごと冒険ランドみたいな状況になっています。

高い山がないので全体に明るく、かといってぺったんこではなく、意外に山深い雰囲気もところどころあり、川は浅く安全で、南に突き出した半島ならではの南国っぽい温暖な気候にも恵まれている。考えてみれば、太平洋に面して海水浴場はよりどりみどりですから、千葉はまさに夏休み向きの県といってもいいかもしれません。

空中にとびだす岩　鋸山

三浦半島からフェリーで東京湾を横断すると、目の前に**鋸山**（のこぎりやま）がそびえています。登ってみれば磨崖仏があり、それによって醸しだされる魔境っぽさと、岩をざっくり削って秘密基地でもつくろうとした雰囲気が、少年の心に忘れがたい印象を残します。**地獄のぞき**と呼ばれる、崖の上に突き出した岩の上で記念撮影するのも、いい思い出になるでしょう。

そのほか最近では、穴を掘って川をショートカットすることによってできた君津市の**濃溝**（のうみぞ）**の滝**が、ファンタジックな風景として話題となり、大勢の観光客がつめかけるようになりました。

これらは結局どれも「削られやすい」あるいは「掘りやすい」地質から来ており、そんな土地は他にもあると思いますが、それを十全に活用したところに千葉の先見の明というか、偶然とは思いますが、面白さがあるわけです。

さて、そんな夏休み向きの千葉県ですが、夏以外はどうでしょうか。聞くところによると、半島南部では春になると花を摘むのが流行っているそうですが、個人的に興味がないので割愛します。

植物なら、むしろ食虫植物の自生する**成東（なるとう）・東金（とうがね）食虫植物群落**に行ってみるのはどうでしょうか。私もまだ行ったことはないのですが、草が虫を食べているところが見られるかもしれません。

文化的な観光についても見てみましょう。

館山には滝沢馬琴の『南総里見八犬伝』を記念した博物館があります。個人的に大ファンなので行きましたが、南房総市には作中にでてくる伏姫（ふせひめ）が犬の八房と暮らした穴もあるそうです。伏姫もきっと掘りやすかったんだと思います。

また佐倉には、日本でも有数の規模を誇るわりにあんまり知られていない**国立歴史民俗博物館**があるので、好きな人は行くといいでしょう。

装飾彫刻の宝庫　飯縄寺

そのほか私がおすすめしたいのは、房総全域に点在する神社仏閣の装飾彫刻です。江戸時代に活躍した、波の伊八、後藤義光というふたりの彫り師の手による彫刻は、その精密さと完成度で、その名を知られています。とくに波の伊八が彫る波は、北斎があの名作「神奈川沖浪裏(なみうら)」の参考にしたとも伝えられ、いすみ市の**飯縄寺**(いづなでら)などで見事な作品が見ることができます。茂原の**称念寺**(しょうねんじ)には、日本最優秀と称された知る人ぞ知る龍の彫刻があるのですが、本堂のガラス越しにしか見られないのが残念です。

そういえば木更津では、電信柱が海の中へ続く幻想的なスポットが人気上昇中と聞きます。

そう、ダサいと揶揄(やゆ)されながらも、探せばいろいろあるのが房総半島。週末ゴルフとかやってる場合ではありません。

長崎県

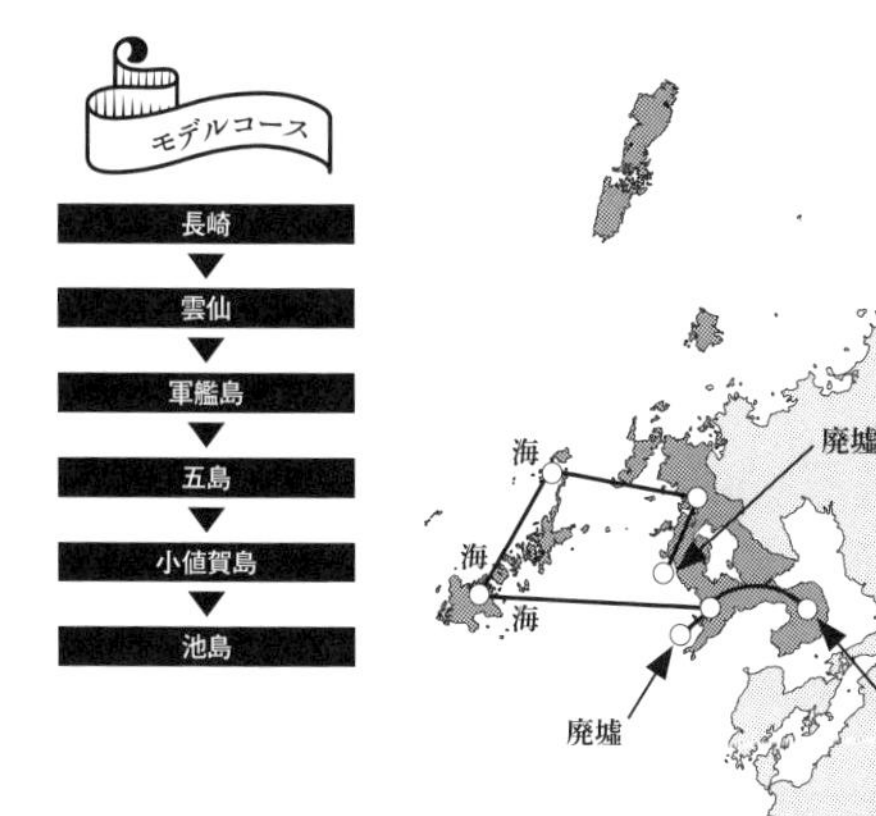

長崎は見どころの多い県です。けれど、軽い気持ちで観光に行くのは危険です。長崎県に行くときはよくよく気持ちを強く持って、ぶれない自分で出かけなければなりません。というのも、長崎には旅行者を落ち込ませる観光スポットが多く存在しているからです。

筆頭はなんといっても**長崎原爆資料館**でしょう。私は中学校の修学旅行で訪れ、人間の手にガラス瓶が溶けてひとつに融合した遺品（というか人骨）を見て、夜中にうなされました。おそるべし原爆資料館。日本人、いや地球人なら一度は行くべき資料館ですが、やはり広島同様、何度見ても凹みます。

さらに長崎には、キリシタン関連の施設が多くあるのも、大きな試練になります。ほとんどが弾圧、迫害、拷問、殉教といった凹み系キーワードに溢れているからです。

おかげで私は、長崎市民には申し訳ないのですが、長崎駅前に立つといつも暗い気持ちになってしまいます。それが原爆やキリシタン弾圧のせいなのか、単に山の陰にあるせいで暗いのか、もうよくわかりません。長崎市内でもっとも人気のある観光地グラバー邸にも二度ほど行ってますが、キノコ雲と十字架のインパクトに押しつぶされて、何があったのか記憶にないほどです。

そんなわけで長崎では、心を強く持ち、しっかり前を向いて、敢えて明るい観光地を間にはさんで旅行することが大切です。

街路に溢れる光の幻　ランタンフェスティバル

私のおすすめは**ランタンフェスティバル**。

この祭りが面白いのは、中華街のメイン会場だけでなく、ちょっと場末感漂う路地の奥にも、突然光る人間のランタンが置いてあったりすることです。人気のない場所でいきなり現れる光る人形は、まるで異世界への案内人のよう。また動物や海の生きもののランタンが、ことごとく不気味な表情だったりするのも味わいがあり、青森のねぶたとともに、日本「光る祭り」の東西二大横綱として認定されています（私に）。

ただ残念ながら、旧正月の一時期しか開催されていないため、普段は使えません。

日本二大廃墟の島　軍艦島・池島

そこでかわりに人気の**軍艦島ツアー**に行ってみると、それはそれは他に類を見ない大迫力のスポットですが、黒々としたビルの廃墟に、うっかりすると島民が全滅したかのような錯覚に陥るので、油断は禁物です。全滅なんかしていない、みんなよそで元気にやっている、そう心で確認しながら見物したほうがいいでしょう。
もちろん長崎全土が気の重くなる場所ばかりというわけではありません。佐世保方面へ北上すれば、ハウステンボスがあり、遊覧船や水族館のある九十九島もあります。

軍艦島と同じ炭鉱の島で、すでに廃鉱になったものの全滅はしていない（まだ島民が住んで

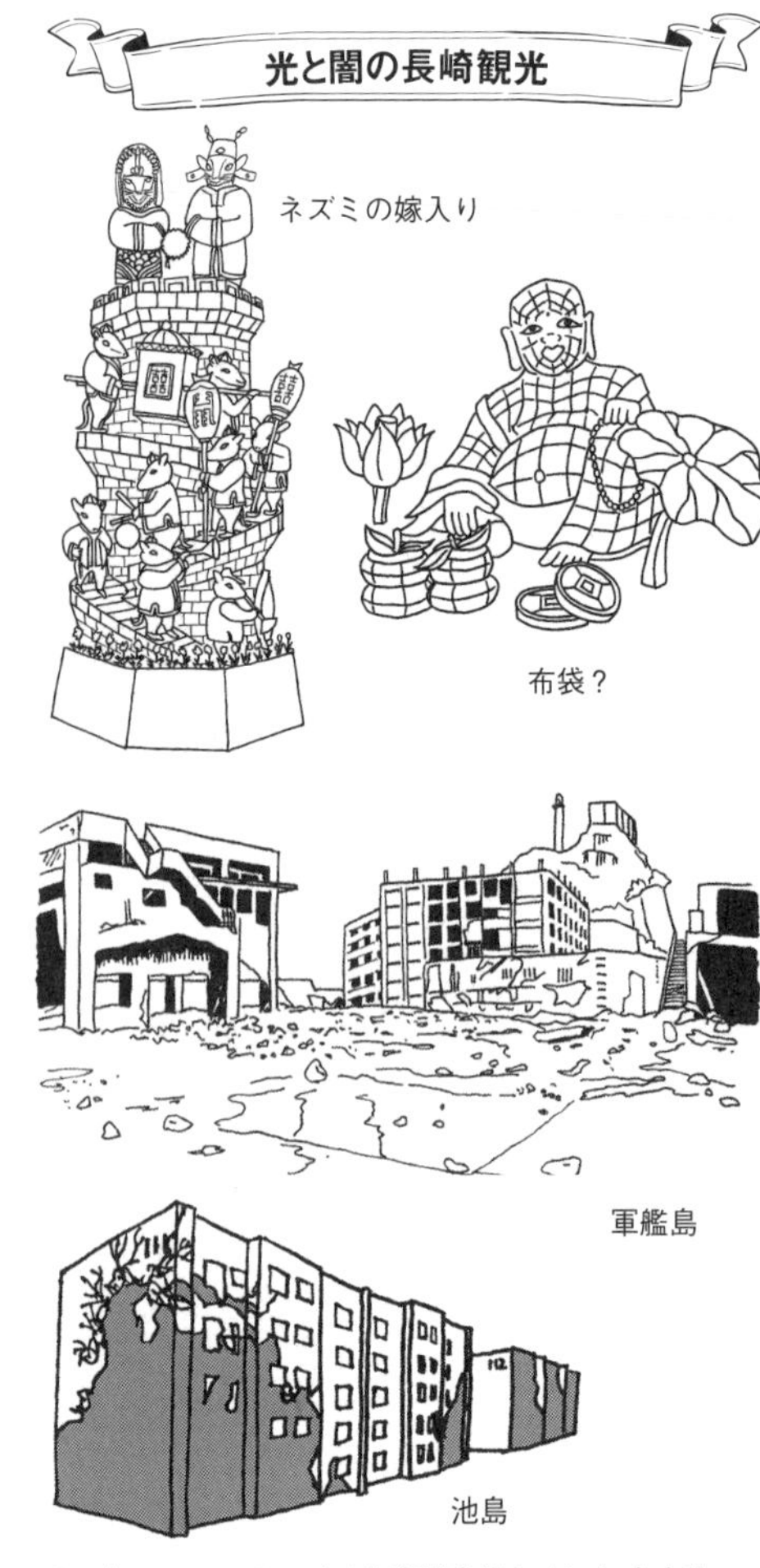

ランタンフェスティバルと廃墟島はとくにおすすめ。

いる）**池島**も、知る人ぞ知る見応えのあるスポットです。軍艦島ほど異形の光景ではありませんが、自由に歩き回れない軍艦島に比べて、ここは建物のすぐそばまで近寄ることができ、トロッコに乗って廃坑内に入ることもできます。誰も住まなくなった古い団地が草木に覆われたまま放置されているさまは、まるで人類滅亡後の地球のよう……。

ええと、少し歴史から離れたほうがいい気がしてきました。長崎の自然はどうでしょうか。長崎県の地形の特徴をひとことで言うなら、それは迷路です。日本地図を見れば一目瞭然ですが、長崎県ほど陸と海が入り乱れてわやくちゃになってる県はほかにありません。

車で走っていても、ずいぶん山深いところに来たなと思ったら海に出たり、トンネルを抜けるといきなり都会だったり、川かと思ったら入江だったり、いったい自分が西に向かっているのか東に向かっているのかさえわからなくなっていきます。一度地図もナビも捨てて、デタラメに走ってみたらどこに着くのか試してみたい気がします。

さらに、長崎県といえば離島。

壱岐（いき）・対馬（つしま）はもとより、**五島列島**（ごとう）は近年私のなかで激しく人気が高まっています。海がものすごくきれいで、今日本で行ってみたい島ナンバーワン。

また対馬の中央部には**浅茅湾**（あそう）と呼ばれる多島海があって、ここも海の迷路となっており、一度カヌーで探検してみたいスポットです。

ほかにも、**男女群島**という無人島があって、釣りマニアの憧れの地となっていたり、元寇で元の大軍が停泊した**鷹島**や、隠れキリシタンの里として有名な**生月島**(いきつきしま)など（今は橋で渡れるようになっています）、個性ある島々が無数にあるのが長崎県の魅力といえるでしょう。

自然といえば火山だってあります。

島原半島の**雲仙**(うんぜん)には、平成三年の大噴火でできた**平成新山**があり、北海道の昭和新山もそうですが、自分が生きている時代に山が新しくできるなんて、なんというワンダーな話でしょうか。

島原市街方面から見る雲仙は、海から一気にたちあがる山容が大迫力。道の駅にある土石流で埋まった被災家屋の展示や、山腹にある**旧大野木場**(おおのこば)**小学校の被災校舎**は、北海道の洞爺湖温泉、東京都の三宅島と並び、日本で火山災害のすさまじさが見られる三大スポットのひとつといって差し支えありません。

雲仙岳災害記念館がまだすドームでは、当時四十三名の死者を出した火砕流の様子を映像やジオラマで再現した展示が圧巻です。熱で溶けた報道陣のカメラ機材、そしてそのカメラから救出された最後の映像などを見るにつけ、みるみる気持ちが沈んでいきます。

さらに島原半島には、キリシタンの拷問に使われた**雲仙地獄**、島原の乱でキリシタンが皆殺しにされた**原城の跡**などもあって、油断するとどんどん凹みます。

　このように見どころ盛りだくさんの長崎県、日本の近現代史を考えるうえで見逃すことのできない県ですので、ぜひ強い気持ちで出かけてください。

大阪府

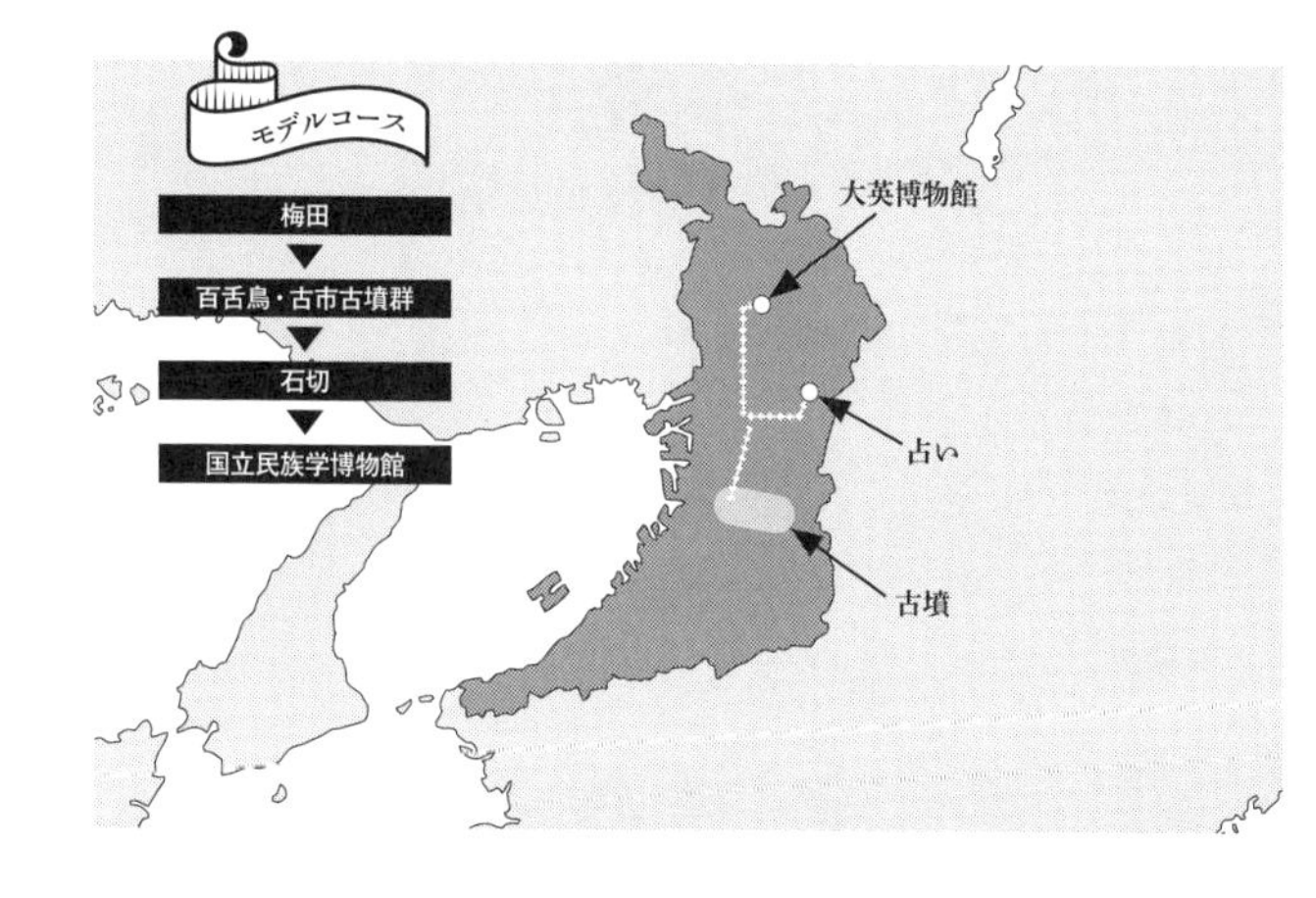

私は思春期のほぼすべてを大阪で過ごしました。なので故郷といってもいいのですが、そのせいで逆に大阪の観光スポットと言われてもなんだかピンときません。みんな大阪に何を期待しているのでしょうか。大阪府をひとことで言うなら、キダ・タローということになりますが、キダ・タローは観光スポットではありません。

強いてあげれば**大阪城**、**天王寺動物園**、**四天王寺**、**海遊館**、**通天閣**、ああ、**USJ**がありました。好きな人は行くといいと思いますが、USJができたおかげでその他の大阪がだいぶ霞んでしまった気もします。

大阪らしい風景といえば、やはりまずは**心斎橋**や**道頓堀界隈**ということになるでしょうか。巨大なカニ看板や、グリコのネオン、くいだおれ人形に、法善寺横丁の**水掛**(みずかけ)**不動**などは、テレビでもおなじみです。ただ何度も行った身からすると、ただの飲み屋街にしか思えません。食いだおれ、なんて言葉がありますが、いまやおいしいものは日本中にあるので、わざわざ大阪まで行かなくてもいいかも。

たまに、道頓堀に行けばいつでも誰かが川に飛び込んでいると思っている人がいますが、あれは阪神が優勝したときだけですから、むしろハレー彗星並みに見られないレアな現象と思ったほうがいいでしょう。

ただ落語や漫才、吉本新喜劇、さらには文楽なども含めた演芸、舞台芸術方面では、日本の中心といってもいい地域であり、大阪でテレビを点けると、五十パーセントぐらいの確率で、おにぎりせんべいの袋のような黒、柿、もえぎの三色の定式幕が映ることからも、その人気のほどがうかがえます。興味のある人は足を運ぶといいでしょう。

そういえば今、古墳が少し注目されているかもしれません。大阪には古墳が多く、堺、羽曳野、藤井寺の三市にまたがる**百舌鳥**(もず)**・古市古墳群**(ふるいち)は、世界遺産への登録を目指しています。一帯には、日本最大の仁徳天皇陵をはじめとして、大小八十九基もの古墳があり、宮内庁管轄の重要な古墳は中に入れませんが、公園になっていて登れる古墳や、高架道路の下に埋もれたかわいそうな古墳、スーパーの裏手にある築山と間違えそうなチビ古墳など、バラエティ豊か。それらが住宅地のなかにさりげなく混じっている光景は、見ようによってはシュールです。

どうせならあの前方後円墳の鍵穴のような形を上から見てみたいものですが、あれはよほど高いところからでなければ認識できず、超高層ビルの屋上に登ったところで見ることはできないそうです。残念。

コテコテ神さんいい感じ　石切神社

古墳に興味がない人には、少々マニアックですが**石切神社**(いしきり)の参道というのもあります。

近鉄の石切駅から、石切神社まで長い下り坂の参道が続いています。でんぼ(腫れ物)の神様と呼ばれる石切神社にあやかって、かつては薬屋や民間療法の店が多く並んでいましたが、最近はもっぱら占いの店が立ち並んでいます。といっても占いストリートと呼ぶだけでは収まりきらないB級感は一見の価値あり。自称日本で三番目の石切大仏や、昭和の気配漂うブティック、ヨモギ団子の店、迫力ある牛車の展示などがぎっしり並んで、大阪らしいといえばらしい参道になっています。

占いといえば、珍しいのが**辻占**(つじうら)。

これは辻(交差点)に立って道行く人の会話に耳を澄まし、その内容で占うという、現在ではおそらく東大阪の**瓢簞山稲荷神社**(ひょうたんやまいなり)だけでしか行われていない日本古来の占いで、万葉集にも登場します。といっても今の時代、車やバイクでぴゅっと通り過ぎてしまう人が多いため会話など聞き取れるはずもなく、いったいどうやるのかと思ったら、そこは現代風にアレンジしてあるので、試してみるのも面白いかもしれません。

あとは何でしょう。

岸和田には、激しさで有名な**だんじり祭**があり、ときどき人が死んでいます。荒っぽい祭りといえば、ほかにも長野県諏訪大社の御柱祭などいろいろありますが、だんじりは日本で一番死んでるんじゃないでしょうか。

だんじりが道路脇の家や電柱などにぶつかって壊れるクラッシュ映像には人気があり、地元ではクラッシュ場面を集めたＤＶＤが売られています。壊される沿道の民家はたまったもんじゃありませんが、他人の家であれば派手に破壊されたほうが見応えがあって充実するようです。

大阪なんて何もないと思っていましたが、書いているうちにいろいろ思い出してきました。最後はとっておきの隠し玉を紹介して終わりたいと思います。

実は大阪には、日本でもっとも訪れるべき素晴らしい博物館があるのです。

日本最強の博物館（私調べ）　国立民族学博物館

それは千里万博公園内にある**国立民族学博物館**。

大阪に行くなら、ここは絶対に行かなければなりません。

なぜ大阪まで行って民族学博物館なのか、中身は大阪と関係ないじゃないか。と思った人は悔い改めよ。

行ってみればわかります。何がすごいといって、その展示物の膨大な量。行けども行けども展示が終わりません。丹念に見ていたら一日では回りきれない規模です。展示されているのは、世界中から集められた仮面、神像、アクセサリー、武器、衣類、食器、その他さまざまな道具、さらには船や家まで。しかもそれぞれが珍妙だったり、理解不能だったりして、濃密で得体の知れない時間が過ごせます。

言うなればロンドンに大英博物館があるのと同じようなもの。これほどの凄い博物館が意

外に知られていないのが私には不思議でなりません。ついでに**太陽の塔**も見てくれれば、大阪観光は予想外に充実します。

山口県

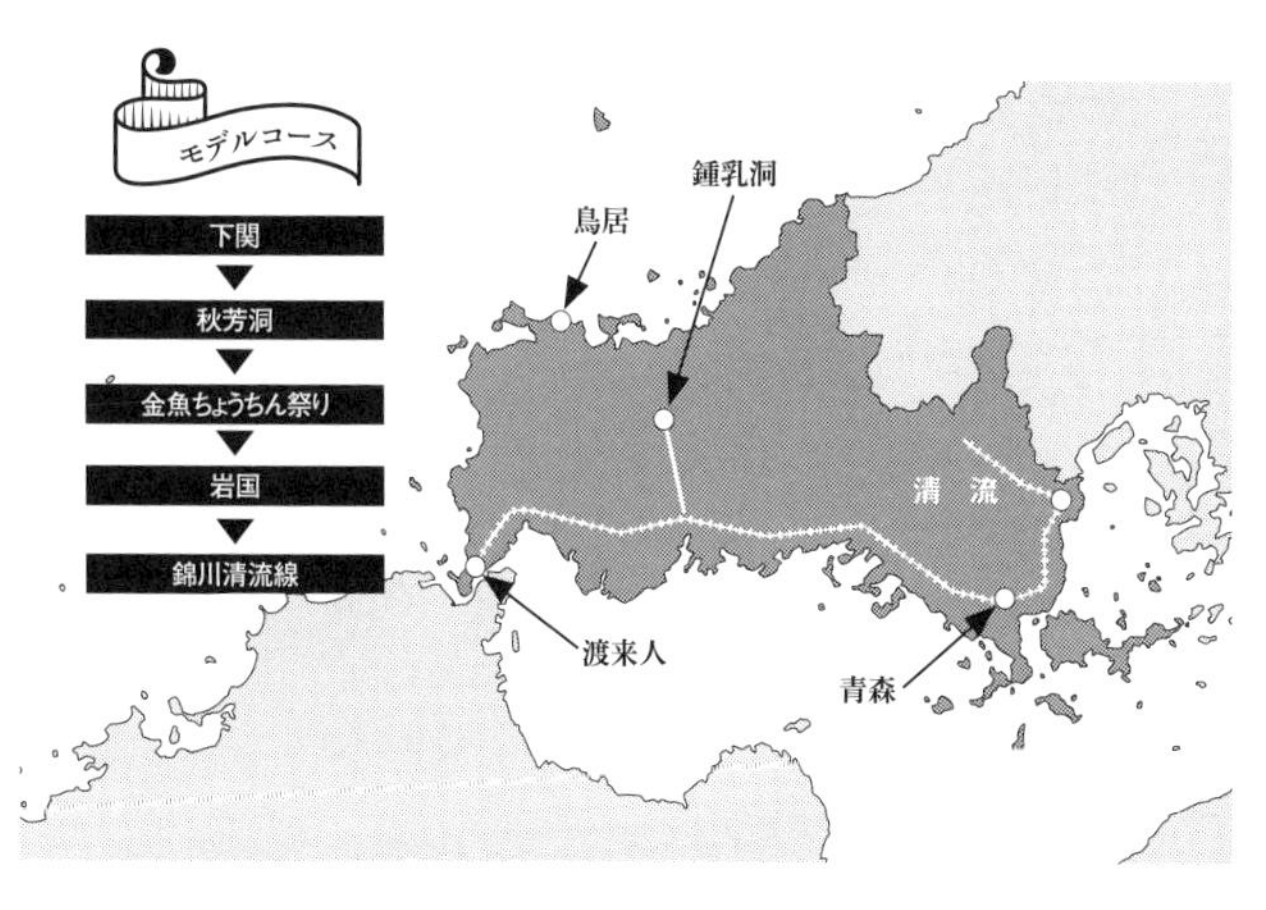

山口県といえば、吉田松陰、木戸孝允、高杉晋作、伊藤博文ら幕末の偉人を抜きにして語ることはできませんが、ここでは抜きにして語ります。幕末がらみのゆかりの地を観光しても、せいぜい古い屋敷と碑、よくて資料館があるぐらいで、たいしてスペクタクルじゃないからです。

世の中には幕末好きが多いようですが、私に言わせれば、幕末は謎の遺跡も変な仏像も出てこず、忍者屋敷もありません。高杉晋作も退屈を持て余し、おもしろきこともなき世をおもしろく、と言って、何か変なものを造って世の中を面白くしてほしい、と訴えたぐらいです。

幕末よりは宮本武蔵と佐々木小次郎が決闘した巌流島（がんりゅうじま）のほうが中二心をくすぐります。が、埋め立てによって島が当時の六倍になっており、どこで武蔵が小次郎を棒で殴ったのかよくわかりません。周囲にはビルは見えるわ工場は見えるわで、決闘の余韻が微塵（みじん）も感じられなくなっているのが残念です。船着場でもらったパンフレットでも「武蔵も小次郎も吉田松陰も坂本龍馬も斎藤茂吉もアントニオ猪木もマサ斎藤も……」って訴求ポイントが支離滅裂になっているのがわかります。

いっそのこと、もっと遡って平家が滅んだ壇ノ浦を観光してみたいところですが、これはなんとなくその へんの海という案内しかなく、漠然としています。

日本の歴史に何度も登場する山口県。山口観光のテーマをひとことで表すなら「歴史」といってもいいのかもしれません。しかし直接見えないものだけに、日本の歴史を知らない外国人観光客に隣の宮島ほどのインパクトを残すことはできないでしょう。

もちろん歴史こそ好きという人もあるはず。そういう人は好きな人物ゆかりの地へ行って、いろいろゆかるといいでしょう。

さて、そんな山口県。広島と福岡という大都市圏にはさまれ、のぞみもあんまり停まりませんが、観光スポットは充実しています。

秋芳洞(あきよしどう)や、**錦帯橋**(きんたいきょう)は、それぞれ日本三大鍾乳洞、日本三橋のひとつであり、そのほかに**萩**もある。どれも古くから有名な観光地です。

地形好きには外せない　関門海峡

そして何といっても**下関**。

下関抜きに山口県の観光を語ることはできません。下関の魅力はすなわち**関門海峡**の魅力。

津軽海峡や鳴門海峡、明石海峡、世界一狭い小豆島の土渕(どふち)海峡などなど、日本に海峡は多くありますが、関門海峡ほどわくわくする海峡は他にありません。

思い切り叫べば声が届きそうな対岸。潮の干満によって激しい流れが生じる狭い海峡を、

本州西端アガる地形

青海島の海食洞

関門海峡

歴史より地形。

常に多くの船が往来し、見ていて飽きない。

関門海峡を眺めていると、ふと自分が渡来人の気分になっていることに気づきます。

はるか昔、日本に初めてやってきた渡来人は九州の沿岸に到達し、そのまま上陸したり、本州沿岸に沿って日本海をさらに北上したりしたと思いますが、誰かがもっと奥深く入りたいと思ったはず。でも地形がどうなっているのかよくわからない。それで入江でもなんでも入ってみたところ、島原半島付近で内海（有明海）を発見し、一瞬盛り上がります。しかしすぐに行き止まりであることが発覚して落胆します。一方、関門海峡に入った一行は、その水路のあまりの狭さと流れの激しさに、これは川かな、と思いつつ進んでいったところ、なんとその奥にでっかい瀬戸内海が広がっていたではないかあ！

なんというスペクタクルでしょう。私はここを訪れるたびに、海峡を発見した渡来人の気持ちになって「こうなっていたのか！」と勝手に興奮しています。言わば、マゼランの心です。ふたつの大きな海がこんなに狭い海峡で繋がっている場所はそうそうないのではないでしょうか。

旅の醍醐味はつまり意表を突かれること。それまでの思い込みが否定され、新しい世界が開けるとき、旅は最大限に盛り上がります。

もちろん今ではそんなことは知っているので誰も驚きませんが、実は山陽新幹線で下関近辺を通過すると、一瞬だけ、現代における「こうなっていたのか！」を味わうことができます。大阪方面から来た場合、それまで基本的に海は左側に見えていたのが、関門トンネルを抜けた途端、急に海が右側に現れるのです。その瞬間、世界がねじ曲がったかのような錯覚に襲われます。よく考えれば北九州に出て日本海が見えているのだとわかりますが、ほんの一瞬、気分はマゼランです。

関門海峡は歩行者用トンネルで横断することもでき、あっちへ行ったりこっちへ行ったり自由自在。西が本州で、東が九州になっているねじれ具合も地形好きにはたまりません。
思わず海峡だけで熱くなってしまいましたが、山口県のおすすめはそれだけではありません。

最近私が気になっているのは、柳井でお盆に行われる**金魚ちょうちん祭り**です。町じゅうが金魚の形をしたちょうちんで飾られ、夜になると不思議な異世界が現れると聞きます。まるで水中にいるような雰囲気になるのでしょうか。是非一度見てみたいのですが、なんでもこのお祭りは青森の金魚ねぶたを参考にして作られたとのこと。オリジナルではないのです。柳井と金魚、実はあんまり関係ない。関係ないけど、いいものはいいというのでマネをした。その開き直りがあっぱれです。

そのほか錦帯橋から錦川を遡るローカル線**錦川清流線**の美しい車窓風景、風情ある**長門湯本温泉**、角島にかかる**角島大橋**がかっこいいとか、最近は日本海に面した**元乃隅稲成神社**の鳥居が人気上昇中と聞きます。個人的には山陰本線小串駅付近で見た**響灘**の海のエメラルドブルーっぷりも忘れられません。

そんなこんなでいろいろある山口県、ドライブで疲れたら、**山賊レストラン**で食事をすれば、ここがまた異次元感に溢れていてびっくりです。

新潟県

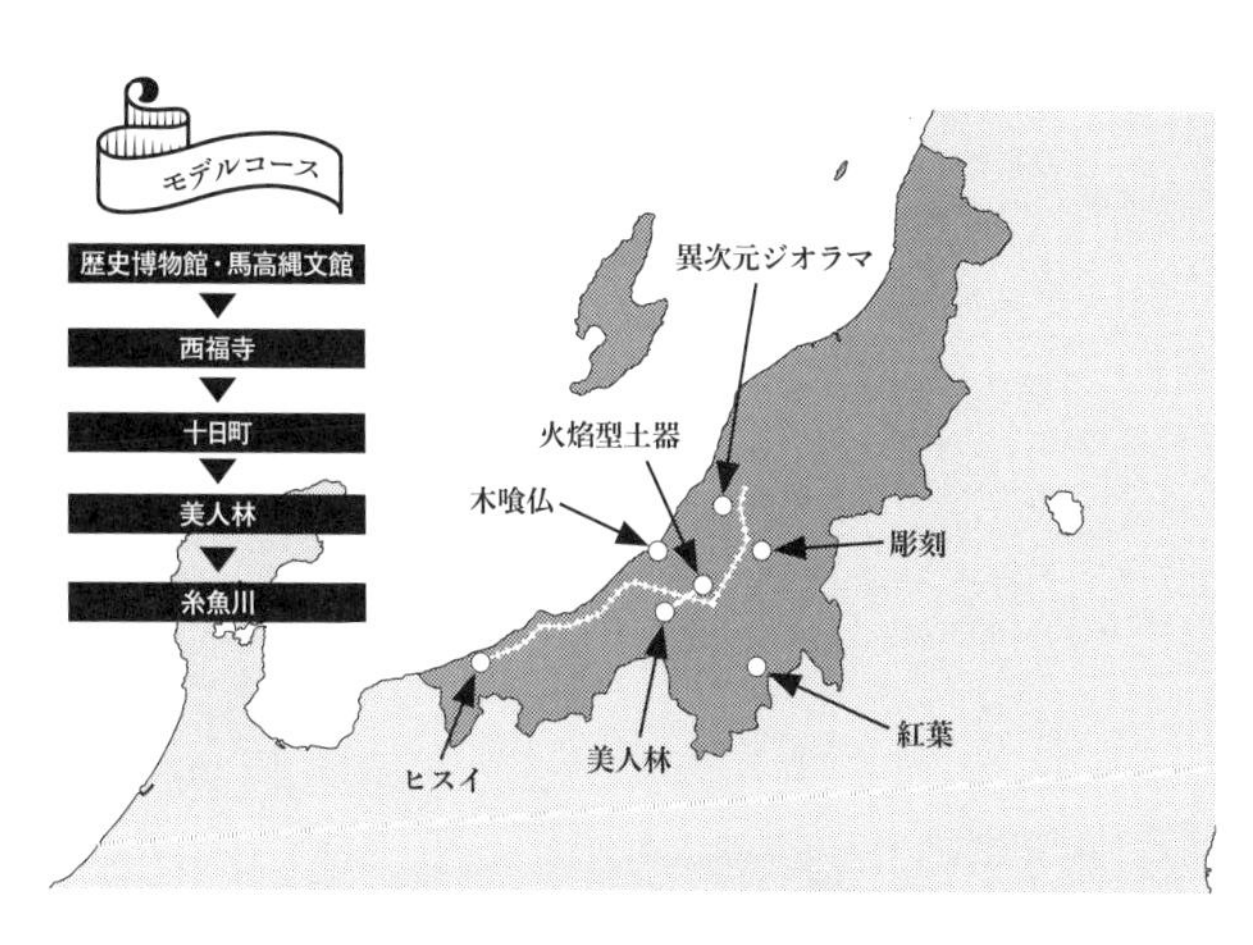
モデルコース
歴史博物館・馬高縄文館
西福寺
十日町
美人林
糸魚川
異次元ジオラマ
火焔型土器
木喰仏
彫刻
紅葉
美人林
ヒスイ

ここで問題です。新潟県は何地方でしょうか？

教科書では強引に中部地方に入れられたりしていますが、無理があります。東北に入れたら収まりがよさそうに見えますが、それはあくまで地図上での話で、実際には山で隔てられ東北との一体感は微妙です。となると北陸がちょうどいい気がしますが、これも山で隔てられています。

で、答えは甲信越地方。

山梨、長野、新潟、ってなんだそれ。

まとまりなさすぎ。それは地方じゃなくて、フォッサマグナではないでしょうか。

まあいいでしょう。実はそこにはあるつながりがあるのですが、それは後述するとして、新潟県の特徴をひとことでいうと、それは「上品」です。

街も景色も清潔で、人も穏やか。どこへ行っても観光客をそっとしておいてくれそうな空気があります。また空の広さも印象的です。新潟平野から山の連なりを遠くに望めば、北海道のような爽やかさです。

ただ新潟県人に自慢の観光スポットを尋ねても、謙遜なのか何なのか、あまりいい答えは返ってきません。居酒屋のお姉さんも、人気ランキングの一位が高層ビルの展望台なんです、と申し訳なさそうに言ってました。

ためしに私も検索してみたら、一位は**萬代橋**(ばんだいばし)でした。

橋……んんん、たしかに市内にはこれといった見どころはないのかも。

新潟には全長七十キロに及ぶ日本有数の砂丘があるとのことで、鳥取砂丘のような風景を期待して海へ行ったところ、あったのは普通のビーチでした。砂丘はどこにいったのでしょう。どうやら砂丘の上に町ができているため、いわゆる砂の波打つ〈砂丘〉はほとんど見られないようです。そんなのは僕たちの砂丘じゃないと思いました。

ランキングは置いておいて、ナイスな観光スポットを探してみます。

一般的に、新潟に遊びに行く理由を想像すると、まず浮かぶのはスキーでしょうか。あるいは**苗場のフジロック**。最近では、**妻有**(つまり)**の芸術祭**も知られるようになりました。好きな人は行くといいでしょう。

新潟県というと誰もが思い浮かぶのが豪雪というキーワードですが、今では街なかは除雪が行き届き、冬に訪ねてもそれほど驚きはありません。

しかしかつては雪の日でも往来できるよう軒を延ばして（雁木(がんぎ)という）アーケード状にし、豪雪期には道路上に雪を積み上げ、その上に道をつけていたそうです。積み上げた雪は建物の二階の高さに及ぶこともあり、結果、町全体が雪に沈んで、地下で暮らしているような不思議な光景が展開していました。

豪雪に沈む町のジオラマ　新潟県立歴史博物館

長岡にある**県立歴史博物館**には、今ではもう見られなくなったそんな町のジオラマがあり、異次元の世界を見ているようでワクワクさせられます。往来に城塞のような壁がそそり立ち、その上をマネキンが歩いています。よそ者の身勝手な願望ですが、一ヶ所ぐらいそんな風景を残しておいてくれたら、ぜひとも観光に行って雪の壁の上を歩き回ってみたかったところです。

また新潟県で有名なものに、**木喰仏**（もくじき）があります。木喰上人の手による素朴な造形の木彫りの仏は、円空仏（えんくう）と並んで人気があり、小千谷、長岡、柏崎、佐渡などに残っています。見るには拝観予約が必要ですが、めんどくさい場合は**柏崎市立博物館**でも見ることができます。

木彫りといえば、石川雲蝶（うんちょう）の欄間（らんま）彫刻も忘れるわけにはいきません。魚沼市の**西福寺**（さいふくじ）や**永林寺**で見ることができ、西福寺開山堂の天井彫刻「道元禅師猛虎調伏の図」は、ものすごい立体感で、彫刻に興味のない人も圧倒されます。

ですが何といっても、新潟県で最も熱いものといえば、**縄文土器**をおいてほかにありません。

縄文土器が大充実　県内各博物館

なにかと地味な古代で、素人が見て面白いのは土偶と縄文土器ぐらいですが、あの教科書でよく見る異様な装飾の火焔型土器（馬高式）、いわゆるわれわれ素人がイメージする縄文土器は、ほとんどが新潟県に集中して出土しているのです。

興味がある人は、いや、そんなに興味がなくても、県立歴史博物館や、その隣の**馬高縄文館**、また**十日町市博物館**などに行くと圧倒されることでしょう。

そして実は新潟に次いで土器が込み入っているのが長野と山梨なのです。ここにきて甲信越地方とは、込み入ってる縄文土器つながりだったことがわかります。

内陸部のネタばかりじゃなくて、海のネ

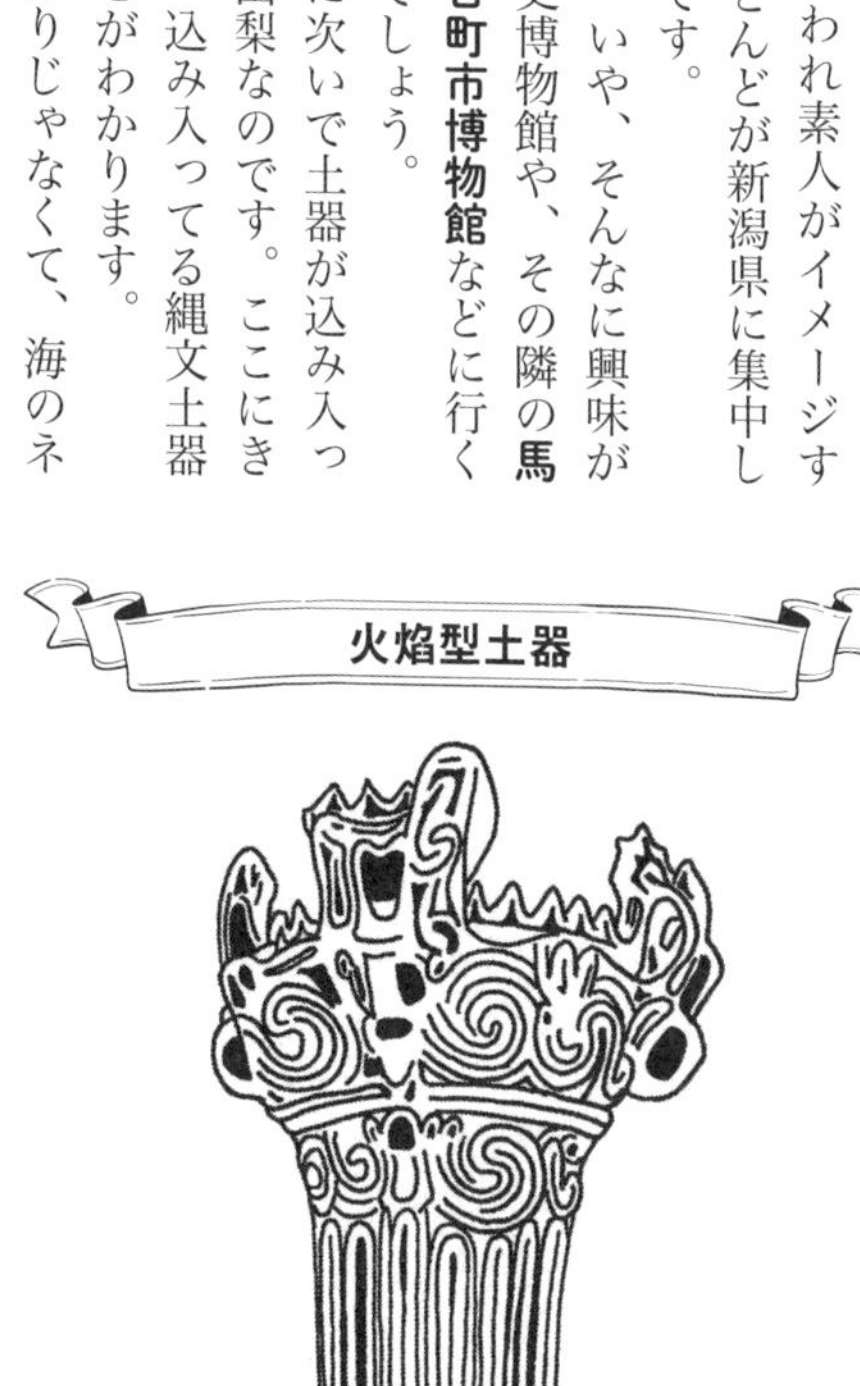

新潟は火焔型土器の中心地。

夕はないのかといえば、**糸魚川の海岸**でヒスイを拾うのが新潟ならではの楽しみ方と言えるかもしれません。

ヒスイは緑がかった白い石で、探してみるとそこらじゅうにそんな石が落ちています。しかしほぼすべてダミーであり、本物は滅多に見つかりません。調子に乗ってがんがん拾う前に見分け方を勉強しておいたほうがいいでしょう。

それから、新潟といえば、**佐渡**を忘れるわけにはいきません。

日本最大級の島であり、金山であり、トキであり、たらい舟であって、それだけ聞いても食指が動かない人もあるかと思いますが、無視するにはどうにも気になる大きさと形です。あんな大きな島がぐるっと半回転しても同じ形ってどういうことでしょうか。

新潟県にはほかにも、インドの民俗画を実演展示する**ミティラー美術館**や、ブナの林が爽やかな**美人林**など、知名度はそれほどないものの味のあるスポットが多く、とくに**巻機山の米子沢**の紅葉の美しさといったら、いったいどこの別天地かと思います。

佐賀県

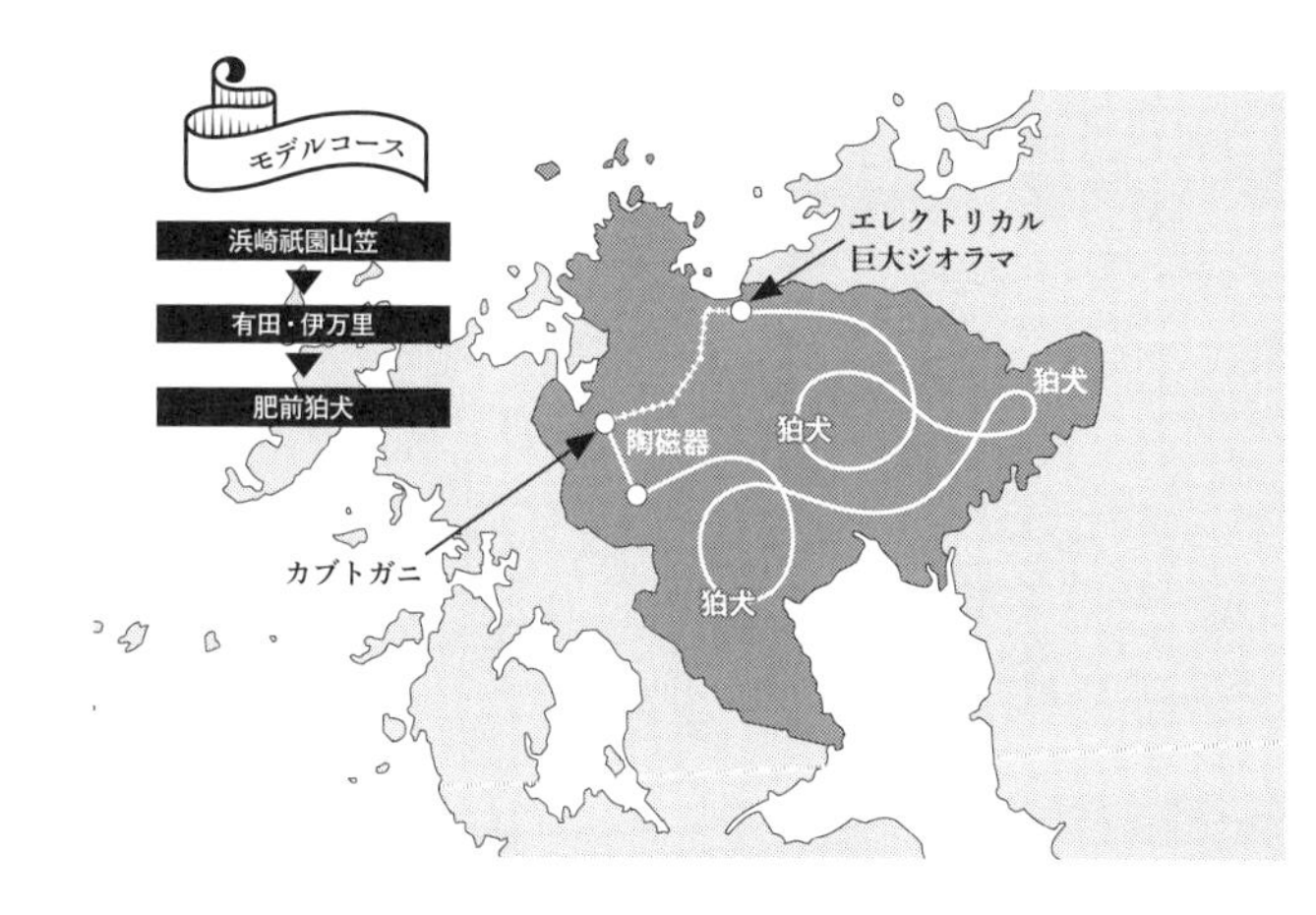

九州と聞くと大きなひとかたまりの大地のように感じますが、地図をよく見ると、福岡から西に向かって佐賀と長崎だけ本体からはみ出しています。本体↓佐賀↓長崎、と出っ張っているのです。

つまり九州を間取り図に見立てると、長崎県は離れであり、佐賀県は長崎県に向かうための渡り廊下に当たります。廊下ですから、九州にきた観光客がまず博多に入りそこから長崎に向かう場合、佐賀県は通過されます。

佐賀県＝廊下

ということでいいでしょうか。

なんて言ってると佐賀県の人にどつかれそうなので、魅力的な観光地を探してみます。

佐賀といえば、まず頭に浮かぶのは陶磁器です。

私もわりと興味があり、焼き物の里へ行けば窯元などに寄ってみたりするのですが、これはと思うものはまず手に入りません。趣味に合うものがなかなか見つからないうえ、たとえ見つかってもとても買える値段ではないからです。その結果、ただ見るだけで出てくるか、一番安い湯呑みか小皿を買って妥協することがよくあります。しかも通常なら五枚揃えたい小皿を二枚だけとか、わびしいことこのうえありません。

世の中には、いい感じで、なおかつ安い焼き物はないのか！

といえば、それがありそうなのが**有田**です。もしくは名古屋近郊の瀬戸あたり。焼き物には産地ごとに個性があり、その個性が合わないと自分にとっていいものに出会いにくいわけですが、有田や瀬戸にはいろんなタイプの焼き物が集まっていて、趣味に合うものが見つかりやすい気がします。

まあ、有田は**伊万里**とともに有名なので、ここで書かなくても行きたい人は勝手に行くことでしょう。

そのほか佐賀県では、**バルーンフェスティバル**や、**吉野ヶ里遺跡**（よしのがり）なんかも有名ですが、吉野ヶ里は弥生時代の遺跡であって縄文時代ではないため、行っても土偶や火焔型縄文土器は見られないので注意が必要です。土偶の縄文、埴輪の古墳に比べると、これといって見た目の引っかかりが弱いのが弥生時代。考古学なんかどうでもいいからヘンなものが見たいという人は、鳥居の上の鳥形を見ると少し面白いでしょう。

佐賀県にはさらに昔から有名な観光地として、お城や**虹ノ松原**（にじの）のある**唐津**があります。唐津といえば、くんちも有名で、市内の**曳山展示場**（ひきやま）に行けば、巨大な鯛や兜の曳山を常時見ることができます。どれもマスコットぽくて楽しいのですが、祭り当日は例によって、宿が取れない、人ごみに疲れるといったためんどくささが予想されます。そのせいで私はすっかり祭り嫌いになってしまいました。

しかし、実は唐津に、くんちとは別の大好きな祭りがあるのです。

スゴいのに知られていない　浜崎祇園山笠

その名は、**浜崎祇園山笠**（はまさきぎおんやまかさ）。

山笠といえば、ユネスコの無形文化遺産にも登録された博多祇園山笠が有名ですが、博多の場合は、舁き（か）山笠と飾り山笠があり、人々が担いで走る舁き山笠は、せいぜい高さ五メートルぐらいです。飾り山笠は十〜十五メートルぐらいありますが、固定して飾っておくのが基本。それに対し浜崎の祇園山笠は高さ十五メートル、それが電線の間を縫って町を練り歩きます。

何より素晴らしいのが山笠の造形です。城や御殿や橋や滝などがひとつの大きな風景を形作って圧巻です。まるで竜宮城みたいな巨大ジオラマ世界。夕暮れになれば灯が入り、エレクトリカル祇園山笠となって、その幻想度はますますアップします。

祇園山笠が行われている町はほかにもたくさんありますが、これほどでかくてエキゾチックな山笠は他にないのではないでしょうか。これこそは佐賀県でもっとも見るべきものと言っても過言ではありません。

なぜこの美しい祭りが人々に知られていないのか、そしてユネスコの無形文化遺産に含まれていないのか、私にはさっぱり理解できません。浜崎を入れないでどうする。でもそのおかげで観光客が少なく、すぐそばで思う存分見物できるからラッキーです。

残念ながら最近は町の人口が減って存続が危ぶまれているとかいないとか。

よく旅行雑誌などに、本当は教えたくない秘密の店なんていう謳い文句があって、じゃあ教えなきゃいいだろと苦々しく思っていた私ですが、それでも教えてしまう気持ちがようやくわかりました。みんな来てくれないとなくなっちゃうよー、ということです。ぜひとも続いてほしいものです。

さて佐賀県は浜崎祇園山笠について書きたかったので、もう終わりでいいような気分ですが、そういえば七月から八月にかけて**伊万里湾**にカブトガニがやってくると聞きます。今や絶滅の危機にあるカブトガニ、ベトナムに行ったときは船上レストランで料理して食べていましたが、日本では貴重なので、ちょうど七月末に行われる浜崎祇園山笠と合わせて見にいくといいでしょう。

そうそう、大事なものを忘れていました。佐賀県は変わった狛犬(こまいぬ)が見られることで知られています。

知られざる魅力の佐賀

通り過ぎるのは惜しい。

自分で探す小さく可愛い狛犬　肥前狛犬

その名も**肥前狛犬**。

通常の狛犬は強そうに道行く人を睨んでいますが、肥前狛犬は全然強そうでなく、小さいうえに造形も単純で、まるでヘタウマ絵のよう。ひとことで言えば、かわいい。

佐賀を中心に福岡や長崎などでも見られます。なぜこの地方だけこんな狛犬なのかはよくわかっていません。小さくて盗まれやすいためにネットでも場所を書かないのが礼儀になっており、見つけるのがひと苦労ですが、今の時代これほど情報にアクセスしにくい物件は逆に珍しいので、かえって宝探し的に楽しめて貴重です。

福島県

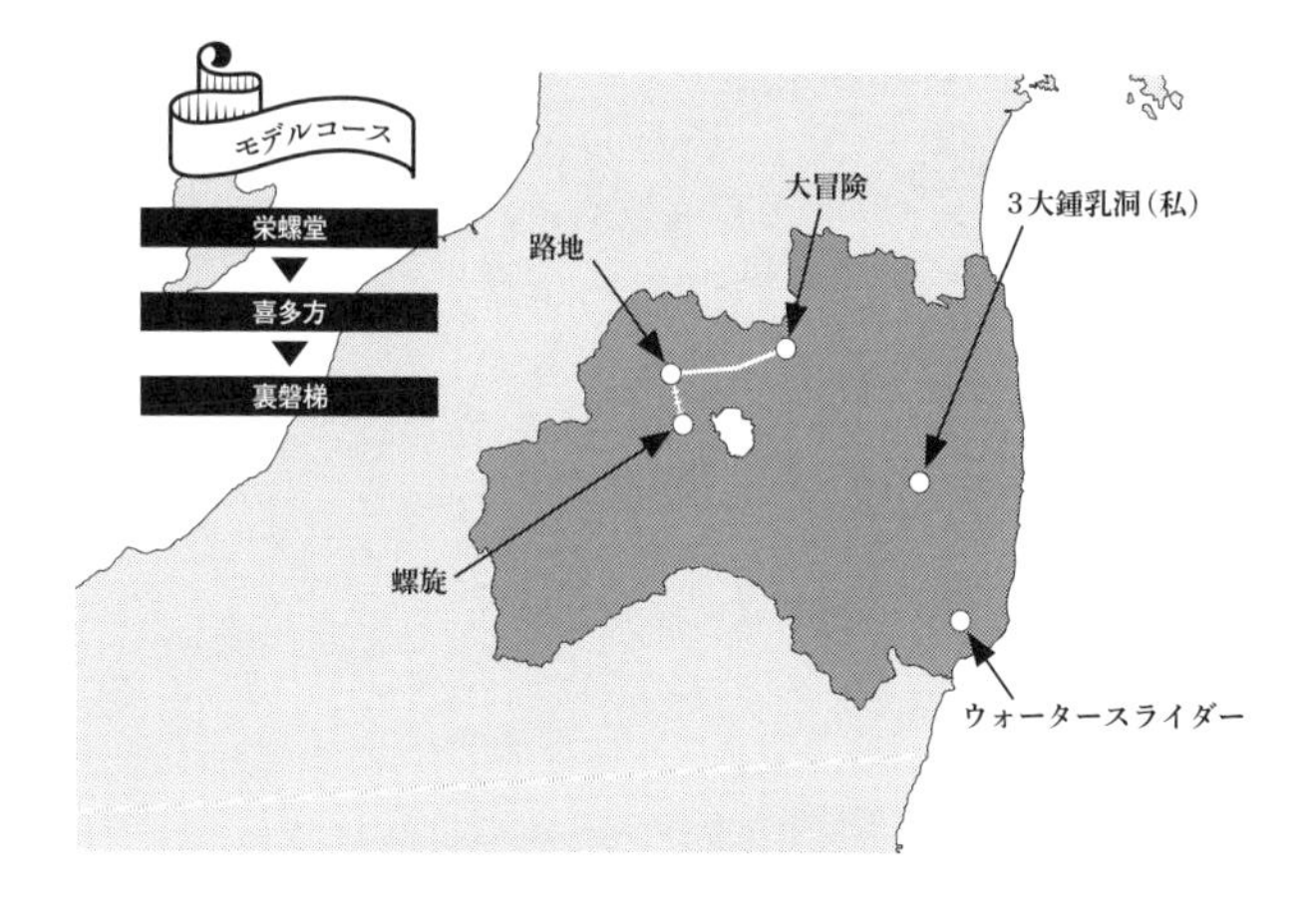

福島県の観光といえば何でしょうか。磨崖仏という人があります。大分県と並ぶ磨崖仏の宝庫だそうです。たしかに**岩谷観音**、**鮭立磨崖仏**、**百尺観音**など見どころは少なくありません。私はまだ行ったことがないのですが、写真を見ると鮭立磨崖仏はなんだか宇宙人のような姿で面白そうです。

福島は鉄道がいいという人もあります。只見線、磐越西線といったローカル線があり、東京から東武鉄道、野岩鉄道、会津鉄道と乗り継ぐことで私鉄だけで福島県まで来られるのもちょっとした驚きです。

いやいや福島といえば**会津**、会津といえば白虎隊だろ、という人もいるかもしれません。どの意見もそれなりに説得力がなくはないのですが、私の考えは違います。

福島県の特徴をひとことで言うなら、それは「いきなり大冒険」です。

手早くアドベンチャー　裏磐梯

サラリーマンだった頃、どこかでどーんとビッグな週末を過ごしたいと思ったとき、いつも目指したのが福島県の**裏磐梯**でした。首都圏から車でさほど遠くなく、手軽に大自然が楽しめるというのが理由です。

しかし首都圏に近い手軽な大自然というだけなら、信州や上越、伊豆や伊豆諸島方面にもあるわけです。そうではなくて裏磐梯でなければならない理由は何だったのでしょうか。

それは裏磐梯が、いきなり大冒険の世界だからです。

説明しましょう。たとえばあなたがカヌーを始めたいと思ったと仮定します。通常はそこで体験ツアーに参加したりするわけです。でももう少し本気のあなたは、友人からカヌーを借り、自力で始めたいと考えます。

しかし初心者がいきなり川へ漕ぎ出すのは危険です。なのでまずは湖で練習しようと思うわけです。ところがそこらの湖は、ただ水面が広がるだけで面白くありません。冒険感がないのです。もっとアドベンチャーっぽいところで安全にカヌーを始めたい。そんな都合のいい場所はないのだろうか。

あるんです、カヌーデビューにうってつけの湖。それが裏磐梯の**小野川湖**です。

磐梯吾妻スカイライン

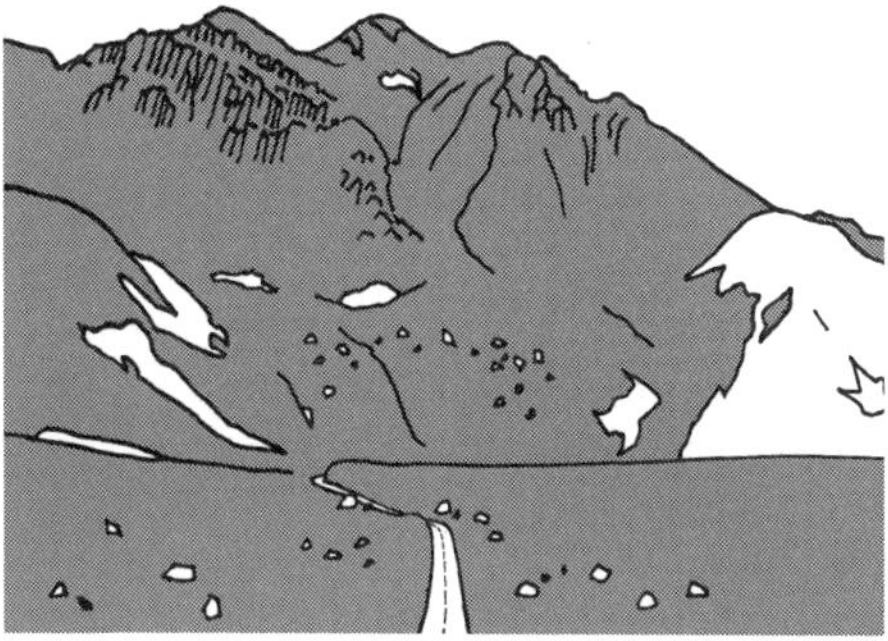

まるでどこかの惑星に降り立ったよう。

ごちゃごちゃと入り組んだ入江とたくさんの小島が入り乱れる湖面。まさにいきなり大冒険気分です。しかもその背後には磐梯山の絶景がある。北海道の大沼公園と並び、カヌー自力デビューにおすすめのスポット第一位と言っても過言ではありません（私調べ）。

さらに冬。あなたは雪山に登るほど気合いはなく、まして山スキーなどとても無理なレベルだとしましょう。でも冬も何かアウトドアを楽しみたい。ゲレンデスキーやスノボじゃ冒険感がない。何かないのか。

あります。それはノルディックスキー。ゲレンデを出て自然のなかを歩くスキーです。

そして首都圏近郊でノルディックスキーをやろうとした場合、八ヶ岳や奥日光などにもコースがありますが、裏磐梯はとくにおすすめなのです。凍った桧原湖（ひばらこ）のうえを歩いて横断できたりします。私も、ろくにスキー経験もないのにまるで冒険家になったような気分で、凍った湖のうえでコーヒーを沸かして飲みました。平らな雪原が南極のようでした。

このように夏でも冬でも、そして初心者でも家族連れでもいきなりダイナミックなアウトドア経験ができる。それが裏磐梯というわけです。

アウトドアスポーツは、まず裏磐梯より始めよ。鉄則です。

素人でも本格大冒険　入水鍾乳洞

しかし裏磐梯だけが福島県の「いきなり大冒険」スポットというわけではありません。阿武隈山中の**入水(いりみず)鍾乳洞**もそのひとつ。

鍾乳洞？

照明のついた遊歩道をただぐるっと歩くだけだろ、と思ったら大間違いです。

たしかに鍾乳洞なんてどこもそんな感じで似たり寄ったりですが、入水鍾乳洞は違います。自分で照明を持って冷たい水の中を歩かなければならないのです。暗いし、狭いし、濡れる。いきなりハードです。

私は個人的に、同じように川の中を歩く福岡県の千仏鍾乳洞、超絶に狭い徳島県の穴禅定(あなぜんじょう)と合わせて、真の日本三大鍾乳洞に認定したいと考えます。

そんなこんなで「いきなり大冒険」の福島県。アウトドアの観光スポットには事欠きません。裏磐梯から磐梯吾妻スカイラインを北上すると**浄土平**に着きますが、ここは**吾妻小富士(あづまこふじ)**と呼ばれる火山がそびえ、その斜面を十分ほど登れば火口跡が覗けます。さらに**一切経山(いっさいきょうざん)**に登れば、その先にある**魔女の瞳**と呼ばれる美しい沼を見ることもできます。この一帯は草木が少なめで、荒涼たる雰囲気はまるでどこかの惑星に降り立ったかのようです。

アウトドア系以外の観光地はどうでしょう。

いわき市には映画『フラガール』で有名になった**スパリゾートハワイアンズ**があります。ここには高低差四十メートル、長さ二百八十三メートルの日本一のウォータースライダーがあって面白そうです。

さらに会津を観光するなら、**飯盛山(いいもりやま)の栄螺堂(さざえどう)**は外せません。螺旋状にただ登って下りてくるという不思議な建物ですが、そのガキガキした外観は全国にも例がなく、白虎隊もこれを見たかと思うと、なんとも奇妙な気がします。

最後にラーメンで有名な**喜多方(きたかた)**についても触れておきましょう。

喜多方と聞くと、蔵の建ち並ぶ古き良き町並みを想像しますが、ずいぶんと壮絶に寂れており、知名度のわりに観光地としてのやる気がまったく感じられません。しかしその一方で路地には何が出てくるかわからないヘンな味わいがあり、デートには不向きですが路上観察には絶好のロケーションとなっています。上手く言えないのですが、イメージのナナメ上をいっているという点で全国的にも貴重な町と言えるでしょう。

島根県

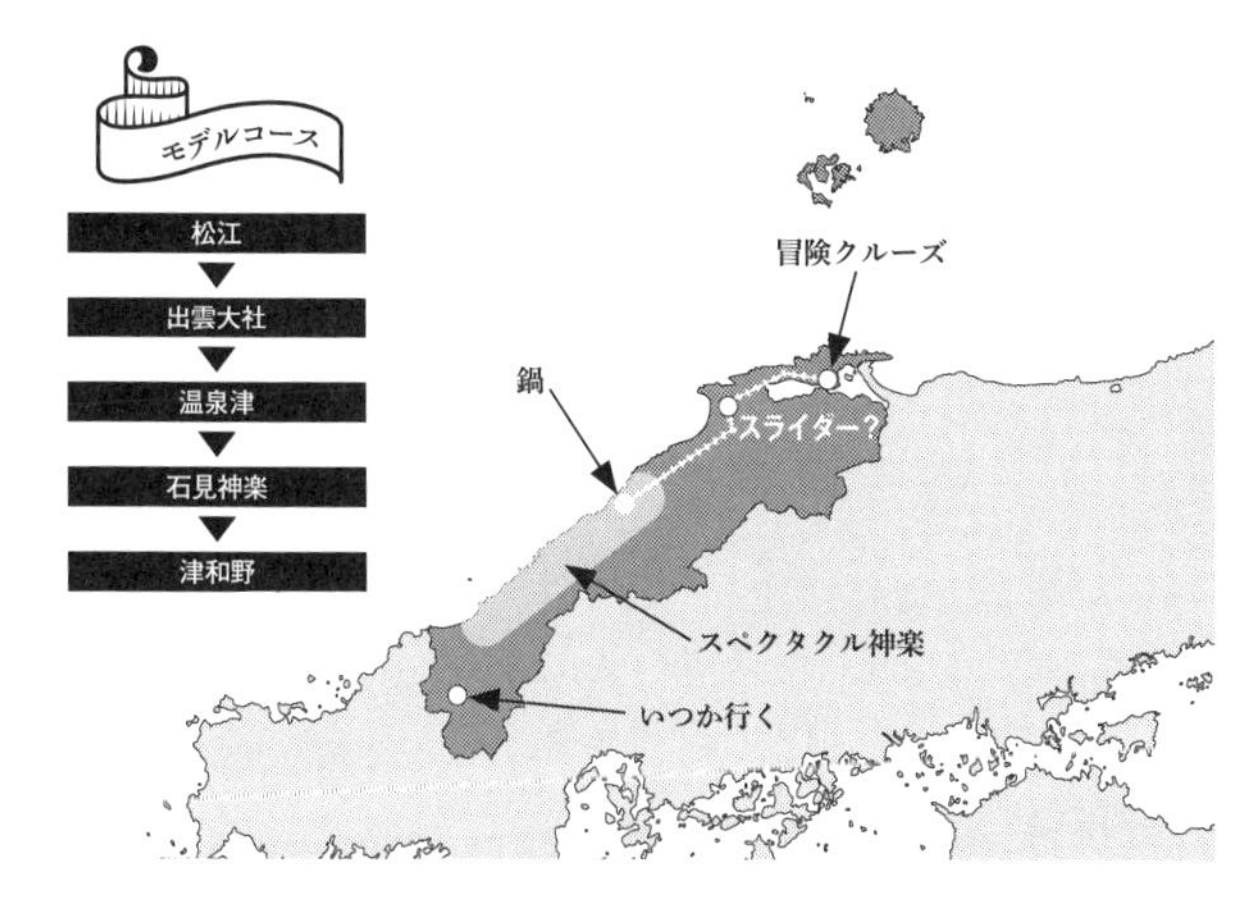

全国どっちがどっちか紛らわしい県選手権において、群馬・栃木と首位を競い合っている鳥取・島根ですが、地図を見ると鳥取と島根の違いは一目瞭然です。パンタグラフがついているほうが島根県になります。

出雲国風土記によると、このパンタグラフはどこかよそにあったものを綱で引き寄せ国土にしたと書かれてあり、これを国引きと言いますが、現地に行ってみると、その意味がよくわかります。なだらかな平地に突如として立ちあがる島根半島の山々。あまりに唐突で、いったいどっから来たんじゃあ？　と誰でもふしぎに思います。

そしてそのどこからかやってきた山々と本州との間が砂で埋まり、パンタグラフができたわけです。

江戸時代から大人気　出雲大社

島根県で、いや山陰地方で最大の観光スポット**出雲大社**もここにあります。日本一巨大で堂々たる本殿は見応え十分ですが、かつてはこれよりさらに高くそびえたっていたと考えられており、隣の**古代出雲歴史博物館**には、その証拠となる三本の大木を束ねた巨大柱（の根元）や、想像による復元模型が展示されています。一説では長い長い階段がついていて、まるでウォータースライダーのようだったとされ、よみうりランドのジャイアントスカイリバーの倍ぐらい高かった可能性も示唆されています（【よみうりランドのジャイアントスカイリバー】高さ24・5mの巨大ウォータースライダー）。

　また出雲大社は日本最強の縁結びスポットとしても有名で、今では周辺の神社もそれにあやかって一大縁結びゾーンを形成し、夢見る乙女たちを捕らえて離さない蜘蛛の巣のようになっています。

　松江方面はどうでしょうか。**松江城天守**が二〇一五年に城としては五番目の国宝に指定されました。一般に城の魅力といえば堂々とそびえる姿と、曲輪（くるわ）と濠の織りなす迷路感、さらに敵を欺く仕掛けなどがあるとなおいいわけですが、マニアは別として、天守閣に登るのはあまりおすすめできません。中に入るとあまりにがらんどうだからです。これは全国どの城も同じで、天守閣はすべてハリボテと言ってもいいぐらいです。なぜ忍者屋敷のようにしなかったのでしょう。でなければもっと絢爛豪華に飾るとか。

　そんなわけで、松江城に行くなら天守閣より**濠（ほり）をめぐる遊覧船**がおすすめです。森のような場所を通るかと思えば、屋根を思い切り下げて潜る橋もあり、お濠のクルーズにしては思わぬ冒険感が楽しめます。

　ほかにパンタグラフ付近の見どころとしては、中海に浮かぶ**大根島（だいこんじま）に溶岩洞窟**があり、ここで全国でも珍しい洞窟内の火口を見ることができます。かつてこの島が火山だった頃、噴出した溶岩が冷えて固まって蓋になり、火口が地下に閉じ込められたままなおも煮えたぎっていた形跡が残っているのです。このような地下火口は全国でも桜島とここの二ヶ所しか見つかっておらず、見学できるのはここだけと自然観察指導員の方が教えてくれました。小さいものですが、珍しい地形好きの人は見にいくといいでしょう。

他の地域も見てみます。

島根県といえば、世界遺産の**石見銀山**（いわみ）を忘れるわけにはいきません。最近、新たに大久保間歩（まぶ）（坑道）が観光開発され、銀を掘った巨大空間が見学できるようになりました。

江戸時代からの銀山の施設がまるごと残っていることが世界遺産登録の決め手になったわけですが、それだけに近代鉱山のようなメカニカルな味わいはなく、トロッコに乗ったりはできません。

もともと鉱山の観光というのは、金山であれ銀山であれ炭鉱であれ地味さはぬぐえないもので、人形を使って当時の状況を再現してあったりしても、さほど盛り上がらないのが通例です。歴史の勉強をさせられている気分になるのもアウェイ感アップ。それよりも見どころは周囲の廃墟だったりするわけですが、それもないとなると何を楽しめばいいのか途方に暮れるところです。

幸い石見銀山には古い町並みが残っており、しかもそれが、外見は古いが中は全部おみやげ屋かカフェというような昨今の観光宿場町ほどいじられていないので、意外にいい感じで散策が楽しめます。この一帯は、大分県の安心院や伊豆の松崎と並ぶ鏝絵の密集地帯でもあり、好きな人は探して歩くのも面白いかもしれません。

そのほか島根県には鄙びたいい温泉も少なくありません。**温泉津**は小さな港のある風情ある温泉で、共同浴場の元湯には四十七・五度の浴槽があって、入ってみると自分は鍋料理の具かと思います。**有福温泉**も箱庭のような味のある町で、はずれにある大仏のデカい鼻はそれだけでも見にいく価値があるでしょう。

そして島根県には**隠岐**があります。

国賀海岸の断崖絶壁は全国屈指の絶景として知られています。そのほかにも**巨大な杉**や、**烏賊を祀る神社**、**赤壁**、**洞窟を航行する遊覧船**など見どころは多くありますが、個人的には海に沈んだカルデラである**島前の内海**にぐっときます。島に囲まれた穏やかな海に、言い知れぬロストワールド感を覚えるのです。

子どもも大好き　石見神楽

さらに見るべきなのは、**石見神楽**。神楽は全国各地にありますが、石見の神楽はそんななかでも見た目がとくにスペクタクルです。瞠目の演目は大蛇。長い蛇の胴体に人間が入って操るのですが、人間が蛇を演じるのは形の上で相当無理があるのに、人間味を消して動かすさまは見事としかいいようがありません。その他の演目も衣装の早変わりなどを盛り込んで、伝統芸能に興味のない人でもアトラクション感覚で楽しめるようになっています。地元では

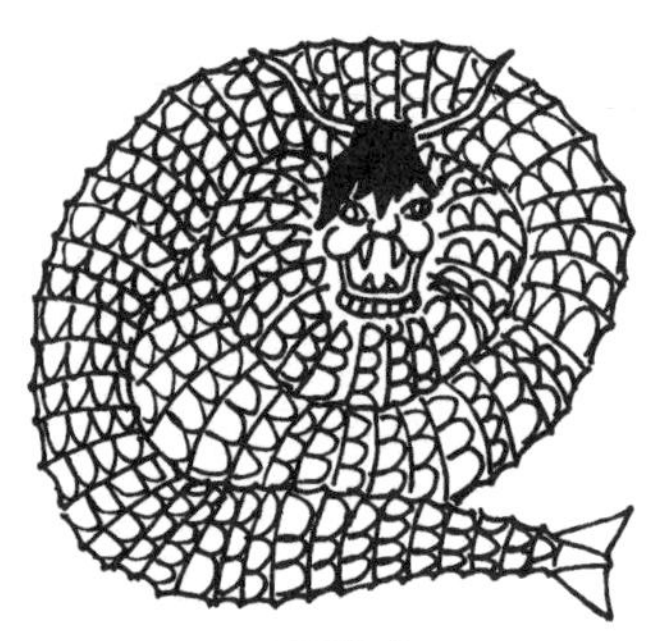

石見神楽

有福大仏

島根県は濃い。

アイドル以上に人気があり、毎週のようにどこかで公演しているので、騙されたと思って行ってみるといいでしょう。

こうしてみると意外にいろいろある島根県。おかげでいつもわれわれは**津和野**までたどりつくことができないのです。

鳥取県

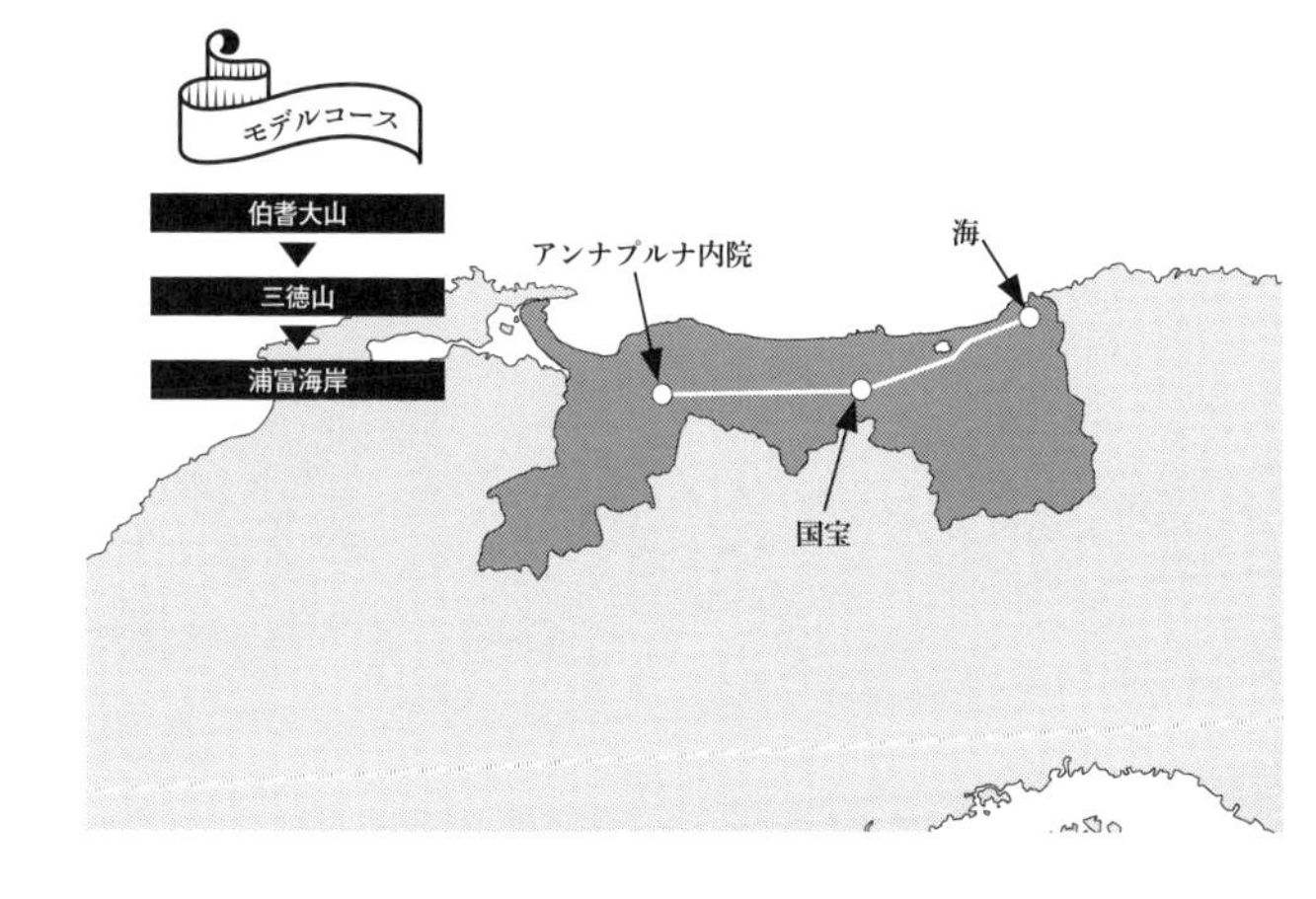

「スタバはないけど、スナバがある」と知事がうまいこと言った鳥取県。その言葉のままに「すなば珈琲」なる喫茶店までできて、鳥取砂丘とともに鳥取観光の名所となっています。

その後スタバが進出したため、今度は「セブン‐イレブンがなくてもいい気分」とか「ドンキがなくてものんきに暮らせる」とかいろんなダジャレを連発し、結果としてセブン‐イレブンもドン・キホーテも進出したというのですから、そのうち「ディズニーランドがなくても……」とか言いだすかもしれません。

鳥取県在住の友人によると、鳥取には本格的な水族館も動物園もなくて寂しいとのこと。同情を禁じえませんが、見方を変えれば、ダジャレの可能性が無限に広がっていると言えるでしょう。

もちろん鳥取にも観光地はちゃんとあり、それどころか全国的に知名度の高いスポットもあるわけですが、なぜか存在感の薄さは否めません。理由はわかりませんが、個人的な印象を言わせてもらうと、どこかを観光したあと、隣の観光地が遠いです。

観光スポット密度が低いといいますか、一ヶ所にいろいろある込み入ったスポットが少ないといいますか、それでいて何もないと思っていたら不意に謎の中国風庭園が現れたりして、入っていいのかどうかためらわれたりするのです。ナイスな観光地があるだけに、相乗効果をあげる方法が何かないものかと思います。

【謎の中国風庭園】燕趙園。東郷温泉にある中国テ

ーマパーク）

そしてもうひとつ鳥取県が薄幸なのには理由があります。それは岡山の陰謀。岡山県が南からぐいぐい押し込んできているのです。

隣の島根県は南の広島県とおおむね均等に土地を分け合っていますが、鳥取と岡山は、岡山が一方的に中央部を占領しています。本来なら鳥取県が独占していてもおかしくない**蒜山**（ひるぜん）**高原**を半分横取りし、**伯耆大山**（ほうきだいせん）にも迫る勢いです。

かつて東海道から山陰本線に入り、鳥取、倉吉に停車していた東京発出雲行きの寝台列車も、気がつけば岡山経由に変更され、かろうじて米子をかすめて通るだけになってしまいました。強力な観光地の少ない岡山も必死なのでしょう。

そんなわけで鳥取は、岡山の陰謀によって苦戦を強いられており、ここはなんとか逆境をはねのけて欲しいところです。

鳥取県で一番有名な観光スポットといえばやはり**鳥取砂丘**を挙げなければなりません。広大な砂の斜面は日本では他で見られない景観であり一度は訪ねてみたい場所です。ただ、一面見渡す限りの砂の丘を期待していくと、そこまで大きくはないので少々拍子抜けするかもしれません。まわりの木々や建物が入り込まないよう海方向に向かい、あまりワイドにしないで写真を撮るのがコツですが、そのさい観光用のラクダを入れて撮ってしまうとお金を取られるようなので注意が必要です。

隣接する砂の美術館には砂でつくったさまざまな彫刻があり、まったく期待せずに入ったところその完成度に舌を巻きました。ここはあらかじめインターネットで検索したりせず、いきなり行くといいでしょう。

鳥取にはそのほかにも**伯耆大山**（ほうきだいせん）があります。北の豪円山（ごうえんざん）、南の鍵掛峠（かぎかけとうげ）から見る絶壁は、標高二千メートルもない山とは思えないほどの大迫力。ヒマラヤ山脈のアンナプルナ内院を彷彿させるといったら大袈裟でしょうか。崩れやすいために尾根の縦走は禁止されているようですが、ぜひとも登ってみたい山のひとつです。

さらに**境港**（さかいみなと）**の水木しげるロード**も有名です。

道路の両側にゲゲゲの鬼太郎に出てくる妖怪キャラのブロンズ像がどっさり立ち並び、それぞれの像の完成度も非常に高く、鬼太郎ファンにはとても充実した商店街となっているわけですが、境港の町自体にとくに妖怪の気配がないのが残念です。水木しげるの出身地であり、それにゆかっているのはわかるものの、作者ではなく作品の世界観にマッチした場所で雰囲気に浸りたいと思うのは大きなお世話でしょうか。境港に妖怪の出そうな深い密林があったなら、ぐっと深みが増した気がします。

境港の近くには、自動車のＣＭで有名になったベタ踏み坂があります。島根県の江島へ渡る**江島大橋**が正式な名前ですが、レンタカーを借りて登ってみたところ普通の坂でした。写真の撮り方でずいぶん急に見えるものの、このぐらいの坂は全国にありそうです。

お前は鳥取県を応援する気があるのか岡山のスパイなのかどっちだと言われそうな流れになってきましたが、大丈夫。鳥取県の本領発揮はここからです。

参拝もスリリング　投入堂

鳥取で真にかっこいいスポットといえば、**三徳山三佛寺の投入堂**（みとくさんさんぶつじのなげいれどう）。急峻な崖の窪みにまるで投げ入れたかのようにへばりつくお堂は、国宝にも指定され、よくぞこんな場所に作ったと誰もが驚嘆すること間違いありません。個人的に金沢の忍者寺、会津若松の栄螺堂（さざえどう）と並んで日本三大異次元建築に認定したいほどです。参拝するには鎖場などを登らねばならず少々気合いが要りますが、それもまた貴重な観光体験になるでしょう。

日本海の至宝!!　浦富海岸

そして大トリは**浦富海岸**（うらどめかいがん）。そこそこに知られており、ガイドブックにも必ず載っているものの、意外にみんな行きません。しかし実はこの浦富海岸から、兵庫県の香住（かすみ）、竹野、京都丹後半島を経て福井の若狭(わかさ)まで続く海岸線は、高い透明度と複雑に入り組んだ地形で日本海屈指の海遊びゾーンを形成しているのです。

シーカヤックやシュノーケリング、スキューバダイビングなど遊び方は選りどりみどり。

浦富海岸

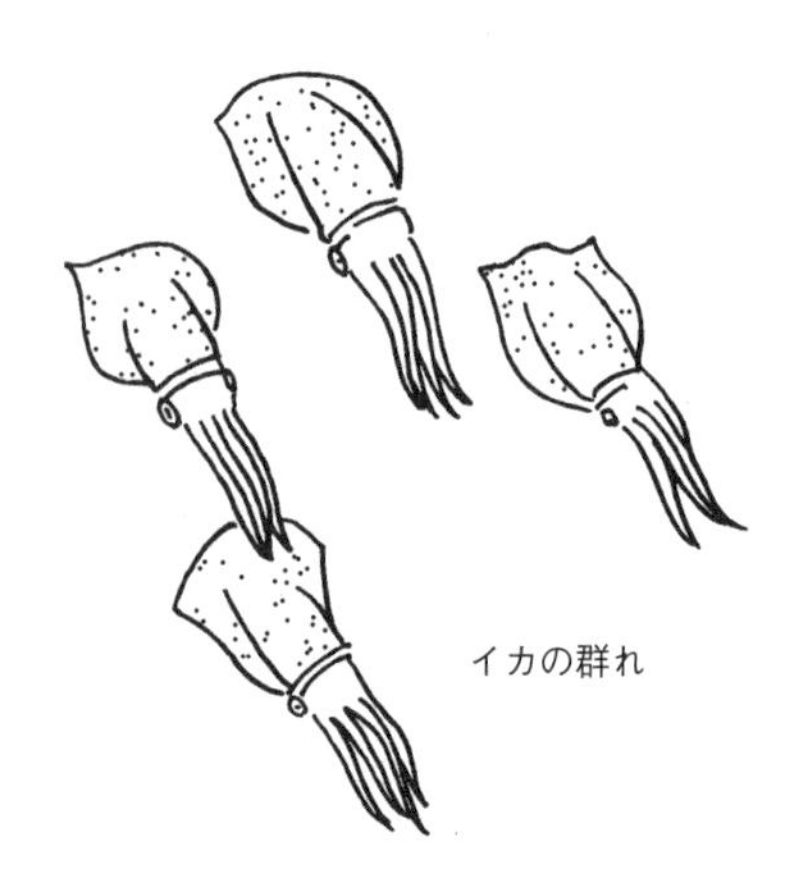

イカの群れ

ちょっと潜っただけでいろいろな生きものに遭遇。

人知れず隠れ家のようなビーチもあり、瀬戸内海では満足できない真の海好きたちに、最高の夏休みを提供しています。岡山県が狙っているのは、ここに違いありません。

岐阜県

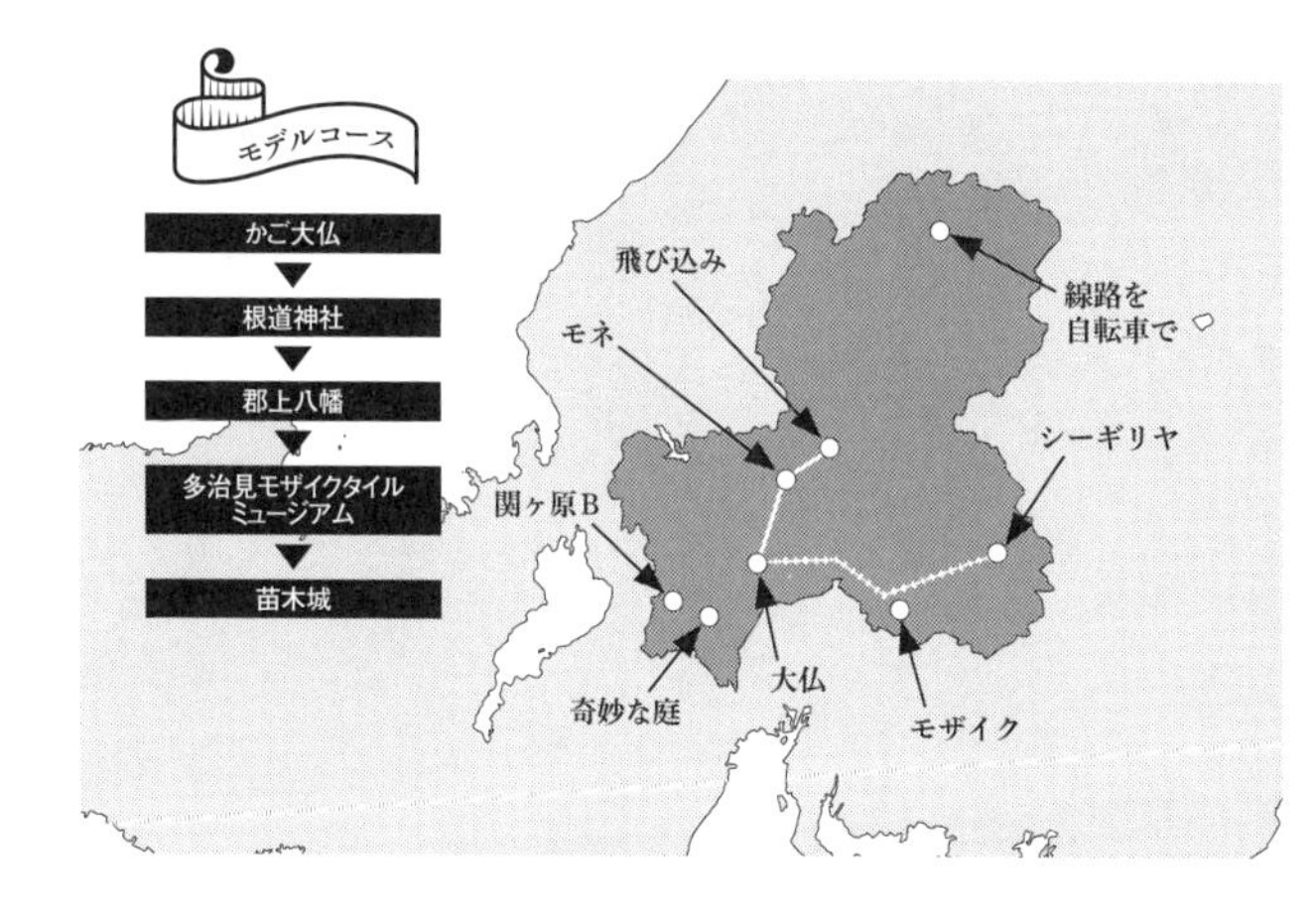
モデルコース
かご大仏
根道神社
郡上八幡
多治見モザイクタイルミュージアム
苗木城
飛び込み
モネ
線路を自転車で
シーギリヤ
関ヶ原B
奇妙な庭
大仏
モザイク

聞くところによると、外国人旅行者の間で、名古屋から岐阜県を通り北陸へと北上する観光ルートが人気だそうです。観光客が多すぎて風景写真を撮ろうにも人ばかり写ってしまう京都は避け、飛騨高山や金沢などで日本情緒を味わおうという、なるほど賢明なルートのような気がします。

考えてみると岐阜県には、世界遺産の**白川郷**を筆頭に、**飛騨高山**、**郡上八幡**（ぐじょうはちまん）、さらに**馬籠宿**（まごめじゅく）をはじめとする**中山道の宿場町**も多くあって、古い町並みスポットが充実しています。なかでも郡上八幡は、夏になると橋の上から地元の子どもたちが川に飛び込む姿が見られることでも知られ、整えすぎて書割のようになってしまう古い町並みが全国的に少なくないなか、縁もゆかりもないのに勝手に帰省したくなるほど、自然な風情が残っています。

となれば、岐阜県の特徴として古い町並みを挙げたい気になりますが、そんなきれいな話では終わらない得体の知れなさが岐阜県にはあります。

たとえば**養老天命反転地**。どうしてこんな場所に？　と言いたくなるような田舎の町に突如、奇怪なオブジェのような庭があって、何をする場所かよくわかりません。入ってみればコンクリートでできた狭い暗闇に隠れたりでき、思わず鬼ごっこしてみたくなりますが、実際に鬼ごっこをすると傾いた地面で転んで怪我をするので注意が必要です。

また関ヶ原には**ウォーランド**という変な施設があり、等身大のコンクリート像によって関ヶ原の戦いが再現されています。これは愛知県の項でも紹介した浅野祥雲なる仏師の手によるもので、ペンキで塗られた武将や足軽たちの表情が面白く、Ｂ級スポット界では知らない者はいない重要観光地となっています。

そもそも濃尾平野は、どこからが岐阜県で愛知県なのかすっちゃかめっちゃかで、たしか国宝の犬山城があったと思うのですが、あれは何県なのか明治村もどっちなのか部外者にはさっぱりわかりません。

鵜飼で有名な**長良川**はたぶん岐阜県だったと思うわけですが、そのへんに流れているのは木曽川じゃなかったでしょうか。そんなに川いっぱいあるんでしょうか。ややこしすぎるぞ濃尾平野。このあたりＪＲと名鉄の路線図も錯綜しており、路線が最終的にどこに行きたいのかも見当がつきません。そしてその混乱を突いてＢ級王国愛知県のオーラが岐阜県に浸透してきているのが現状です。

岐阜市の立地も謎で、名古屋から滋賀へ抜ける途中にあるわけでもなく、高山方面や中山道に繋がるわけでもなく、県庁所在地としてポジショニングがおかしいんじゃないかと思うほどです。あと各務原は何と読むんだ。

情緒と混乱、これが部外者から見た岐阜県の偽らざる印象なのです。

しかし混乱も悪いばかりではありません。なかにときどき面白いスポットが紛れているからです。

仏の顔が大陸的　かご大仏

岐阜市内でいえば、**かご大仏**。

日本には大仏がそこらじゅうにあり、見にいくとそんなに大きくなかったりもしますが、かご大仏は堂々たる大きさで、なおかつどこにでもある端正な顔立ちの大仏と違って顔がユーモラスです。建物含めカサカサと乾いた味わいが、なんとなくですが大陸的な雰囲気さえ醸し出し印象に残ります。

そのほか多治見市にある**モザイクタイルミュージアム**は、雲みたいにモコモコしたかわいい建物にさまざまなタイルが展示してある珍しいスポットです。タイルの世界に興味のなかった私でも、屋上階にあるタイル画の淡い味わいに思わず写真を撮らずにはいられませんでした。

こうしてみると、情緒と混乱、古き町並みと奇妙なスポットに満ちた岐阜県は「インスタ映えする県」と言えるのかもしれません。

インスタ上で今全国でもっともホットな観光スポットのひとつ、**根道神社の池**も、岐阜県の板取街道沿いにあります。湧水池に浮かぶ睡蓮と鯉の姿がまるで絵画のようだとの噂がネットで広まり、今では通称モネの池と呼ばれて近くに大型バスも停まれる無料駐車場ができたほど。

昨今のネットに出てくる絶景画像は加工されているものも多く、真に受けて見にいくとガッカリさせられることもあるなかで、この池は実物も見事にモネ感があって、なるほど人気が出るのも頷けます。今はまだ無料で見物できますが、連日大勢の観光客がつめかけており、来場者がキャパシティを超えればいずれ有料になるかもしれません。行くなら今のうちでしょう。

異形建築的戦国城　苗木城

それから**中津川の苗木城**（なえぎじょう）も見た目が印象的なスポットです。

天然の巨石の上に櫓を組んでいたとされる山城は、格子状の土台だけが展望台として復元されて、スリランカのシーギリヤやギリシャのメテオラを彷彿させなくもない異形の城跡となっています。中腹にはマチュピチュのような美しい石垣も残り、麓の史料館にある復元模型は、国宝五城などをはるかにしのぐかっこよさで、城マニアではない私でさえもしびれました。歴史的にはほとんど無名の城ですが、もし復元されれば世界中のインスタグラマーが殺到するのではないかと思われます。

苗木城復元模型

麓の史料館で見ることができる。

最後に**飛騨の神岡にあるガッタンゴー**を紹介しておきましょう。これは廃線を利用しレールの上を自転車で走るレールマウンテンバイクで、途中、駅やトンネルや鉄橋を通過しながら、片道二・九キロの距離を往復します。面白いのは、自転車で走っても電車のようにガタンゴトンとリズミカルな音が響くこと。往路は気持ちよくてどこまでも走っていきたくなりますが、帰りは登りになって少々しんどく、できれば逆にしてほしかったと思います。

東京都

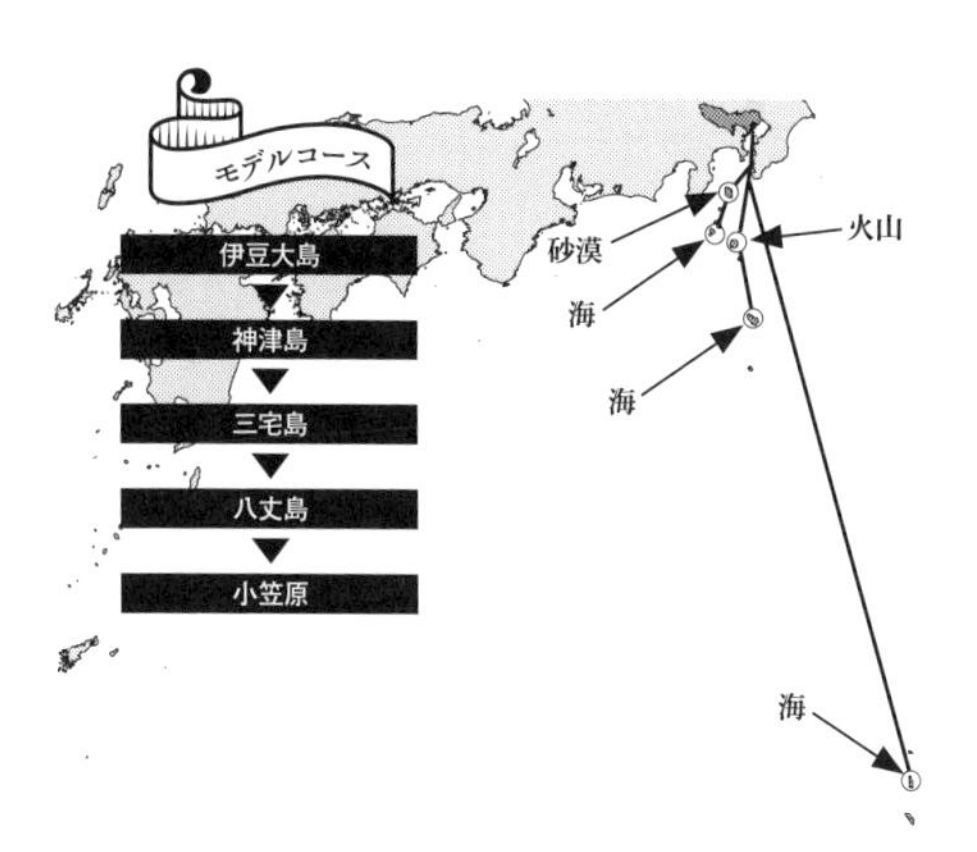

東京都における観光は、他県とは違い、ショッピング、グルメ、コンサート、アートイベントなど、大都市ならではの商業スポットやアクティビティ類の充実が見られます。日本経済の中心であり日本最大の人口を誇るのですから当然のことでしょう。

それはいいとして、いわゆる普通の意味での観光スポットを見てみると、**スカイツリー**、**浅草**、**高尾山**、**明治神宮**、**上野動物園**、**国立博物館**など、人ごみの匂いしかしない場所が浮かびます。高齢者や外国人観光客で平日も混んでおり、特別な機会でもなければなかなか行く気がおきません。

そんなわけで東京の観光はディープが流行しています。下町を歩いて古い情緒を求めたり、隠れ家的なお店を探すわけです。ボロい喫茶店や狭い路地などを愛好するマニアも増えており、もはやふつうの意味での観光は時代遅れになった感さえあります。

まあそれも好きな人は自由に楽しめばいいわけですが、ではそのために他県から東京都に観光に来るかといえば微妙です。そんなことは自分の県でもできるからです。

そうしてみると、一見充実しているように見える東京都も、それほど実は観光資源に恵まれていないことがわかってきます。それどころかショップやイベント、公演などを除いてしまうと不毛の地とさえ言えるかもしれません。小さな坂を見て楽しんだりするのも、裏を返せばそのぐらい高低差が珍しいということであり、関東の他県同様、ここにも関東平野のペったんこさが暗い影を落としています。

常に他県を見下してきた東京都も平板さからいえば埼玉県をむしろ上回り、観光スポットという点では関東一ダサかったと気づかざるを得ないのです。山手線際の崖を凄い高低差だと持ち上げ、なんとか面目を保とうとする気持ちはわかりますが、他県にはそんなのはいっぱいあるのでした。

東京、破れたり。

真にダサいのは、実は東京都だった！

そんなわけで東京は、とりあえず情報発信基地と言ってみたり、江戸すごいとか言ってみたりして、自尊心を保とうとしていますが、現場はふつうに営業推進部とか倉庫になっています。

もはや命運尽き、ディープな路地裏か微小な高低差方面に活路を見出す以外ないかに見える東京観光ですが、実はある存在に気づけば一気に、それこそ一気に関東随一、いや全国屈指の観光県（都）へと変貌します。

日本有数の自然が溢れる　東京都の島々

ある存在……それは、**島**。

そうだ、東京には島があった。

地図を見れば、関東の南にたくさんの島が浮かんでいるのがわかります。そしてそのほぼすべてが東京都に属しているのです。

なんで全部東京なんだよ、静岡県のほうが近いじゃないかよ、と文句のひとつもつけたくなるかもしれませんが、何と言われようが行政区分は東京都ですから問答無用です。

とはいえ誰でも知っているわりに普段さっぱり忘れているのがこれらの島々であり、東京へ観光に行くといって島を思い浮かべる人はまずいないのが現状です。

沖縄の島々や、鹿児島県の屋久島、奄美大島、長崎県の五島列島、島根県の隠岐、新潟県の佐渡などは、どんなところかなと興味を持つ人もいるのに、いつか**八丈島**に行ってみたいと語る人がなぜあまりいないのでしょう。

どうやら**小笠原諸島**を除き、東京の島々は魅力のない地味な島で、他県からわざわざ行くほどではないと思われている節があります。

とんでもない誤解と言わざるを得ません。

小笠原の海の青さが沖縄に匹敵することは知られていますが、伊豆諸島の海の透明度がどれほど凄いか知っている関西人はどのぐらいいるでしょうか。

一度八丈の海に顔を突っ込んで水中を眺めてみてください。空を飛んでいるのかと思いま

東京の島の生きもの他

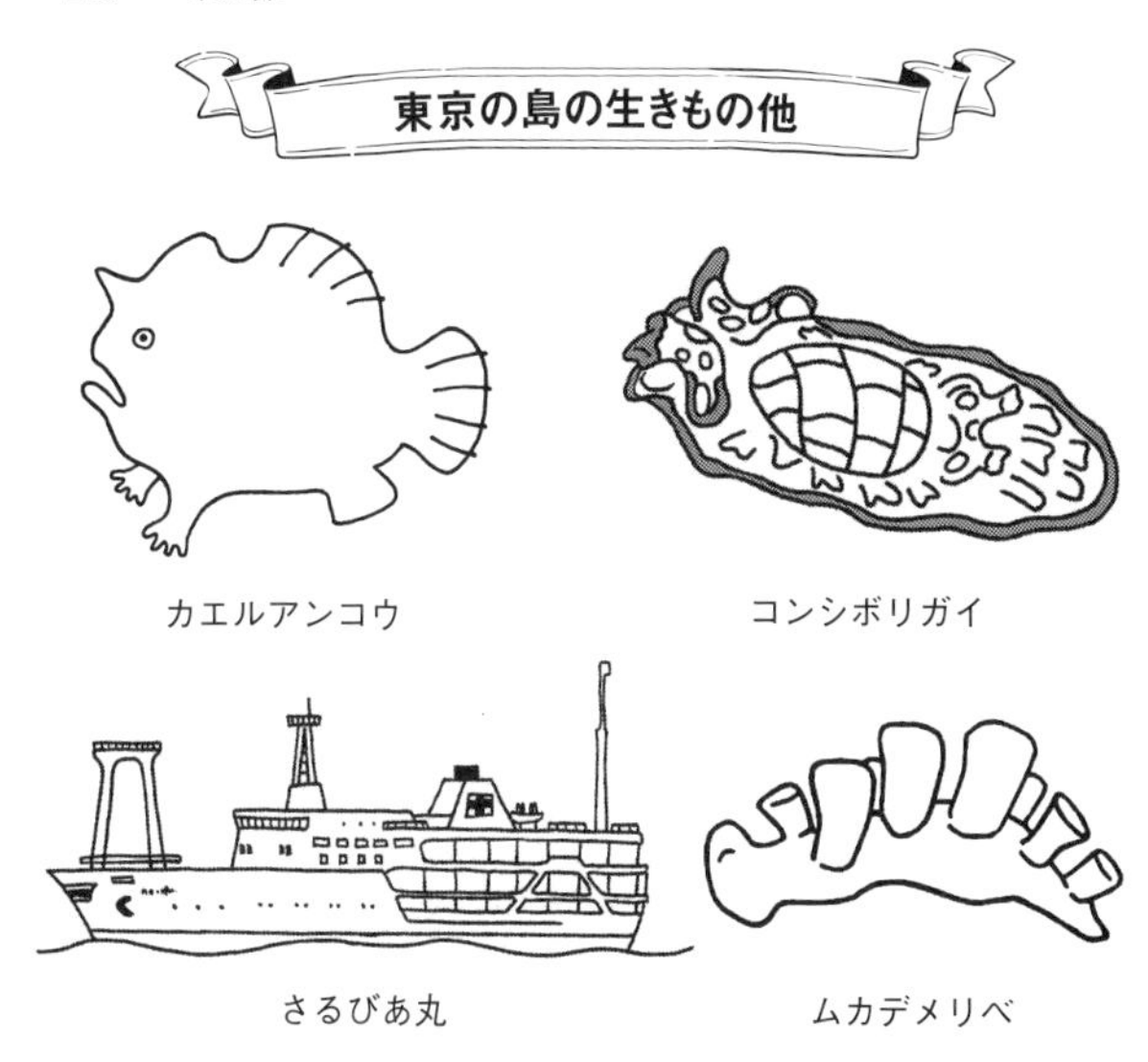

カエルアンコウ　コンシボリガイ

さるびあ丸　ムカデメリベ

す。沖縄本島よりよほど透明度が高い。

たしかにサンゴの量では負けますし、どの島も白砂のビーチが広がっているわけではありません。しかし、どれだけ気軽に面白い海の生きものに出会えるかという点でいえば、あるいは八丈島に軍配があがるかもしれません。私は八丈島でムカデメリベやカエルアンコウ、フリソデエビを水深五十センチ以内の場所で見つけました。それどころか世界一美しいと言えるかもしれないウミウシ、コンシボリガイに出会ったのです。

おお、コンシボリガイ！

レースのように美しい襞と青く輝く身体。

って、知らない？　コンシボリガイ。マニアックな話になってます？

……修正します。

伊豆七島と呼ばれる島々にはそれぞれに特徴があり、サーフィンをするなら**新島**、イルカに出会うなら**御蔵島**（みくらしま）、火山の神秘に触れるなら**三宅島**と**伊豆大島**。温泉なら**式根島**や八丈島。秘境を訪れたければ**青ヶ島**とよりどりみどり。伊豆大島には日本で唯一の本物の砂漠さえあるのです。

そんな島々が東京から金曜の夜行の船で出かければ、朝には島に到着してまる一日遊べ、日曜お昼の高速船でほとんどの島から二～三時間で戻って来られるというのですから（八丈島、青ヶ島を除く）、いったいどこの楽園かと思います。

そしてわざわざ言うまでもないことですが、**小笠原諸島**の美しさはさらに別格。伊豆七島とは逆に、いまだに船で二十四時間かけないと行けない不便さは、むしろ魅力を高めているとさえ感じます。だって途中電波通じないし、行ってしまえば気軽に帰れないし、台風でおがさわら丸が欠航すれば、弱ったなあなんて言いつつ笑いが止まらなかったりするほどです。

ただ、このおがさわら丸、滅多なことでは欠航せず、素人目にはどう見ても無理めの海へ平然と出航したりするので、その点は覚悟が必要です。

秋田県

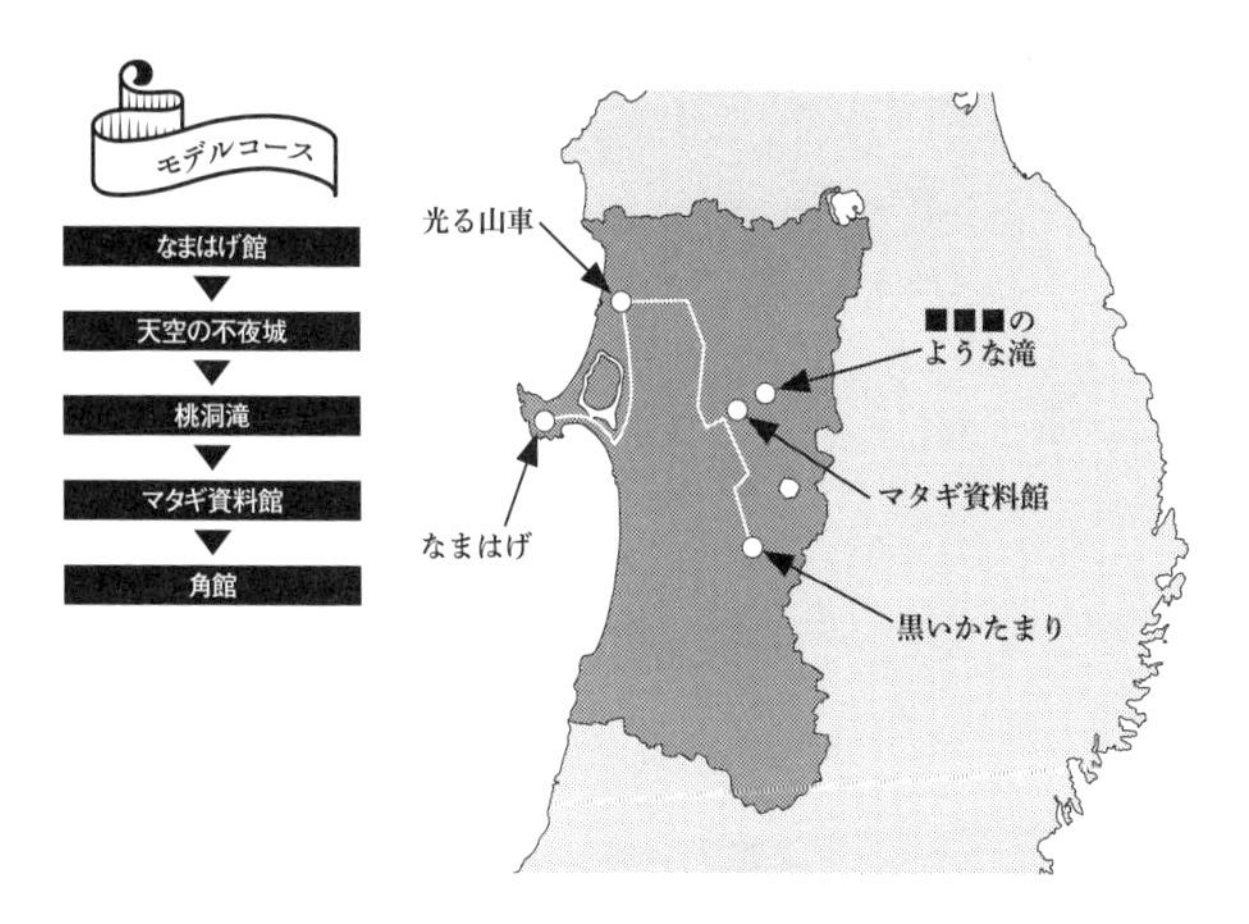

モデルコース
なまはげ館
天空の不夜城
桃洞滝
マタギ資料館
角館
光る山車
■■■の
ような滝
マタギ資料館
なまはげ
黒いかたまり

深い深い緑の森が広がる秋田県、緑したたるとはこのことを言うのでしょうか。さらに森を抜けた先には広々とした水田が広がり、これぞ日本の原風景といった感じがします。その水田を通り過ぎると、今度は深い緑の森へと導かれ、森を抜けた先には、美しい水田が広がっています。

素晴らしい光景に惚れ惚れしながらさらに車を走らせていくと、なんと水田の先には深い緑の森が続いているではありませんか！　そして緑濃い森の先には、ああ、なんということでしょう、見事な水田が広がって……。

秋田県からは以上です。

ってこらこら、森と水田以外にも何かあるだろ、って？

すみません。そうでした。肝心なものを忘れていました。クマがたくさんいます。

いやほんと、冗談じゃありません。現地で宿の人に訊くと「ふづーに見ますね」って、おちおち散歩もできないのです。それでも山に入ることが禁止されているわけでもなく、ここはそういうとこだからあとは各自でなんとかするように、という話みたいです。頭のなかには、素手でクマと闘ったウィリー・ウィリアムス（アメリカの空手家。熊と素手で戦ったことから熊殺しの異名を持つ）の映像しか浮かんできません。

とにかくまあそのぐらい自然豊かな県とも言える秋田なわけですが、観光スポットとなると正直あまり多くありません。有名なのは**男鹿半島**や**角館**、**田沢湖**、**乳頭温泉**などでしょうか。

実は全国的に知名度の高い**十和田湖**、**八幡平**、**栗駒山**、さらには世界遺産の**白神山地**もあるのですが、すべて他県に跨っており、なおかつ他県側のほうがガンガン宣伝して有名だったりして、秋田は割を食っています。世渡りがうまくない県なのかもしれません。

想像以上のインパクト　なまはげ体験

ほかに秋田特有のインパクトのある観光資源といえば、**なまはげ**でしょうか。男鹿半島には**なまはげ館**があって中に入ると大勢のなまはげが並んでいます。驚くのは、ひとくちになまはげといっても、いろいろなタイプがあることで、怖いもの、ヘンなもの、宇宙人みたいなものなどなど、なぜカードゲームになっていないのかふしぎなぐらいです。

隣には**真山伝承館**があり、ここではなまはげの実演を見ることができます。観光客向けの出し物と侮っていたら恐ろしいほどの迫力があり、子ども時代をこんなところで過ごさなくて本当によかったと胸をなでおろしました。秋田弁のかけあいもユーモラスで個人的に強力おすすめです。

さらになまはげとは別に、秋田には、藁で作った鬼のような大きな道祖神が集落のはずれに置かれていることがあって、**鹿島**(かしま)**さま**とか**じんじょさま**などと呼ばれています。集落に疫病などが入るのを防ぐ役割で置かれているもので、見た目がユーモラスなので時間と交通手段があるなら探して見てまわるのも面白いかもしれません。

そのほか狩猟を生業とする**マタギ**の文化や、秋田犬、きりたんぽなど、こうしてみると全体に茶色っぽいのが秋田の特徴といえそうです。茶色といってわかりにくければ、民俗っぽいといいましょうか。周囲をＳＦな青森、ミステリーな山形、幻想の岩手に囲まれていることを考えると、少々地味な印象が拭えないのは惜しいところです。

一方で、民俗学でいうところの「ハレとケ」のハレにあたる祭りには力が入っています。東北四大夏祭りのひとつ**竿燈**(かんとう)、**大曲**(おおまがり)**の花火**の全国大会も有名ですし、冬は**横手のかまくら**がある。

高層山車のホープ　天空の不夜城

さらに近年復活した能代(のしろ)の城郭燈籠(とうろう)**天空の不夜城**は、青森県五所川原(ごしょがわら)の立佞武多(たちねぶた)をも上回る巨大さで、七夕の夜の街を練り歩くというのですからスペクタクルです。途中までオーバーハングになっているソフトクリーム型の光る巨大な城。なんでこんな危なっかしいバランスなのか、そもそもなぜ城なのか、いろいろわからなくて素敵です。こんな巨大なものが祭りの日以外はどこに隠れているのかも気になるところで、立佞武多のように、格納庫から出てくるところを見てみたい気がします。今はまだ二基しかないようですが、さらにどかどか作って、立佞武多、佐賀県唐津の浜崎祇園山笠とともに、日本三大光る高層山車に成長して

天空の不夜城

大置山

大置山の存在感は異常。

ほしいところです。

さらに祭りそのものではないのですが、角館の駅前や街なかに、建物にして三階ぐらいの高さの謎の黒いかたまりが立っていて不気味です。**大置山**(おきやま)というそうで、祭りのときに使うらしいのですが、ふだんはそのままのっぺりと黒くそびえていて、まるで死神のようです。観光パンフなどを見ても何も言及がなく、あんなにでかくて目立っていて怖いのだから、何なのかちゃんと説明してくれないと夜もおちおち眠れません。あれはたまたま私が訪れたときだけ置いてあったのでしょうか。地元の人がOKなら、いっそあのまま無意味にただ立っている姿を観光資源にするのもありかもしれません。あんなに不気味なでかいものは全国にそうそうないからです。

そして最後に紹介したいのは、滝。

滝なんてだいたい全国どこも似たようなものですが、森吉山の桃洞(とうどう)渓谷にある**桃洞滝**は違います。その特徴的な姿は一度見たら目に焼きついて離れません。どういう姿かというと、ちょっと大きな声ではいえないというか、子どもには見せられないというか、近寄ってよく見たいというか、本物が見たいというか、とにかくそれはもう自然の造形の妙というしかなく、わざわざ見にきた甲斐があったと思える数少ない滝のひとつです。

森吉山野生鳥獣センターから歩いていくことができ、途中登りもなくて楽なハイキングコースですが、ふづーにクマがいるそうなので、念のためウィリー・ウィリアムスといっしょに行くといいでしょう。

愛媛県

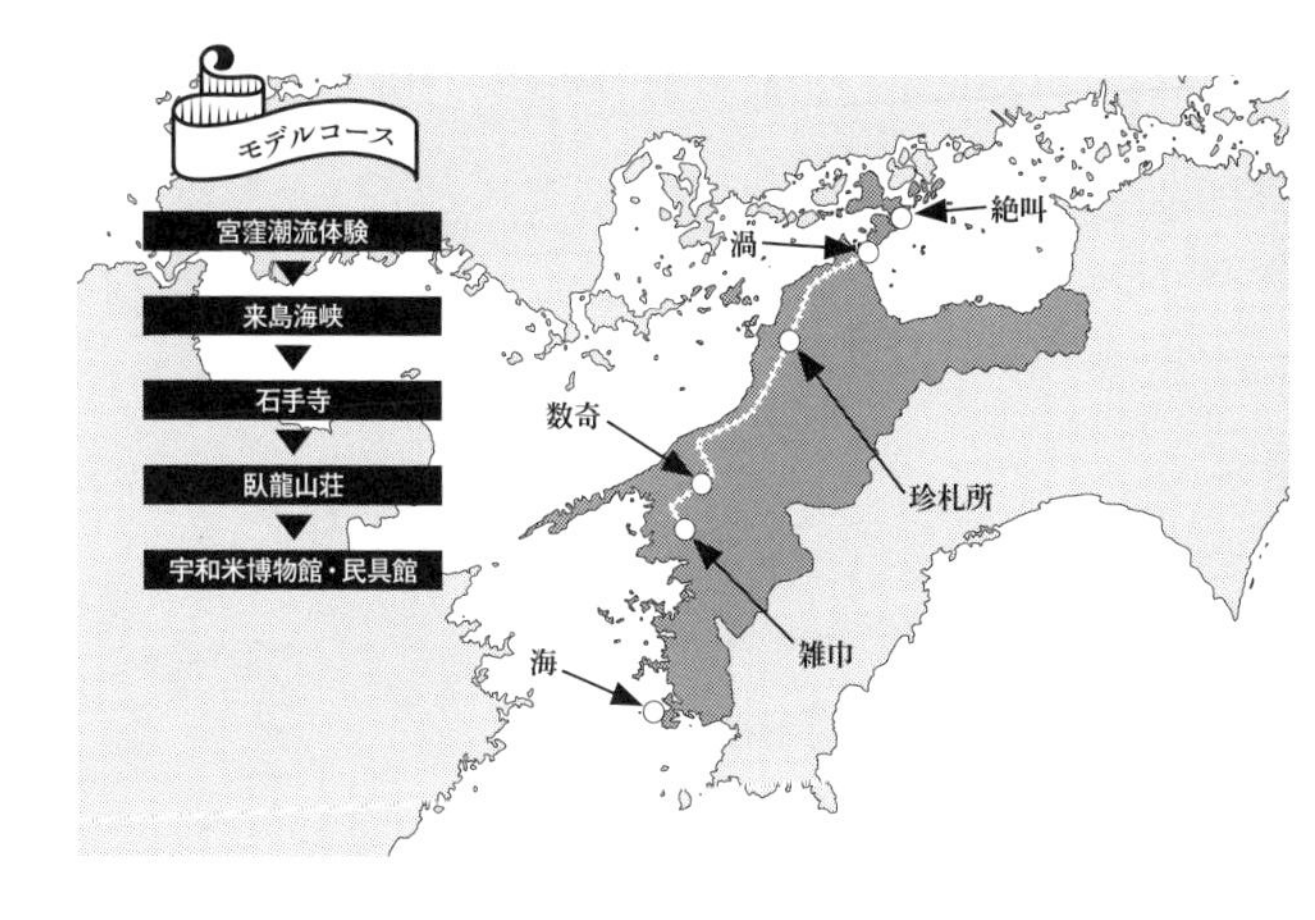

愛媛県の観光地といえば、誰もが思い浮かべるのが**道後温泉**です。坊っちゃん、正岡子規、**松山城**などもついでに連想されますが、ではそれ以外の観光地というとどこがあるでしょうか。とっさに思い浮かびません。愛媛といえば道後温泉というイメージが強すぎるのです。

歴史ある温泉であり、悪くないと思いますが、県を代表する観光地というときに一軒の風呂しか浮かばないってどうなんでしょうか。もっと他も宣伝したほうがいいんじゃないでしょうか。

愛媛県には面白い観光地がいくつもあります。それもちょっと奇妙というか、調子に乗ってるというか、道楽者が突っ走っているというのか、そこまでやるかと言いたくなる観光地が少なくないのです。

由緒があるのに溢れるB級感　石手寺

たとえば同じ松山では**石手寺**。四国遍路の五十一番札所にあたり、八十八ヶ所のなかでもとくに重要な寺で、国宝の仁王門や、重要文化財の三重塔など、歴史的にも高い評価を得ています。ですがここのポイントはそうした真面目な文化財ではなく、それを圧倒するほどのわけのわからない施設群にあります。

参道の入口に櫓が立っており、そこに木彫りの人形がのっているのですが、これが南の島の民芸品みたいな代物で、そばの売店で、あれは何ですかと聞くと、さあ何でしょうね、と店員も首をかしげていました。

　本堂の背後にはマントラ洞窟なる穴があり、中に入ると趣味の油絵みたいなものや、民芸調の仏像などが雑多に置かれ、手造り感満載のいかにも道楽的なアトラクションになっています。きわめつけは裏手にある五百羅漢堂で、金色の丸いお釜みたいな建物に入ると、やはり民芸調の木彫りの羅漢がぐるりと並び、そのなかに赤いソファが置いてあって座ると自分も五百羅漢の一部になってしまうのです。お堂の前にはお釈迦さまの手の彫像があり、手のひらにはビー玉がいっぱい詰まっていたり、付近にはエレキギターを抱えた仏像など正体不明のものが溢れ、国宝仁王門とのギャップにくらくらします。

　そもそも石手寺という名前にしてからが、手に石を握って生まれてきた赤ん坊に由来し、その石が宝物館に展示されているというのですから、かなり珍スポットの香りが漂います。にもかかわらず、四国遍路の重要な札所であり仁王門国宝。真に重要なものがいったい何なのか、深く考えさせられる寺であることはまちがいありません。

　松山から予讃線で宇和島へ向かう途中にも味のある町が点在しています。ホームから海がとても近い**下灘**（しもなだ）**駅**や、芝居小屋のある**内子**（うちこ）、そして大洲には**臥龍山荘**（がりゅうさんそう）があって、ここでは石組みで川の流れを描いた壁とか、掛け軸の前にかけてたなびく霞（かすみ）を表現した違い棚とか、川面に映った月光を取り込んで天井に反射させ室内を明るく照らす離れとか、やりすぎな意匠が満載で、道楽者の愛媛の面目躍如といったところです。

さらに南に下った卯之町(うのまち)の**宇和米(うわこめ)博物館**は、古い小学校の木造校舎を移築したもので、百九メートルある長い廊下で毎年雑巾掛けのタイムレースが行われることで有名です。聞けば速い選手は一八秒台で雑巾を掛けるというから驚きます。観光客もいつでもチャレンジすることができるので、ここまで来たら世界記録目指して四つん這いで走ってみることをおすすめします。

またこの卯之町には県立の**歴史文化博物館**や**宇和民具館**などもあり、好きな人は行くといいでしょう。宇和民具館は民具にあまり興味はない人にとっても見応えのある博物館で、インパクトのある牛鬼や五つ鹿踊りの展示のほか、中に写真スタジオがあり、昔のコートと旅行鞄を持って旅人ふうの写真が撮ることができます。

予讃(よさん)線でどんどん南下して宇和島のさらに南、高知県の手前までいくと、**鹿島**という小さな島があります。ここは宇和海海中公園にも指定され、海中の景観がとても美しいと聞いています。私もまだ行ったことはないのですが、日本屈指のシュノーケリングスポット高知県の柏島にも近いことから、いつか潜るべきスポットとして大いに期待しています。

船で渦潮に突っ込む　宮窪の潮流体験

海といえば、愛媛県には瀬戸内海もあります。今治から広島県の尾道まで**しまなみ海道**が通じており、全線レンタサイクルで走ることができます。これは片道だけの利用もできるので助かります。

そしてここで何といってもおすすめなのが、途中**来島(くるしま)海峡と宮窪(みやくぼ)の二ヶ所にある観潮船**。直径十メートルにも及ぶ巨大渦を間近で見ることのできる来島海峡の急流観潮船は、もっとも流れの激しい時間帯に乗ると、海が山のように盛り上がる光景を見ることができると言われ、乗ってみるとたしかに

大潮の時間帯を狙っていこう。

海が盛り上がっていて、思わず見入ってしまいました。

さらにすごいのが**宮窪の潮流体験**で、海の中に現れる滝のような段差を見物できるだけでなく、渦のなかに船ごと進入し、そのままエンジンを切ったらどうなるか試してみたりする船長のアグレッシブさに呆れます。そこまでやって大丈夫なんでしょうか。日本でもっとも絶叫マシンに近い遊覧船といっても過言ではなく、なるべく大潮の日に行かれることをおすすめします。

宮窪には**村上水軍の博物館**もあるので、ついでに日本でも珍しい海賊の博物館を観ていくのもいいでしょう。

こうして見てくると、やはり愛媛は道楽者の県であったことが理解できると思います。思えば道後温泉にしたって道楽者の来るところです。

話は変わりますが、愛媛の地図を見ると豊後(ぶんご)水道に突き出した細長い**佐田岬(さだみさき)半島**があり、気になるので先端まで行ってみました。先端はとくに何の変哲もありませんでしたが、こういう地図上の変な地形は実際に行ってみることが重要で、時間の無駄になってもここは一度行っておくべきでしょう。

鹿児島県

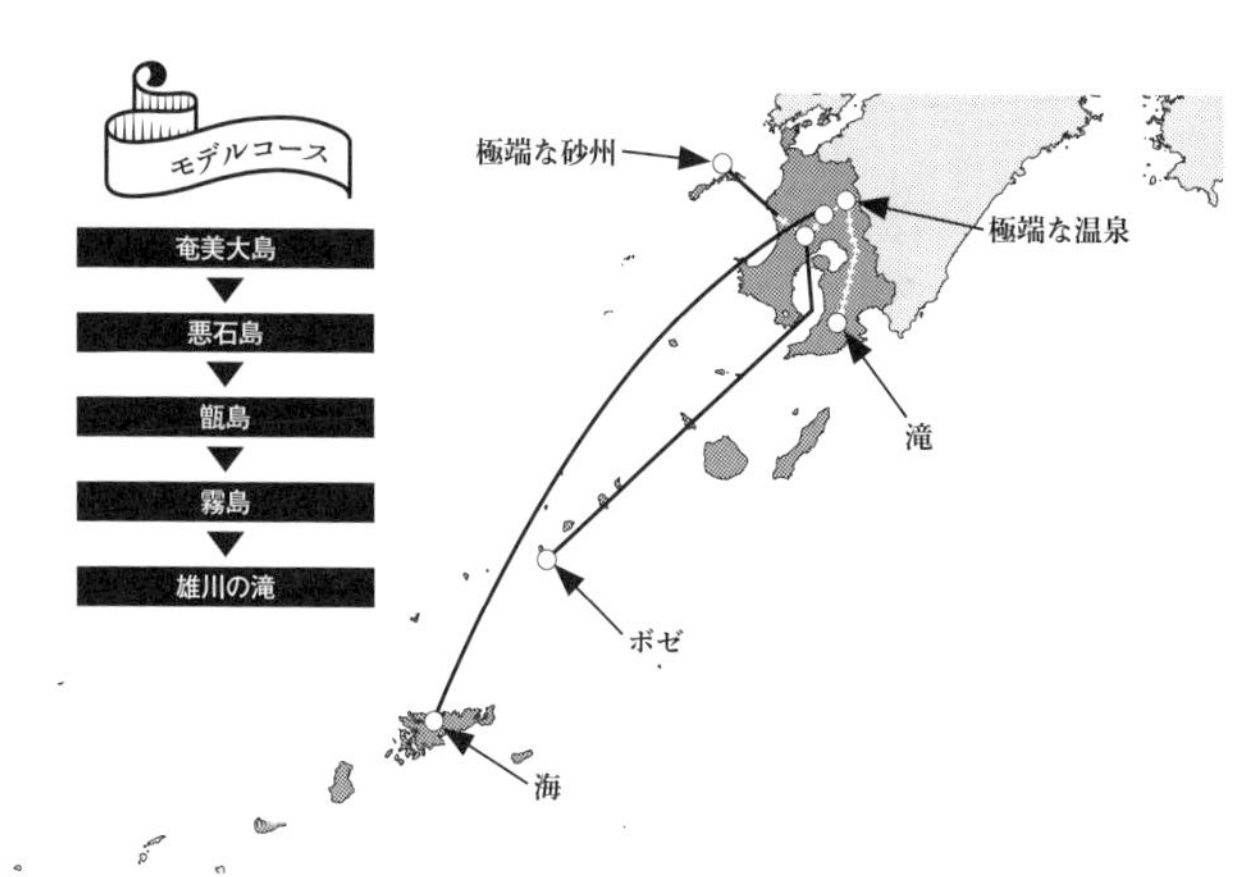

当たり前すぎてわざわざ言うのも恥ずかしいのですが、鹿児島県をひとことで表すとすれば、それはもう、どーん、というしかありません。**桜島**どーんであり、西郷どーんであり、ロケットもどーんです。あと弥五郎どーんというのもあります。ひねりも何もありません。

どーんがありきたりなら、ダイナミックと言ってもいいでしょう。鹿児島に何があるのかろくに知らない人でも、まあそうなんだろうと思ってた、ぐらいの安定のどーんです。

あくまで個人的な感想ですが、私は鹿児島に来るたびに異国に来たような気がしてなりません。何なんでしょうこの異国感は。薩摩には徳川幕府の隠密（おんみつ）もなかなか入り込めなかったと時代小説で読んだ記憶があります。地図には載っていませんが、熊本と鹿児島の間は深いジャングルか高い高い山脈で隔てられているのではないでしょうか。熊本から鹿児島に向かうと、福岡から熊本までの行程とほぼ同じ距離なのにずいぶん遠く感じられるのは、きっとそのせいにちがいありません。

実際鹿児島が異国であることは入国してみればすぐにわかります。

灰が降ってるのです。

いつも降ってるわけではありませんがたまに降っていて、降り出すとどんどん積もります。放っておくと街が埋まるというから尋常ではありません。そんな県がほかにあるでしょうか。いつかは溶ける雪とは違うのです。

街の風景も何か違います。

毛深いのです。

街路樹の幹にも草がもじゃもじゃ生えています。ツタがからまるとかコケが生えるならわかりますが、樹に草生えるって、これも西郷どんのＤＮＡによるものなんでしょうか。

ですが、その程度はまだ序の口なのです。最終的に鹿児島が異国であることを私に確信させたのは、昆虫のような奇怪な面をつけて踊る**トカラ列島悪石島（あくせきじま）の祭りボゼ**です。知らない人は画像検索してください。ドンドコドコドコ、ドンドコドコドコ。どう見ても日本じゃありません。

宮古島のパーントゥの写真を見たときも、どこの南方大陸かと思いましたが、ボゼはそれを超えています。聞けば**硫黄島（いおうじま）**にもメンドンという奇怪な祭りがあるそうで、トカラ列島は沖縄や奄美より北にあるのにそこだけ赤道直下になっています。

そんなわけで鹿児島に行くならトカラ列島がおすすめですが、かくいう私も行ったことがありません。アクセスが大変なのです。赤道直下だから仕方ありません。

まあそこまで秘境に行かなくても、鹿児島県にはやりすぎと言いたくなるスポットが多くあります。

たとえば温泉でいうと、火山性ガスが出ているので三十分以上入浴禁止という**霧島の新湯（しんゆ）**

温泉。アトピーや水虫に効くと言われるミルキーなお湯が人気ですが、温泉でそこまで命がけで入らないといけないものなのでしょうか。入ってみれば工事現場みたいな建物裏手が露天風呂になっていて、眺めはないし、落ち着かないし、まったくもってすべすべした気持ちのいいお湯でした。

そのほか硫黄谷温泉**霧島ホテル**の大浴場はほとんど屋内レジャープールで、思わずビーチボールで遊びたくなるけど裸だとか。**川辺**(かわべ)**温泉**の巨木でできた奇怪な建物とか。鹿児島は何かとやることが極端です。

地面からにょきにょき生える　仁王の石像

また、九州にはお寺や神社の入口に石造りの仁王像が立っていることがあり、大分県の国東半島はその数が突出して多いことで有名なのですが、鹿児島県もそれに負けず劣らずたくさんの**石造仁王**が見られます。

ただこれも他県のものとちがい、鹿児島では腕がなかったり上半身だけだったりする仁王が少なくありません。これは明治の廃仏毀釈で仏教系の像が徹底的に破壊された名残りであり、その際に打ち捨てられた仁王を後にまた立てたものが多いせいです。

下半身が破壊され上半身だけが置かれた仁王は、地面からにょきにょき生えてきたようなユーモラスさで目を引きますが、それもこれも廃仏運動が鹿児島でとりわけ苛烈だったからに他なりません。やはり異国であったがために、仏教とかダメだったのかもしれません。

ともあれ、上半身だけ地面から生えているにょきにょき仁王は、鹿児島ならではの名物といえ、とくに現地では宣伝もしていないようですが、車があるなら回ってみると面白いでしょう。

石で造るせいか、ユーモラスなものが多い。

　さて、極端な例をいくつかあげましたが、ほかにも鹿児島には観光スポットがたくさんあって、旅行者はよりどりみどりです。

　誰もが乗ってみる桜島フェリーや、霧島のトレッキングもいい。人気の**屋久島**や**奄美大島**は海がきれいですし、**甑島**（こしきしま）の海の中には天の橋立を超える長い砂州があって絶景です。**指宿**（いぶすき）や**開聞岳**（かいもんだけ）、**吹上浜**（ふきあげはま）

のほか、日本最南端のJRの駅西大山（にしおおやま）などのある薩摩半島は、どこに行ってもそれなりにいいでしょう。

　というわけで見どころもりだくさんの鹿児島ですが、なかに、どういうわけか行くところが思い浮かばない一帯があります。知り合いに鹿児島出身者が二人いるのですが、地元出身の彼女らも行ったことがないと言います。

　それは鹿児島県の右半分、大隅半島。

　最近、そんな大隅半島に、ついにインスタ映えするスポットが発見され話題になっています。

　それは**雄川の滝**。深くえぐれた滝壺が、晴れた日にはエメラルドブルーに美しく輝きます。って知ったふうな口を利いていますが、行こうとしたら遊歩道が工事中で見ることができませんでした。残念。そしてここに行けないとなると、やっぱり大隅半島、他に行くところがないのでした。

　大隅半島の健闘を祈ります。

群馬県

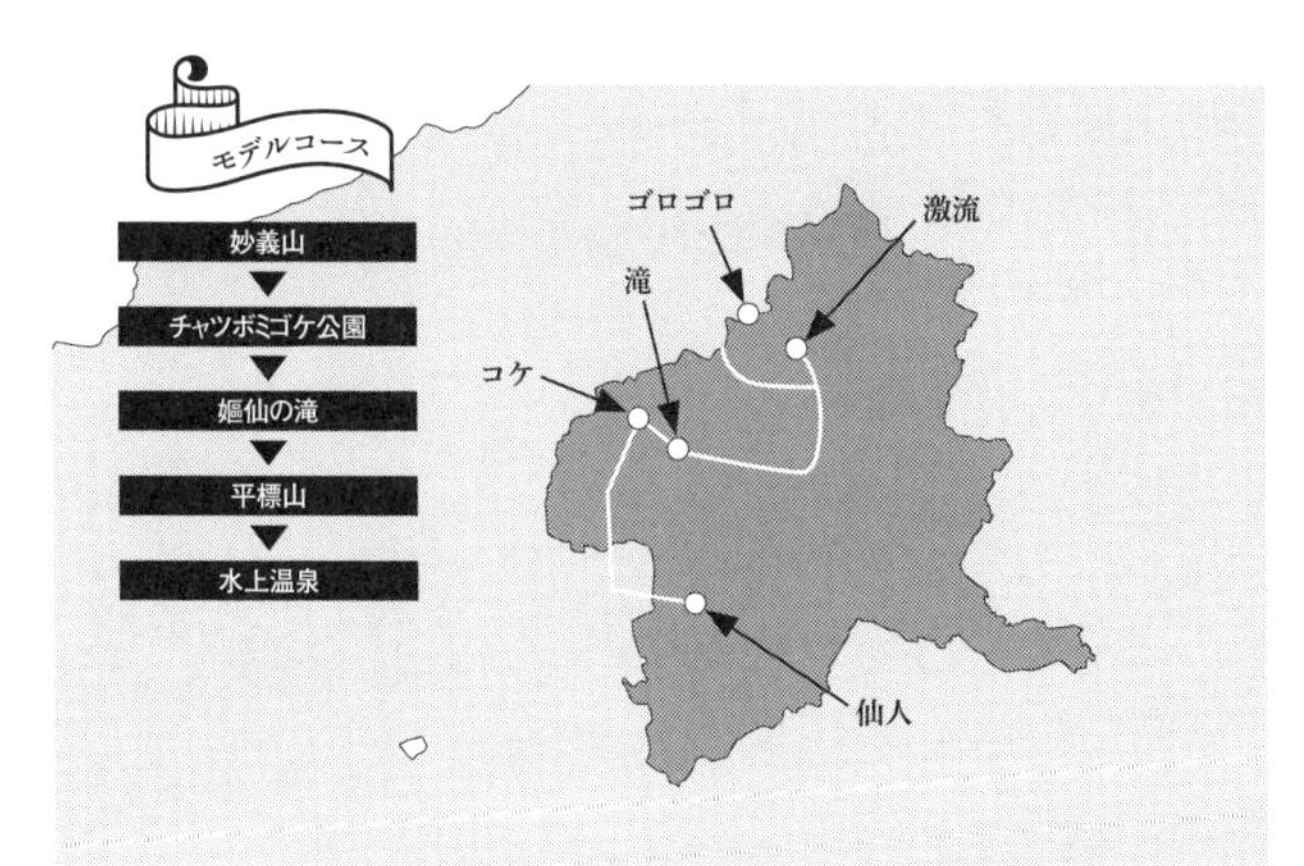

群馬県は関東でもとりわけダサい県とされ、県民はグンマーなどと呼ばれ蔑まれています。もともと北関東の県は南関東からバカにされがちなのですが、栃木県、埼玉県などの項でも触れたように、それは群馬県自身のせいではありません。のっぺりの何もない関東平野が元凶です。

たしかに東京に比べて群馬は田舎かもしれません。が、群馬はむしろダサい関東平野の終わるところ。ダサいどころか関東屈指のナイスな観光県といってもいいぐらいです。

ではどんな観光地があるでしょうか。

温泉という名のアトラクション　草津ほか

まず思い浮かぶのが**草津温泉**です。

ほかにも**伊香保**、**四万**（しま）、**宝川**など群馬には有名な温泉地がたくさんあります。

私は長い間温泉の面白さがさっぱりわからず、温泉なんて風呂であり、風呂なら家にあると思っていました。しかしあちこちの温泉を旅した結果、自分が間違った見方をしていたことに気づきました。温泉が風呂かどうかなんてことは問題ではなかったのです。

古すぎて廃墟のような温泉、泥に入る温泉、猿と入る温泉、毒ガスと戦いながら入る温泉、河原を自分で掘って入る温泉、アホみたいに広い露天風呂、さらに迷路のような温泉旅館などなど、それは裸で入る異世界アトラクションだったのです。てっきりリラックスしに行く場所だと思っていたら大間違いでした。

そういう意味で、群馬には日本最大級の露天風呂や、川底から湧く温泉、映画『千と千尋の神隠し』のモデルとなった温泉宿などさまざまあるので、べつに体が疲れてなくても遊園地だと思って行くといいでしょう。

そして山。

日本でいい山が集中している場所といえば、誰もがまずは日本アルプスのある長野県を挙げると思いますが、群馬県もひけをとりません。

群馬県はいい山に囲まれています。

登ってみたい山、ずっと見ていたい山など、いい山の基準は人それぞれですが、群馬には寝転がってみたくなるふかふかした草原状の山が多いのです。山に興味のない人間からすると、鬱蒼とした山や、急峻な岩山は登りたくないけれど、奈良の若草山をでかくしたような見晴らしのいい山は、行ってゴロゴロしてみたいと思う人も、なかにはいるのではないでしょうか。

たとえば**平標山**（たいらっぴょうやま）から**仙ノ倉山**（せんのくらやま）にかけての稜線。何度見ても惚れ惚れします。もちろん実際に現場に行ってみると、遠目に芝生のように見えていたのは笹であり、その上で寝転がることはできないのですが、それでも広々とした風景に癒されることは間違いありません。

ほかにも**八間山**（はちけんざん）から**白砂山**（しらすなやま）の稜線、見晴らしのいい**四阿山**（あずまやさん）など明るい登山にもってこいです。このことから、仮に私が群馬県をひとことで言い表すとすれば、それは「ゴロゴロしたくなる山」ということになります。

でもゴロゴロしなくても、見上げるだけで面白い山もたくさんあります。

関東の幽玄地帯　妙義山

筆頭は**妙義山**（みょうぎさん）。日本にもし仙人が住んでいるとすればここだろう、と思うような山水画的風景は、大分県の国東（くにさき）半島と並んで、日本二大仙境に認定したいほど。上信越自動車道からも眺められ、突然の異境感にわくわくさせられます。さらによく見れば**荒船山**（あらふねやま）や**丸岩**、**鹿岳**（かなたけ）などヘンな形の山がそこらじゅうに……。

え、何、もういい？　山全然興味ない？

そうですか。

では山以外でおすすめなスポットも挙げておきましょう。草津の山裾にある**チャツボミゴケ公園**はどうでしょうか。

強酸性の鉱泉が湧き出す窪地一帯に、チャツボミゴケと呼ばれる苔がびっしり生えています。モコモコとかわいい姿は、まさに苔の理想形。その間を白く濁った熱水が流れるさまは、ちょっと珍しい光景になっています。

思えばこうしたナイスな湿地が多いのも群馬県の特徴です。その代表は**尾瀬**であり、**芳ヶ平**（よしがだいら）もあれば、赤城山の**大沼・覚満淵**（かくまんぶち）周辺も散策すると気持ちいいでしょう。

もっと体を動かしたい人には、**利根川**を利用したラフティングやカヌー、キャニオニング、あるいは**猿ヶ京温泉**（さるがきょう）にはバンジージャンプもあるので、挑戦するといいでしょう。ちなみに私は

弥勒寺は天狗面だらけ

賽銭箱と巨大天狗

天狗面

利根川で、ゴムの浮き輪につかまって激流を下るハイドロスピードというものを体験しました。

浮き輪で激流。

まさに子どものときにやってみたかったけど、やったら死ぬかもしれないからやめておいた遊び。ああ、こんなことやってもいいんだ、とうれしくなりました。

そういえば滝はどうでしょう。滝なんてまあだいたいどこも似たようなもんですが、**吹割(ふきわれ)の滝**はちょっと変わっています。川原いっぱいに広がった岩盤がところどころナウマン象の背中みたいなカーブで落ち込み溝になっています。その全体が滝なのです。といっても何のこっちゃよくわからないと思いますので、自分の目で見てみるといいでしょう。さらに草津の**嫗仙(おうせん)の滝**は、なんだか不気味で、記憶に残ります。

不気味といえば、浅間山北麓の**鬼押出し**も珍しい風景。溶岩流が固まってできたへんな台地ですが、ここに行くと浅間山のでかさに驚かされます。浅間山は名前はよく聞くわりに、みんなどんな山かさっぱり知らないわけですが、山裾がめちゃめちゃ広い巨大火山で……って結局山の話に。

こうしてみてくると、群馬県の魅力はやっぱり山があってこそ。関東平野にはマネのできない高低差が溢れているのです。

そんなわけでいいところしか思い浮かばない群馬県ですが、そういえば街はどうなんでしょう。平野部についてはよく知りません。行けば何かあるんじゃないでしょうか。

福井県

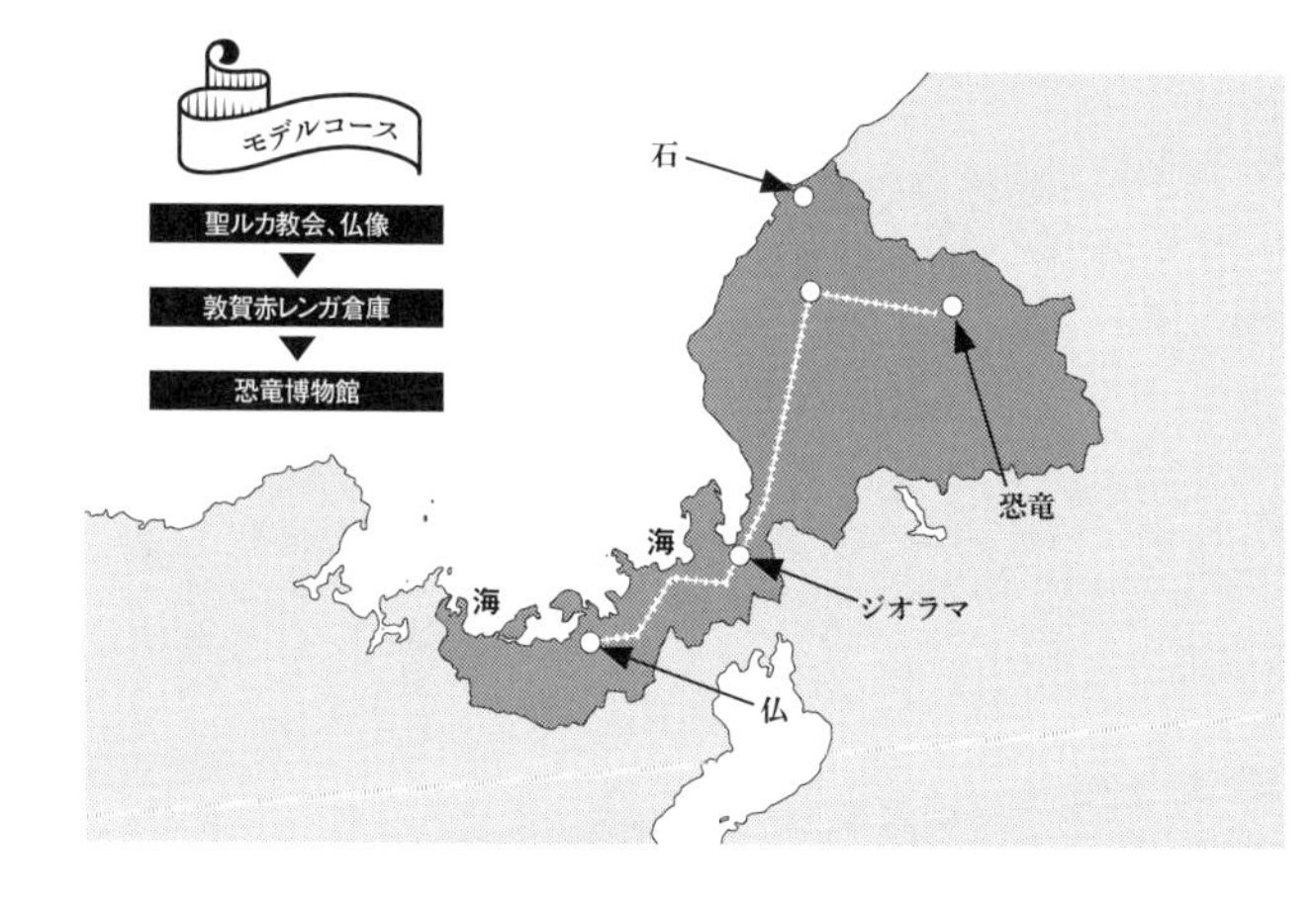

突然ですが、大阪城からまっすぐに北上したとします。するとやがて日本海に出るわけですが、そこは何県になるでしょう。京都府でしょうか、それとも兵庫県でしょうか。正解は福井県です。福井県は北陸地方に含まれていますが、実は近畿地方なのです。

京阪神に住む人間にとって、海水浴といえば若狭湾であり、その若狭湾の大半は福井県に属しています。つまり福井県は関西人のビーチリゾートといっても過言ではありません。

地図を見た関西以外の人は、なぜ和歌山県に行かないで福井県なのか疑問に思うでしょう。理由は単純です。和歌山は遠いからです。和歌山のほうが近そうに見えるかもしれませんが、行くには海沿いのルートしかなく渋滞時の逃げ道がありません。若狭湾ならルートは豊富にあり、瀬戸内海よりはるかに透明度が高いため、京阪神に住む関西人にとって海といえば若狭なのです。

もともと若狭湾から兵庫県を経て鳥取県の浦富海岸に至る日本海沿岸は、複雑な海岸線で知られ、シュノーケリングやダイビング、カヌーといったマリンスポーツが盛んです。**水晶浜**や**水島**などの抜群の透明度を誇るビーチは、沖縄なう、とかいってインスタにあげてもバレないほどのエメラルドブルーにきらめいています（ただし写真を撮る際は、隣の原発が写り込まないよう注意が必要です）。

ナイスな顔ぶれ　若狭の仏像

若狭の魅力は海だけではありません。

ひっそりといい感じ。

知られざる仏像の宝庫となっています。なかでも小浜には、**妙楽寺の千手観音**、**明通寺**（みょうつうじ）**の深沙大将**（じんじゃだいしょう）、**圓照**（えんしょう）**寺の大日如来**、**羽賀寺の十一面観音**などナイスな仏像が目白押し。

　それだけでなく周辺には**化粧地蔵**といって子どもたちの手で色を塗られたお地蔵さんがあちこちで見られ、京都や青森などにもありますが、お地蔵さんの固定観念を無視したサイケな色合いが面白いので、仏像と合わせて見てまわると楽しいでしょう。

　そのほか小浜で個人的に気に入っ

ているのは、**聖ルカ教会**です。小さな小さな教会ですが、緑色の屋根をもつ和洋折衷の建物がかわいくて素敵です。

小浜以外では、かつてシベリア鉄道経由でヨーロッパに抜ける国際列車も出ていた**敦賀**（つるが）。今では観光客の姿もまばらですが、**赤レンガ倉庫**には日本でも最大級の鉄道ジオラマがあり、このジオラマは電車だけでなくバスもちゃんと走っていて見とれます。

さらに若狭のどこかに日本最大のボールプールがあるという話も聞きます。子どもはうれしいんじゃないでしょうか。

このように魅力いっぱいの福井県、ぜひみんな海水浴兼ねて行くといいでしょう。

以上、福井県からお伝えしました。

って、何なに、まだ終わるな？　もっとあるだろって？

ええと、そうでした。たしかに地図をよく見ると、敦賀の北にも福井県が広がっているようです。関西人はみな敦賀の先はだいたい金沢と思っていますが、実はその間に東尋坊（とうじんぼう）とか永平寺とかいくつか名の知れた観光スポットが散在しているのでした。

東尋坊は昔から自殺の名所などと言われますが、地図上でおっぱいのような形で海に突き出しているその先端がそうかなと思ったら、そこは越前岬です。東尋坊はもっと北にある小さなでっぱりです。行ってみるとそれほどの崖ではなく、そりゃまあ打ちどころが悪ければどこでも死ぬのかもしれませんが、この程度の高さでは、自殺したくても大怪我ぐらいで済んでしまう可能性があります。いったん家に帰って考え直したほうがいいでしょう。

東尋坊から少し行くと**浜地海水浴場**があって、ここは石ころ拾いに向いています。まれにメノウなんかも落ちていますが、比較的小ぶりで量も少なめなので、期待して行くとがっかりするかもしれません。え、そんなマニアック情報いらない？　そうですか。

そのほか雲海に浮かぶ城で有名になった**越前大野**、**芦原温泉**、**白山平泉寺**、**一乗谷朝倉氏遺跡**、**越前大仏**、**鯖江のめがねミュージアム**などもありますが、実は今、福井県でもっとも盛りあがっているのは恐竜です。

子どもだけ驚かせとくのはもったいない　福井県立恐竜博物館

福井市内から勝山にかけて、町のそこらじゅうに恐竜が置かれています。福井駅前の恐竜などは始終動いており、生きものが動く駅前のモニュメントなど全国でもそうそうないのではないでしょうか。ふつうは突っ立ってるだけです。このことからも県をあげて恐竜に賭けているのがわかります。

ただ個人的な感想を言わせてもらうなら、恐竜そんなに興味ありません。宇宙人にくらべて地味じゃないですか。

恐竜で私が知っているのは、ティラノサウルス、ステゴサウルス、トリケラトプス、ブロントサウルス、プテラノドンぐらいですが、細かい差はいろいろあれど、だいたいみんなそのどれかに似た感じに見えます。もっと突拍子もない姿の恐竜はいないのでしょうか。

なんて思いつつ、多くの化石が出土した勝山にある**福井県立恐竜博物館**に行ってみると、ドーム状の大空間に膨大な数の骨格標本が展示されていて圧倒されました。見ているうちに飽きるだろうと思ったら、逆にだんだん面白くなってきたほどです。なかでも印象に残ったのは竜脚類のマメンチサウルスで、朝食べたものが胃袋に届く頃には夜になってるんじゃないかと思うような長い首。立ちあがって樹の葉を食べる復元模型も滅法高く、こんなのが実際にいたと思うと、びっくりです。んんん、宇宙人より面白いかも。そうなのです。まったく期待していなかったこの恐竜博物館で私はすっかり興奮してしまったのでした。

そんなわけで福井県の観光をひとことでいうなら海水浴と恐竜です。ってふたことになってますが、恐竜に興味がないという人も、だまされたと思って恐竜博物館に行ってみるといいでしょう。

静岡県

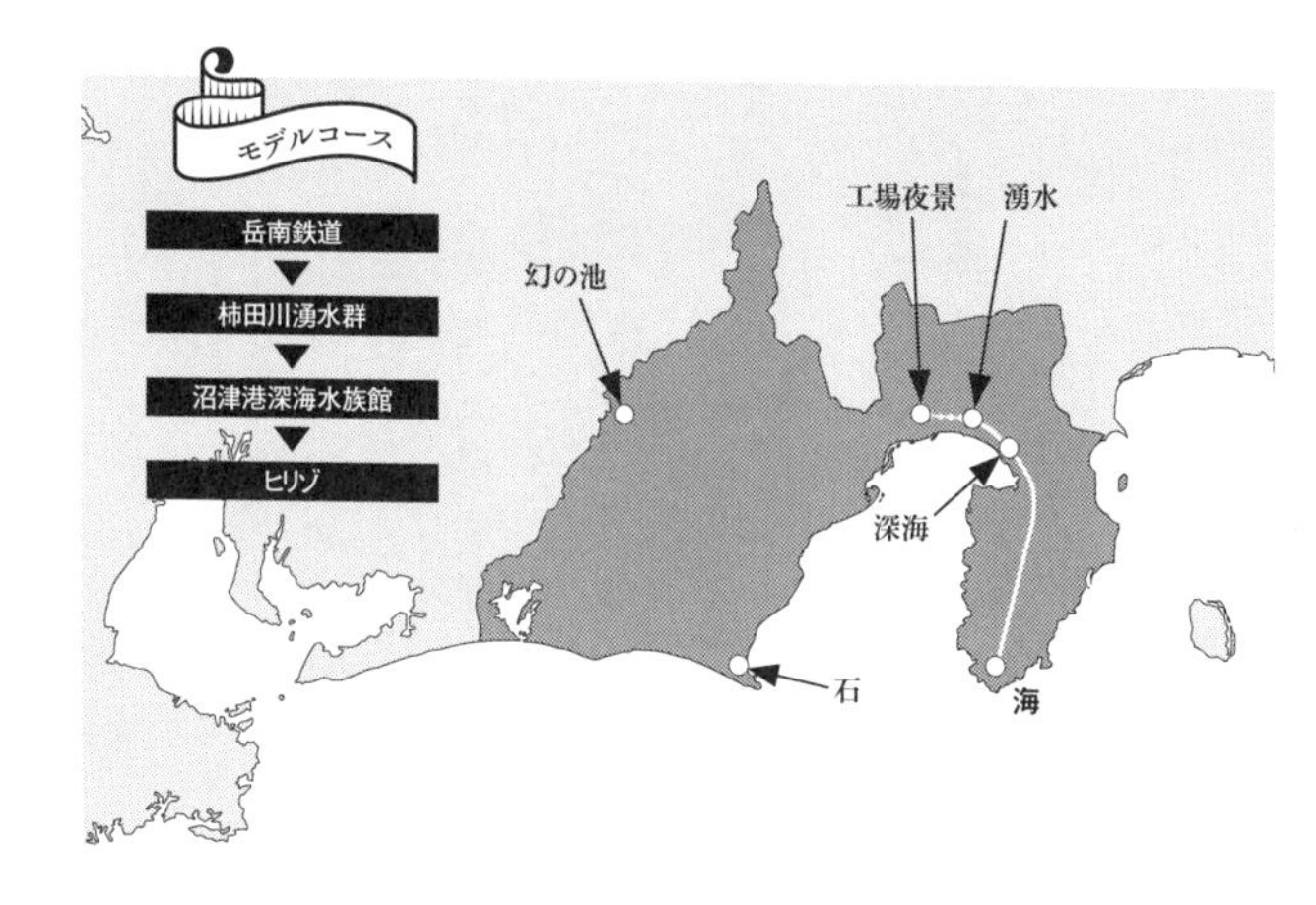

最近、静岡県三島市の郊外に日本最長四百メートルの吊橋が完成し、富士山がよく見えると評判になっています。ここを新たな観光スポットとして売り出そうと、市が精力的に宣伝しています。富士山が見える日本一長い吊橋。いいんじゃないでしょうか。

橋といえば大井川には木造では世界一長い**蓬萊橋**（ほうらいばし）がかかっており、ギネスブックにも登録されています。いいと思います。

ゴールデンウィークには、浜松の**中田島砂丘**で凧（たこ）合戦やギネス級の大凧をあげる、その名も**浜松まつり**が行われ、大勢の人で賑わいます。とても楽しそうです。ちょっと変わったところでは、伊豆半島の**田牛**（とうじ）に砂の斜面を豪快に滑ることのできる**サンドスキー場**なんていうのもあります。元気でいいことです。

静岡県の観光はこのようにどれも明るく朗らかなのが特徴です。

そこには、たとえば奈良県の持つアルカイックな不気味さや、山形県の持つ謎っぽさ、大分県国東半島の魔境感などのような、異次元的ともいえる後ろ暗さがありません。

いい例が**久能山**（くのうざん）**の東照宮**です。ここには徳川家康の廟があるわけですが、本殿は派手めなものの、日光東照宮のようなめくるめく味わいがありません。ただのお墓です。

この、ひたすら現実的かつ健康的、かつ陽気で文句のつけようがないところ、ハンバーグ屋に「さわやか」という名前をつけるセンス。それこそが静岡県の特徴です。

もちろん気にならなければ何も問題はありません。**大井川鉄道**にＳＬが走る。いいじゃないですか。

しかし、観光という面で見ると、そう簡単に割り切れるものでもない気がします。ときには謎めいたもの、ふしぎなもの、暗いもの、この世のものでないような非日常を求めてしまうのが、人間ってものではないでしょうか。

一見何の影もなさそうな静岡県にも、たまには異世界を彷彿させるスポットも必要なのでは？　もちろんまったくないというわけではありません。

日本は実は深海大国　沼津港深海水族館

沼津港の**深海水族館**が人気です。深海の謎めいた生きものに特化した水族館は全国でもここだけ。珍しいシーラカンスの剝製なども展示され、小さいわりに見応えのあるスポットとなっています。周囲には深海魚料理が食べられる店が並び、どんな味なのか好奇心を刺激されます。もともと沼津港が面する駿河湾は、全国でも富山湾と並んで海が深く、深海と縁のある土地柄。伊豆の**大瀬崎**（おせざき）などで海に入ると、まれにリュウグウノツカイなど珍しい生きものが見られたりするので侮れません。

伊豆半島はダイビングやシュノーケリングのメッカにもなっており、半島突端に近い**ヒリ**

ゾ浜などは、複雑に入り組んだ地形が、深海生物ではないですが生きもの観察にもってこいです。

さらに西伊豆の堂ヶ島の**天窓洞**(てんそうどう)は、海蝕洞(かいしょくどう)の天井に大きな穴が開き、洞窟内に光が降り注ぐというなかなかの絶景で、海が穏やかなら遊覧船で洞窟に入ることができます。近くには干潮時に海が割れて沖の島まで歩いて渡れる**三四郎島**もあって、他県にも似たような場所はありますが、ちょっと面白いでしょう。

海だけではありません。沼津には深海水族館のほかに**柿田川湧水**(かきたがわゆうすい)があり、町なかにものすごい透明度の水が流れていて、心洗われます。お隣の三島にも**源兵衛川**(げんべえ)という清流があり、その遊歩道は全国でも屈指の気持ちよさです。

ただこれらは駿河湾と太平洋、そして富士山の伏流水が生み出した自然景観であり、奇怪な深海生物を除けば、依然さわやかの範囲内と言えるかもしれません。

日本屈指の迷路旅館　南山荘休館中

静岡県でもっと幻想的な感じを味わうにはどうすればいいでしょう。実は強力おすすめのスポットがあったのですが、最近休館してしまいました。それは**伊豆長岡の温泉旅館南山荘**。川端康成も愛したこの宿は、傾斜地に散らばった客室を廊下で繋いだ迷路のような構造で、うろうろするだけでトリップできる貴重な場所だったのですが、残念でなりません。歴史的な建物でもあるので、ぜひいつの日か再開されることを願っています。

そのほか鉄道好き、もしくは工場好きなら、**岳南(がくなん)鉄道**もおすすめです。これは東海道線の吉原駅を起点に工場地帯の中を走るローカル鉄道で、途中、配管の錯綜する中をくぐって走るスポットは、ちょっとしたSF映画のよう。車内の照明を消して工場夜景を眺めながら走るイベントもときどき行われ、幻想的な雰囲気を味わうことができます。

もっと西のほうも見てみましょう。ここまでわりと伊豆から富士近辺の情報ばかりです。

清水の三保にある**東海大学海洋科学博物館**には機械の魚が泳いでいるとか、**御前崎(おまえざき)**の海岸でまるっこくていい感じの石が拾えるとか、小ネタはちょこちょこありますが、清く正しい雰囲気はどうも西へ行くほどその傾向が強

岳南鉄道

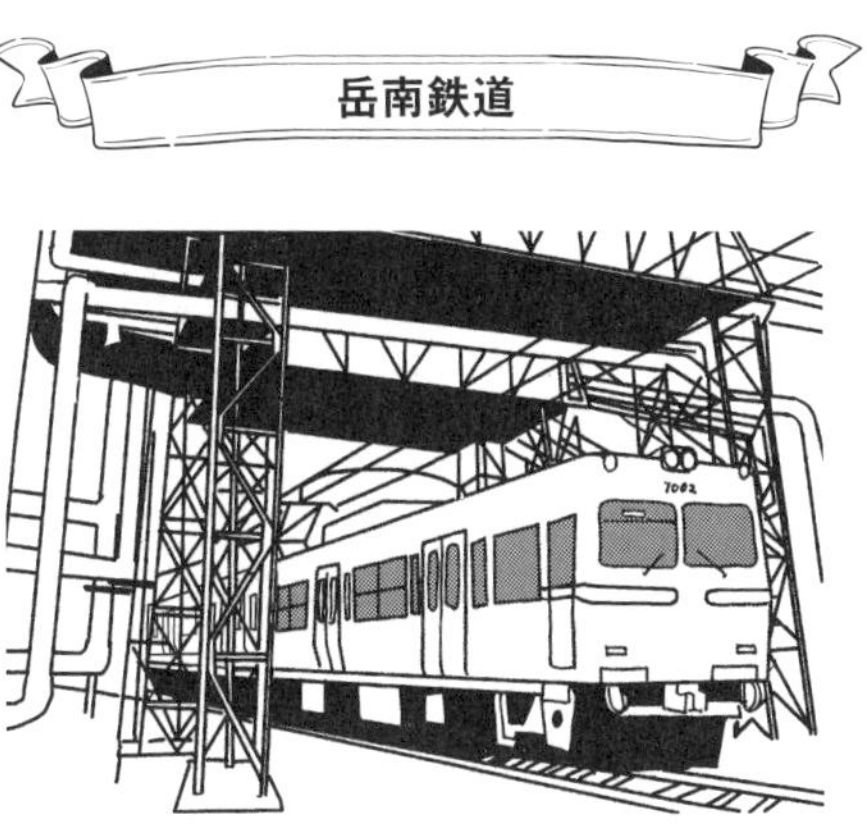

工場のパイプの中を通過する。

くなるようです。浜名湖あたりまでくると、もっとも人気の観光スポットがうなぎパイの工場だったりして、べつに悪いわけではありませんが、なんだか好奇心が刺激されません。

そんななか、とびきりの情報が飛び込んできました。なんと浜松の北の山中に**幻の池**があるというのです。池の平と呼ばれる山中の一角に七年に一度だけ池が出現するとのこと。そんなふしぎな光景はぜひ見に行きたいものですが、いつ池が現れるかは現れてみないとわからないといい、よほどの運と天候に恵まれないと見られないようです。だからこその幻の池と言えるわけですが、見方によってはただのでっかい水溜まりなのかもしれず、判断の難しいところです。

このようになかなかハメを外さない静岡県。ときどき熱海や伊豆あたりにクレイジーな博物館ができたりするのは、その反動なのかもしれません。

三重県

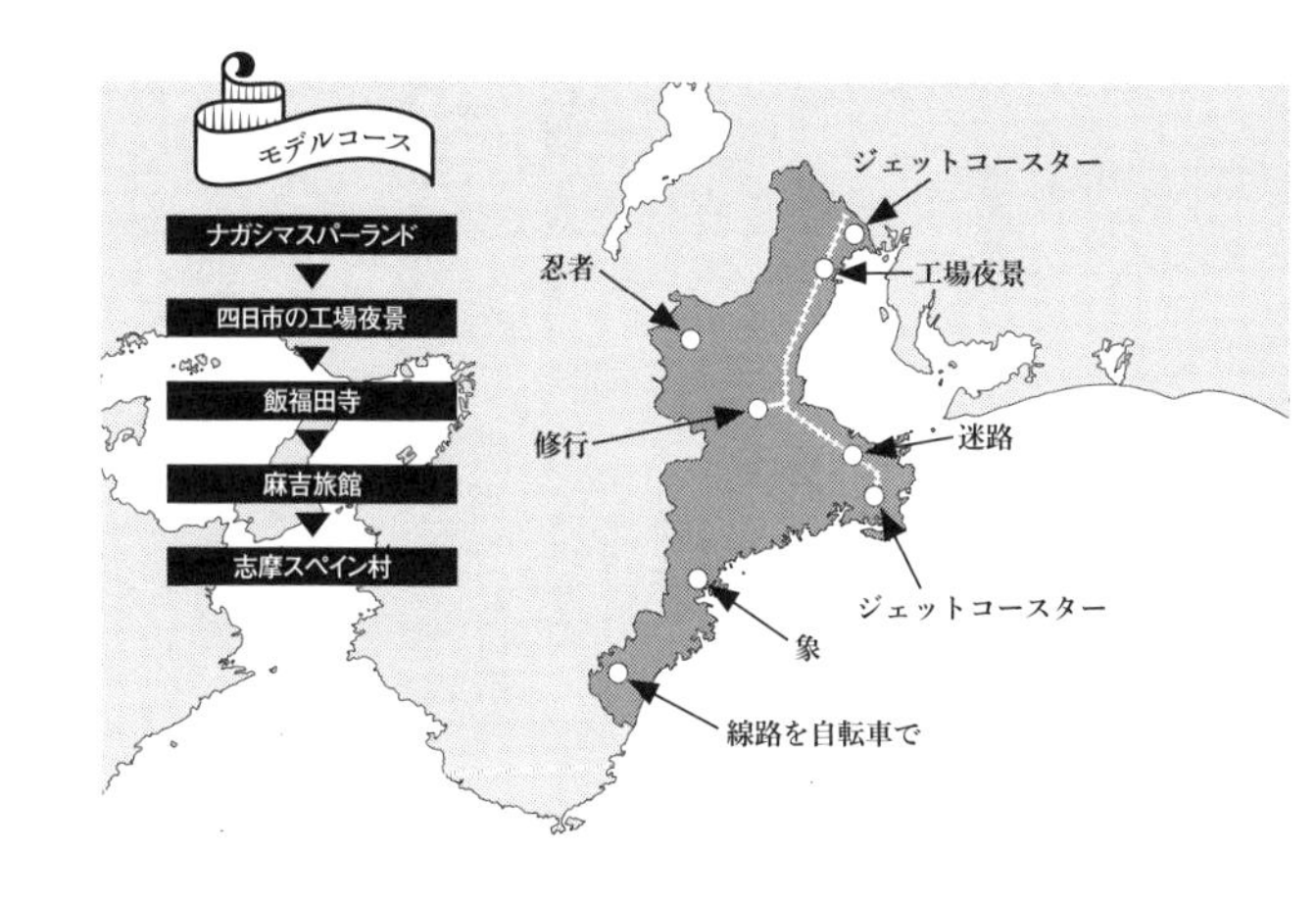

モデルコース
ナガシマスパーランド
四日市の工場夜景
飯福田寺
麻吉旅館
志摩スペイン村
ジェットコースター
忍者
工場夜景
修行
迷路
ジェットコースター
象
線路を自転車で

東京の隣の神奈川県には、異人館や中華街など異国情緒の溢れる港町横浜があり、大阪の隣の兵庫県には同じく神戸があるように、名古屋の隣の三重県には、ええと、異人来なかったんでしょうか。残念。名古屋観光の弱点は、隣の三重県に横浜や神戸がないことかもしれません。

三重県は、実に日本的な県といった印象です。**伊勢神宮**や**伊賀忍者**、あるいは**熊野古道**、本居宣長というイメージがそうさせるのでしょうか。たしかにそういう伝統的な日本の影響もなくはないのですが、**四日市**や**鳥羽**、**英虞湾**から**赤目四十八滝**などにもやはり日本的な印象があります。

それは古き良き日本というほどではないにしても、戦後日本を牽引した場所だったり、昭和時代の典型的観光地だったりします。つまり三重県はちょっと前に有名だった感じの県なのです。もっと変化も必要なのでは？　と思わなくもないですが、一方で、見方を変えると三重県ならではの新しい方向性も見えてきます。

三重県の観光スポットといえば、まずは何といっても伊勢神宮でしょう。ですが、観光客の目線でいうと、どこであれ神宮と名のつくところは案外見るものが少ないというのが定説です。ほとんど森になっているからです。何かを見に行く場所ではないと言われればそうなのですが、お寺のように仏像があるわけでもないし、とくに伊勢神宮の場合は、外宮も内宮も二十年おきに式年遷宮が行われるため、建物が常に新しく、なんだかピカピカしていて感じが出ません。まあ、それこそが伊勢神宮ともいえ、むしろ他の神社にはない特徴ではあるので、そういう場所とわりきって観光するのがいいでしょう。

伊勢志摩には、三重県の代表的観光スポットが点在しています。**二見ケ浦の夫婦岩**や、**ミキモト真珠島**、**賢島**のほか、**鳥羽水族館**、**志摩マリンランド**、**伊勢シーパラダイス**と三つの水族館が集中しており、海の生きもの好きは楽しめます。

絶叫マシーン群の充実度は日本屈指　志摩スペイン村・ナガシマスパーランド

志摩スペイン村は、バブル期に乱立した外国村が次々と閉鎖するなか、いまだ生き残っている貴重なスポットで、成功の理由は知りませんが、私の見たところいいジェットコースターがあるのが魅力です。『ピレネー』の乗り心地の気持ちよさは日本一といってもいいですし、『グランモンセラー』も味わいがあり、最近は新たにスチームパンクなコースターもできた模様。

実は三重県には、富士急ハイランドと並ぶ日本製二大遊園地のひとつ**ナガシマスパーランド**があり、日本最大のジェットコースター『スチールドラゴン２０００』のほか、ここ数年フライングコースターや日本初の４Ｄスピンコースター、木と鉄製のハイブリッドな巨大コースターなど次々とニュータイプのマシンを投入しています。志摩スペイン村と合わせると、三重県は、日本でもっともジェットコースターが充実している県と言えるのです。

どうでしょう、いっそここまできたら、そこらじゅうにジェットコースターをつくりまくって、絶叫県として売り出していくというのは？　工場夜景でも人気が高まっている四日市など、工場の煙突を縫ってジェットコースターを走らせれば、それはそれはファンタスティックな光景になるのではないでしょうか。これぞ三重県ならではの新しい方向性では……何、それが昭和の発想？

何を言うかな。いっそ県内の電車を全部ジェットコースターに置き換えれば、世界中で話題になるはず。

……ああ、そうですか。わかりました。伊勢に話を戻しましょう。

私が伊勢で一番おすすめしたいのは、**麻吉旅館**(あさきち)です。江戸時代、五大遊郭と言われた伊勢古市(ふるいち)の一画に、かつての風情を今も残す迷路みたいな旅館があるのです。外観もなかなかですが、内部の錯綜具合が味わい深く、一度泊まってみて損はないでしょう。館内には有名人のサイン色紙がいっぱい飾ってあり、みな迷路が好きだったことがわかります。

山でもスリリングな体験を　伊勢山上と便石山

伊勢山上

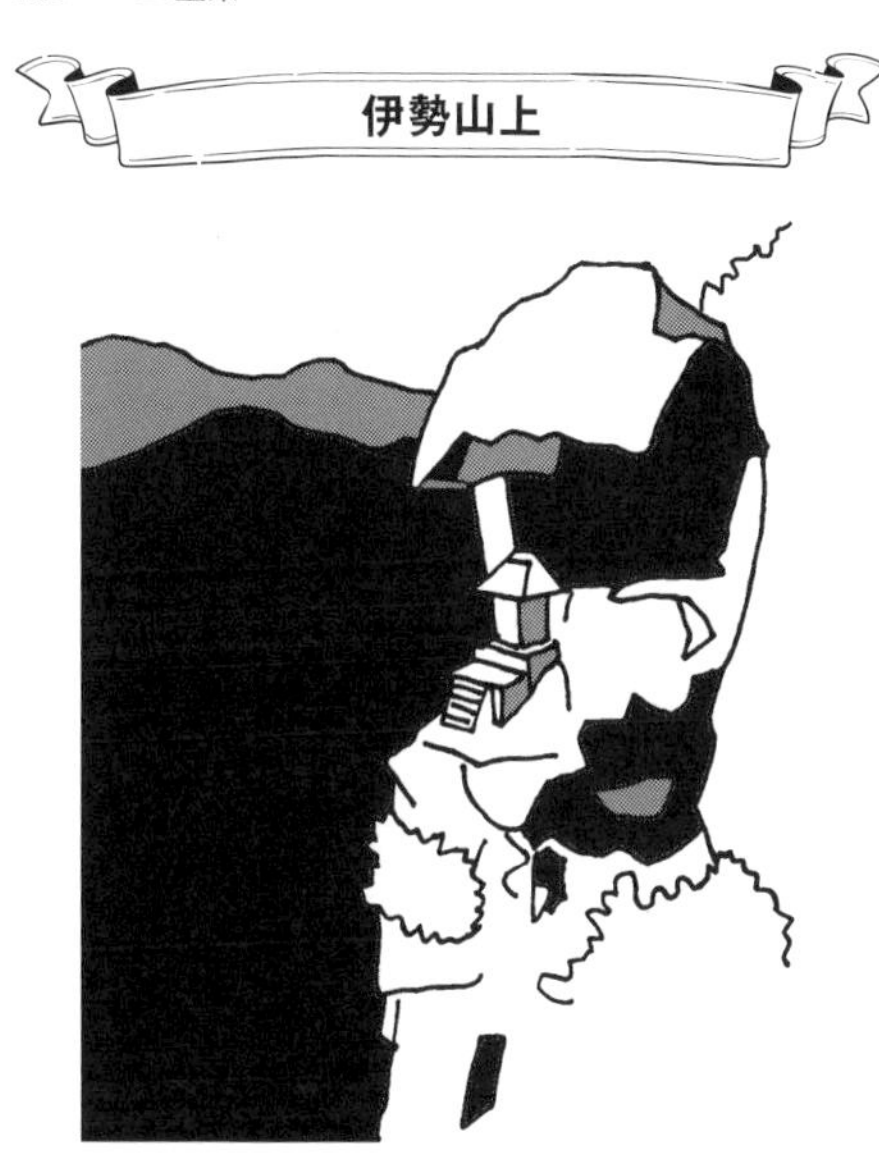
鎖場の連続する修行の道。

少し離れますが、松阪から山の方へ入って行くと**飯福田寺**（いぶたじ）があり、その背後の山が**伊勢山上**（さんじょう）という修験道の行場になっています。役小角（えんのおづぬ）が開いたと言われ、鎖を伝って岩壁を登ったり高くて細い岩の上を歩いたりする道は、なかなかスリリングで面白いコースです。死ぬ可能性もなくはありませんが、度胸のある人は自己責任で行ってみるといいでしょう。一周二時間ぐらいで回れます。

さらに尾鷲（おわせ）まで行くと、そこには象**便石山**（びんしやま）という山があり、象の背と呼ばれる大きな岩が崖の上に張り出しています。これがなかなかの絶景なので、体力のある人は登ってみるといいでしょう。

どうでしょうか。こうしてみると、やはり三重県はスリルを求めている気がしないでしょうか。ジェットコースターが多いのも県民性なのでは？

　思えば伊賀の忍者だってアトラクションそのもの。手裏剣打選手権大会だの、忍者関連の神社仏閣めぐりだの、伊賀上野は何かというと忍者がらみのイベントがてんこ盛りです。忍者体験は今やあちこちで行われており、この界隈を散歩すると、ときどき忍者が歩いているのを見かけるほどです。

　ジェットコースター、迷路、修験道の行場、忍者。熊野市の**湯ノ口温泉**には、古い坑道を利用したレールマウンテンバイクがあったりもして、もはや明らかでしょう。三重は実はアトラクション県だったのです。

　古きをたずねてアトラクションを知る、温故知ションという四字熟語がありますが、まさに三重県のことをうたったものと言えるでしょう。

岡山県

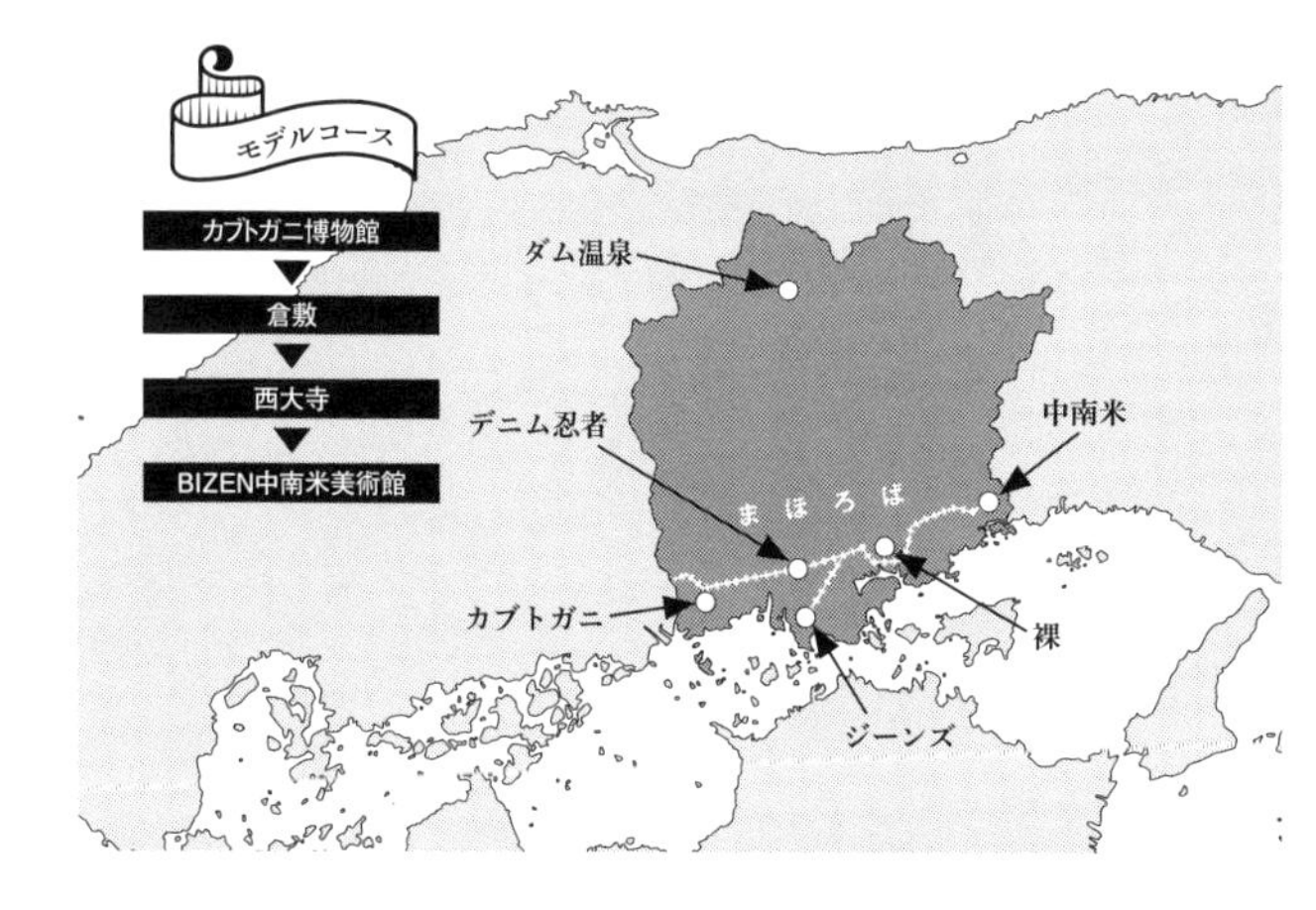

モデルコース
カブトガニ博物館
倉敷
西大寺
BIZEN中南米美術館
ダム温泉
デニム忍者
中南米
まほろば
カブトガニ
裸
ジーンズ

岡山県の特徴をひとことで言い表すとすると「ふつう」です。

って、こらこら、もっと言い方あるやろって？　では「おだやか」な県としておきましょう。実はこの連載が始まった当初から、岡山県で何をおすすめするか悩んでいました。

まさにおだやかなのです。古い家並みの残る感じのいい町もあれば、海も高原もある。大都会でもないが田舎でもない。

散歩やサイクリングにうってつけ　吉備路

吉備路(きびじ)を歩けば、のどかな風景が広がります。長い回廊が印象深い**吉備津神社**や、田園地帯のなかに立つ**備中国分寺五重塔**(びっちゅう)など、あたりにはそこはかとない〝まほろば感〟が漂っています。〝まほろば感〟は、広々とした田園地帯と年季の入った神社仏閣で構成されますが、もちろん大和の国奈良がその中心で、兵庫県南部、香川県の一部などとともに、岡山県まで広がり、うっすらと古(いにしえ)の日本の風景を思い起こさせるのが特徴です。とくに稲穂の季節には、黄色い大地と黒い塔や大きな瓦屋根のコントラストがいかにもな景色となり、柿がなっていたりすればさらに完璧。
そしてこの〝まほろば感〟のあるところ、散歩やサイクリングをすればとっても和むわけですが、一方で、おだやか過ぎて遠くから来る観光客には刺激が足りないということにもな

まほろば感

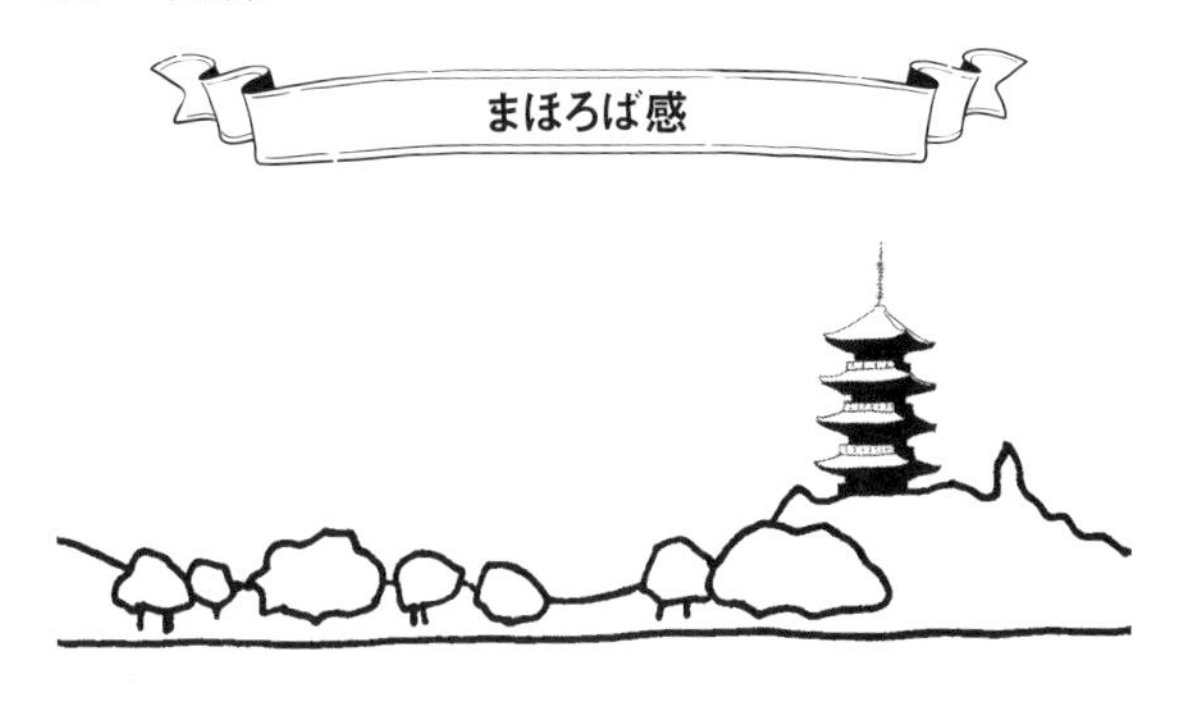

五重塔など古い建築物が点在する広い景色。

りかねないのです。

　少し北の山の上には**鬼ノ城**（きのじょう）と呼ばれる古代の城があり、鬼伝説のもととなった温羅（うら）なる人物の砦ではないかとされています。面白そうなので行ってみましたが、今は山頂部をぐるっと石垣で囲み四方に大きな門を配してあるだけで、鬼らしい何かがあるわけではありません。鬼ノ城というぐらいだから、何か恐ろしいことになってるんじゃないかと思ったら、眺めのいいこれまたおだやかな山なのでした。

　岡山県の観光地といえば、筆頭は**倉敷**でしょうか。**美観地区**の古い街並みや**大原美術館**の存在もさることながら、最近はデニムの聖地としての地位を確立しつつあるようです。瀬戸大橋の麓に近い**児島**（こじま）には**ジーンズストリート**もあって、今、岡山といえばデニムなのかもしれません。なんでも倉敷にはデニム忍者もいるそうで、いったいどんな忍者なのか見たことはありませんが、ごわごわ突っ張って動きにくくないか心配です。そのほか倉敷はマスキングテープ発祥の地とも言われており、雑貨が好きな人は行くといいでしょう。

もちろん倉敷と児島、吉備路だけが岡山ではありません。**岡山城**や、日本三大庭園のひとつ**後楽園**、三大山城の**備中松山城**、ベンガラの町**吹屋**、津山の扇型車庫で知られる**津山まなびの鉄道館**、美作にある**宮本武蔵の生家**、さらには鳥取県との県境に広がる**蒜山高原**のほか、テレビでよく紹介されるのは**鷲羽山ハイランド**のスカイサイクルで、実は日本一怖いアトラクションなどと言われています。しかし今やバンジージャンプだってある時代、絶叫好きからすれば、眺めのいいおだやかな空中散歩といった印象です。

ひょっとすると岡山には過剰さが足りないのではないでしょうか。人は、どこか狂ったもの、極端なもの、得体の知れないものに、つい惹かれてしまう生きものです。

そんなスポットはないでしょうか。

日本にここだけ　カブトガニ博物館

笠岡にカブトガニ博物館があって、ここは少し過剰かもしれません。意外に大きな建物で、カブトガニだけで果たしてもつのか心配になります。案の定展示内容は少々間延びしているような……。けれど、ひたすらカブトガニ推しの博物館は珍しいので、見て損はないでしょう。浜辺に出れば、さらにうじゃうじゃいるということになれば素敵ですが、今となっては無理な相談かもしれません。

日生（ひなせ）には**BIZEN中南米美術館**という、これまた過剰な匂いがする美術館があって、中南米の土器や織物などが展示されています。なぜこの場所に中南米なのか、という必然性の感じられなさは、新潟県十日町のミティラー美術館（インド）や、かつて山形県にあったアマゾン民族館などと同様、異彩を放っています。しかし、そういう場所が妙に面白かったりするのも事実で、興味がある人は行ってみるといいでしょう。後楽園の前には**岡山市立オリエント美術館**もあり、岡山県に関係のないテーマ同士たまにイベントを共催したりしています。なぜここに？　などと深く考えず割り切って観光することをおすすめします。

瀬戸内海に目を転じると、船で十五分の至近距離に地中美術館を擁する直島や豊島（てしま）などアートな島々が点在しています。おお、岡山の最新観光スポットはここにあったかと一瞬思いますが、ほとんどは香川県の島でした。

唯一岡山県に属する**犬島**には、**精錬所美術館**があって、精錬所の遺構を再生したかっこいい外観にぐっときます。近くの煙突がひび割れて今にも倒れそうになっているのも目が離せません。

そのほか蒜山に近い**湯原温泉**にはダムの巨大な壁の下に露天風呂があって、ダムの真下で温泉という情緒があるんだかないんだかわからない珍しい体験ができます。

んん、探してみればそこそこあるようです。「ふつう」とかいってすみませんでした。そして、ありました、めちゃめちゃ過剰な岡山。

西大寺の会陽（裸祭り）は、裸の男たちが、一本の宝木を奪い合う激しい祭りです。検索すると大迫力かつ暑苦しい映像がたくさんアップされていました。これです。これしかない。男性なら見るだけでなく参加すれば、ますます過剰な経験になるでしょう。

てんでばらばらなおすすめになりましたが、最後に桃太郎情報をお伝えして終わりにします。こないだ愛知県に行ったら桃太郎ゆかりの神社がありました。なぜそんな遠い場所に？こっそり逃げたのではないでしょうか。

茨城県

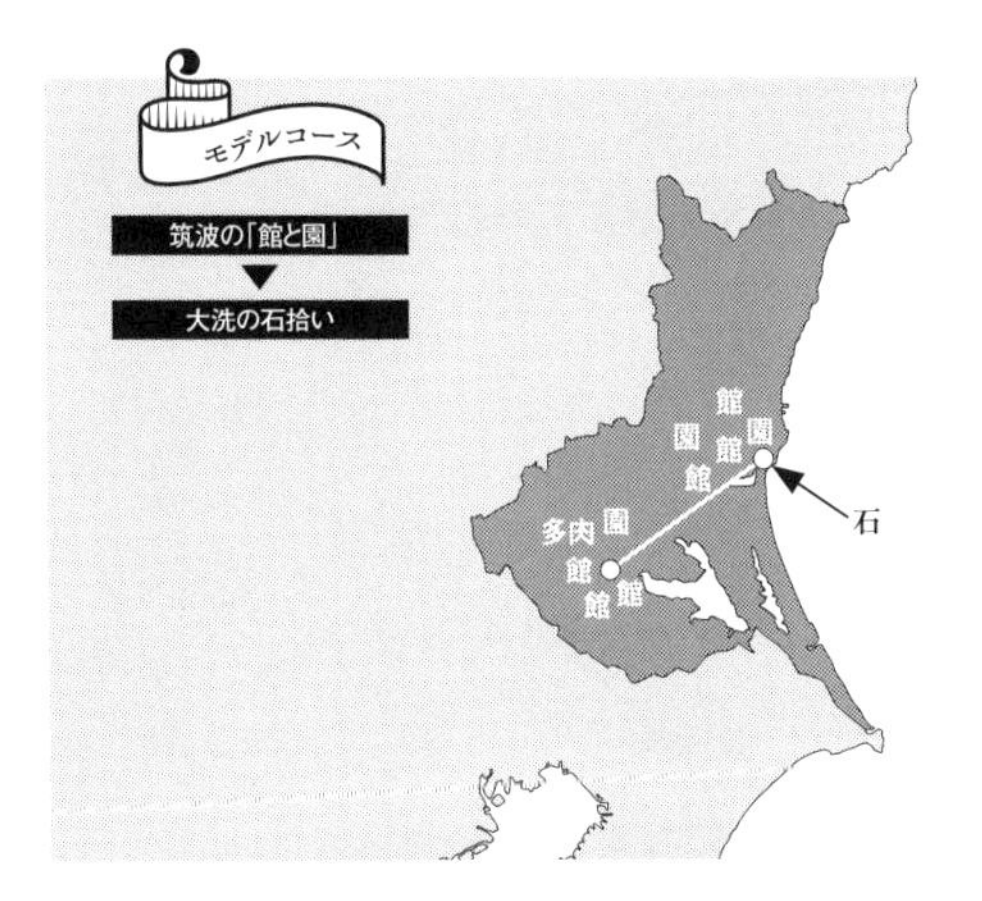

全国都道府県魅力度ランキングで、常にワーストワンを独走する茨城県。その独走っぷりは、もはや近隣県の「ダサイタマ」とか「グンマー」とか、栃木県と群馬県の見分けがつかないといった恒例のおちょくりの世界を突き抜け、自ら「のびしろ日本一」を謳うほど孤高の領域に達しています。

つまり魅力度最下位なのが魅力と言っているも同然で、詭弁の匂いすら漂いますが、むしろ「貧しい者は幸いである」型の宗教に近いのかもしれません。

たしかに茨城県に遊びに行くとなると、**大洗の海岸**で石ころを拾うことぐらいしかすぐには思い浮かびません。どうしてそんなことになってしまったのでしょう。

茨城県は、例によって山の少ない関東平野の一画を占めており、南半分はおおむねぺったんこです。かろうじて**筑波山**の存在が単調さを破っていますが、あまりにぺったんこなために陸と水の境もあいまいになり、広大な**霞ヶ浦**ができました。

霞ヶ浦は日本第二位の面積の湖にしては水深が非常に浅いことで知られ、つまりそれはぺったんこな土地になんとなくできた水たまりに過ぎないことがわかります。そのあたりがうっすら窪んでいただけなのです。こうもぺったんこだと、地形的に観光スポットがなかなか育たないのも仕方ありません。人工的に何か造らないと、どこまでも同じような景色になるからです。

とはいえ茨城県全域がぺったんこなわけではなく、北部に行くと山がちになってそれなりに変化が出てきます。日本三名瀑のひとつ**袋田の滝**（ふくろだ）や、百メートルのバンジージャンプで有名な**竜神大吊橋**があるのもこのあたり。

関東平野の単調さを破る　筑波山

ただ、お隣の栃木や福島のように二千メートル級の高い山があるわけではないので、全国から登山客を惹きつけるには物足りません。結果、一番平野に近くて目立つ筑波山が、もっとも愛されています。

筑波山は茨城県屈指の観光地といってもいいでしょう。途中でカーブする珍しいケーブルカーやロープウェイで上ることができ、ロープウェイの駅横には、B級スポット界では知らない人のいない**ガマ洞窟**があったり、山頂からは関東平野の眺望が広く見晴らせることなど、ちょっと上ってみるにはちょうどいい山と言えます。

そのほかには何があるでしょうか。

水戸の**偕楽園**（かいらくえん）、**鹿島神宮**、**牛久大仏**（うしく）、焼き物で有名な**笠間**（かさま）。あとは……そうだ、北部山中には**御岩神社**（おいわ）といって、茨城県内では世界的に有名なパワースポットがあります。地元では御岩神社に光の柱が立っているのが宇宙ステーションから見えたと伝説的に語られており、本当ならすごい話だと思うのですが、県民以外にはほとんど知られていません。なぜ宇宙飛行士は写真を撮っておかなかったんでしょうか。

それ以外は、ええと、ええと……石拾いしか思い浮かびません。こうしてみると、やはり茨城県も、埼玉県、栃木県、千葉県そして東京都と同様、大地のぺったんこさによる観光地不足が深刻であることがわかります。関東平野恐るべし。

もちろん、茨城県も手をこまねいていたわけではありません。むしろぺったんこであるからこそ、自由にいろんなものが造れる利点を活かし、科学万博を招致し、筑波学園都市を造りました。

そして実はここに茨城観光のヒントがある気がします。

茨城県の観光を端的に言い表すとするなら、それは「館と園」。

つまりミュージアムと公園が茨城県は充実しているのです。観光スポットがないなら人工的に造ればいい。

その筆頭は、言うまでもなく、筑波学園都市内にあるたくさんの博物館です。

理系ハコモノパラダイス　筑波学園都市

興味のない人には多少お勉強っぽいスポットにはなりますが、巨大プラネタリウムのある

筑波学園都市の館と園

筑波実験植物園

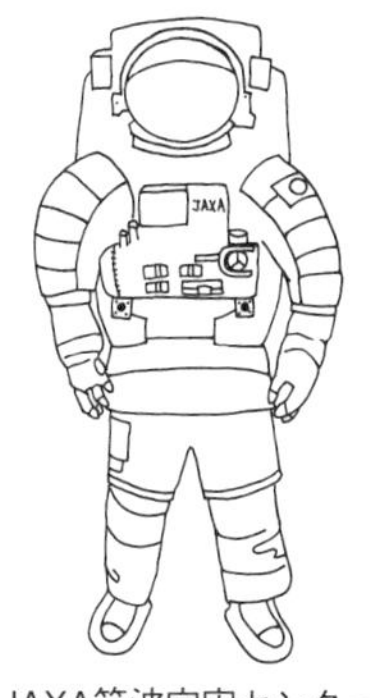

JAXA筑波宇宙センター

実は侮れないミュージアムの宝庫。

つくばエキスポセンター、**ＪＡＸＡ筑波宇宙センター**の**スペースドーム**、**地質標本館**、**地図と測量の科学館**、**筑波実験植物園**などなど、全国屈指の本格的な館や園が揃っています。

私がとくに面白く思ったのは、実験植物園の温室。

とにかくでかい。日本屈指の規模なのではないでしょうか。サバンナ温室、熱帯雨林温室、熱帯資源植物温室、水生植物温室と、さまざまなガラスの箱が園内の一画に集中して建っています。

もともと植物にはさほど興味はない私ですが、多肉植物や食虫植物、熱帯植物などには多少の関心があり、行ってみると、この温室は天国でした。とりわけサバンナ温室は、いい感じのサボテンがたくさん見られ、充実した気分になりました。

また茨城県にはもうひとつ**茨城県植物園**があり、そこには**きのこ博士館**という一風変わった館があって無料で入ることができます。

そういえば植物は菌類や地衣類も面白い。植物好きなら、この二つの植物園をはしごするのもいいでしょう。

そのほかにも、**ミュージアムパーク茨城県自然史博物館**、**水戸芸術館**、**笠間芸術の森公園**、**茨城県立歴史館**、**アクアワールド茨城県大洗水族館**などなど、まるで観光地の少なさを穴埋めするかのように茨城県は館と園の充実を図っています。

園で特筆すべきは、ひたちなか市にある**国営ひたち海浜公園**。昨今はインスタ映えする公園として人気が高まっています。緩やかな丘がコキアという草で埋め尽くされ、季節によって幻想的な風景を演出します。これこそは茨城県のぺったんこさを逆手にとった成功例と言えるでしょう。周囲に山もビルもないため、丘の写真が大空に映えるのです。

館や園のひとつやふたつどの県にもあるだろ、と言われそうですが、ひょっとすると質の高さでは茨城県が日本一かもしれません。

熊本県

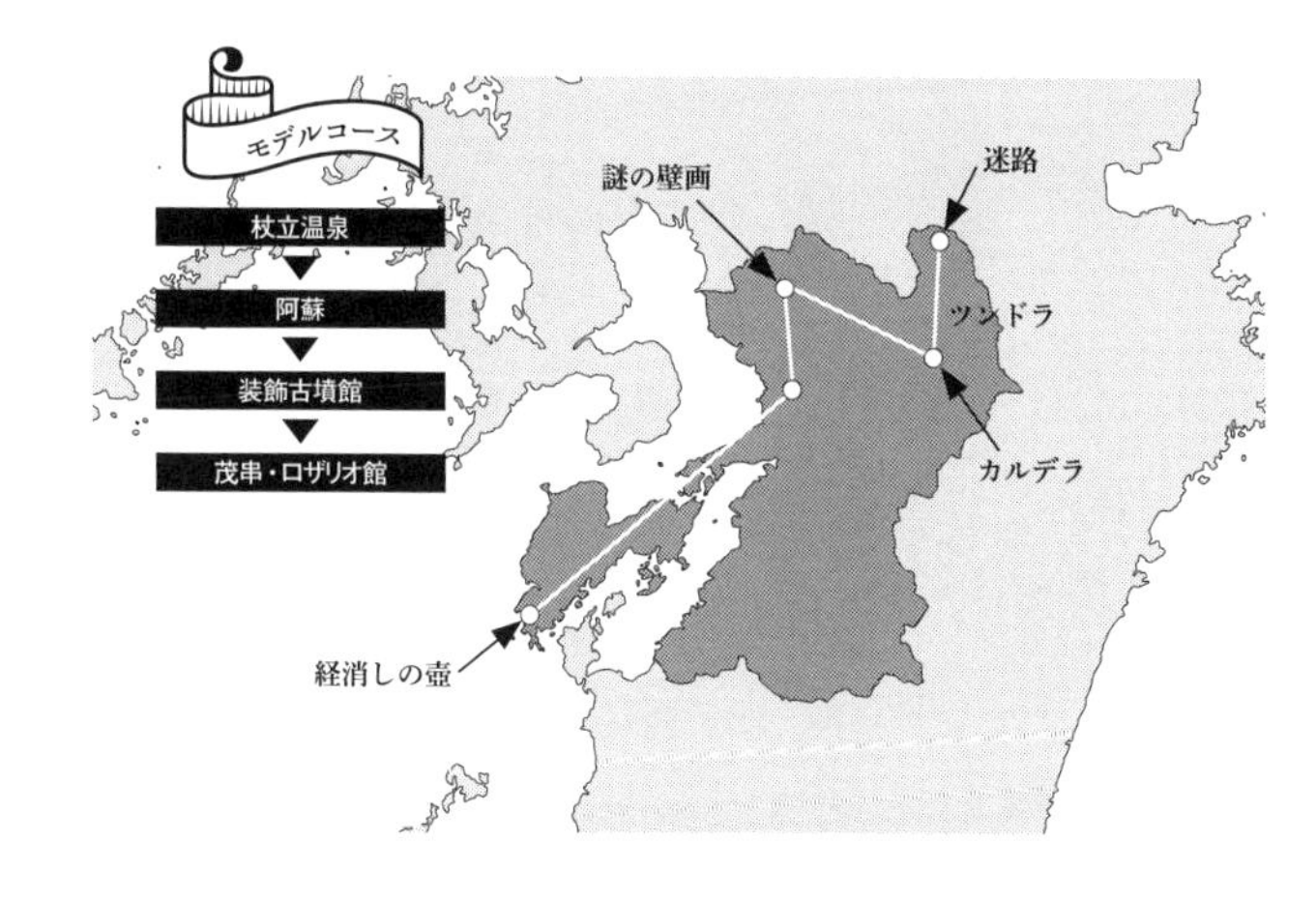

もし無人島にひとつだけ県を持って行けるとしたら、何県を選ぶでしょうか。私は熊本県を選びます。そのぐらい熊本県は充実しています。

まずは何といっても**阿蘇**。

阿蘇ほどダイナミックな景観は、日本でそうそう見ることができません。

ぐつぐつ煮えたぎる**中岳火口**や広大な**草千里**の景観もさることながら、**砂千里**を歩けば、砂と岩しかない殺伐とした風景が、まるでどこかの惑星に降り立ったかのようです。さらに外輪山の**大観峰**（だいかんぼう）からの眺めは、まさに絵に描いたようなカルデラで、あまりに学校で習った通りのカルデラっぷりが、わざとらしいほどです。

景色だけでなく、カルデラ内には美しい湧水が無数にあり、周囲には温泉も多くて、何も言うことはありません。もうどこでも好きなところに行って、自由に過ごすといいでしょう。

ちなみに阿蘇の周辺で個人的に強く印象に残ったのは、**大観峰から北、小国方面へ向かう途中に広がる大草原**でした。

べつに観光スポットというわけでなく、淡々とバスで通り過ぎるだけのほぼ無人の荒野なのですが、波打った地面が続くツンドラみたいな日本らしからぬ風景になっています。この凸凹な草原のどこかに秘密の村が、いや、異世界に続く秘密の洞窟があるんじゃないか、そんな気がして仕方がありません。

温泉街がまるごと迷路　杖立温泉

その先には有名な**黒川温泉**があり、さらに北の**杖立温泉**（つえたて）まで行くと、どこのダンジョンかと見紛うような迷路街に出くわします。漫画家つげ義春の『貧困旅行記』の舞台にもなったその風景は、鄙びたとか、うらぶれたとか、昭和レトロとか、もはやそういうレベルを通り越し、異世界RPGの領域に近づいている気がします。ここには大分との県境を跨いで建つホテルもあって、県境マニアにも見過ごせないスポットになっています。

また最近では、阿蘇の南西、高森町にある**上色見熊野座神社**（かみしきみくまのいます）がインスタグラムなどで人気上昇中。

杉木立とたくさんの燈籠（とうろう）が並ぶ苔むした長い階段が、異世界の入口のようだと言われています。拝殿のさらに奥には岩壁に穿（うが）たれた大きな穴があり、まさにどこかへ通じているかのような気配です。私が行ったときは階段もぼろぼろで、思ったほど幻想的な雰囲気はありませんでしたが、季節や時間を選べば絶景が見られたかもしれません。

さらに**山鹿**（やまが）**の装飾古墳館**を訪ねると、熊本では古墳までもがどこか異世界っぽいことがわかります。

九州地方で多く見られる装飾古墳は、内部にカラフルでプリミティブな紋様が描かれているのが特徴で、近畿地方の古墳に見られる四神や天女のような東洋風の絵とはまるで違っています。それはまさに太古の種族が遺した謎の壁画であり、その派手さと正体不明さは、古墳なんて辛気臭いと思っている人を、一気にインディ・ジョーンズの世界に連れ去ってくれ

見どころしかない熊本県

阿蘇山

チブサン古墳

プリミティブな壁画が面白い。

るでしょう。装飾古墳館は、福岡県の王塚装飾古墳館と並んで全国でも他に類のない珍しいスポットなので、ぜひ行くことをおすすめします。

澄んだ海が素晴らしい　天草

熊本県には海もあります。熊本の海といえば**天草**（あまくさ）。有明海や八代海（やつしろ）は内海のため、潜って遊ぶなら、透明度の高い外海がおすすめです。**牛深**（うしぶか）には海中公園もあり、**茂串**（もぐし）の海水浴場や**妙見浦**（みょうけんうら）などどこの沖縄かと思うほどのエメラルドな海が広がっています。難があるとすれば、やや遠いことでしょうか。

宇土（うと）半島からロザリオラインを通って行くわけですが、途中疲れたら、**洞窟温泉**や、やたら現れるキリシタンゆかりの施設で一服しながら行くといいでしょう。**天草四郎メモリアルホール**、**天草キリシタン館**、**天草コレジヨ館**、**天草ロザリオ館**……って、いったいいくつあるのでしょう。ゆかり過ぎではないでしょうか。

ちなみに一番私の印象に残ったのは、ロザリオ館に再現されていた潜伏キリシタンの「かくれ部屋」でした。キリシタンが仏教式の葬式をあげなければならなくなったとき、この「かくれ部屋」で壺のふたを開けておき、お坊さんのお経を吸い取って無効にしたとされる経消しの壺が展示されています。そんなことができるとは、なんだかドラえもんみたいだなと思ったのでした。

海に入らないのであれば、宇土市の**長部田海床路**（ながべたかいしょうろ）はどうでしょうか。満潮時には海面に電信柱の列が浮かんで見える幻想的な風景が見られます。また**御輿来海岸**（おこしきかいがん）は、逆に干潮時に浮かびあがる砂の紋様が美しいと評判になっています。

こうして見てくると特徴はもはや明らかでしょう。何かとファンタジーめいている県、それが熊本県です。

岩手県が『遠野物語』や宮沢賢治の力を借りて幻想の翼を広げているのともまた違って、風景そのものが異世界ＲＰＧの舞台といった感じなのです。

今は復旧待ちですが、阿蘇の外輪山には**ラピュタの道**と呼ばれるアニメの名を冠した美しい道路があり、まさにそうした名前をつけてしまいたくなるところに、熊本県の特異性が現れています。

そういえば夏目漱石が『草枕』で描いた桃源郷世界も熊本の**小天温泉**（おあま）でした。今では浴室などの遺構が残るだけで、小説の深山幽谷とした幻想的味わいはあまり残っていませんが、熊本がファンタジー向きの県であることを、漱石も見破っていたに違いありません。

「とかくに人の世は住みにくい。住みにくさが高じると、安い所へ引き越したくなる」

現実に疲れ、異世界に召喚されたくなったら、みんな熊本県に行くといいでしょう。

宮城県

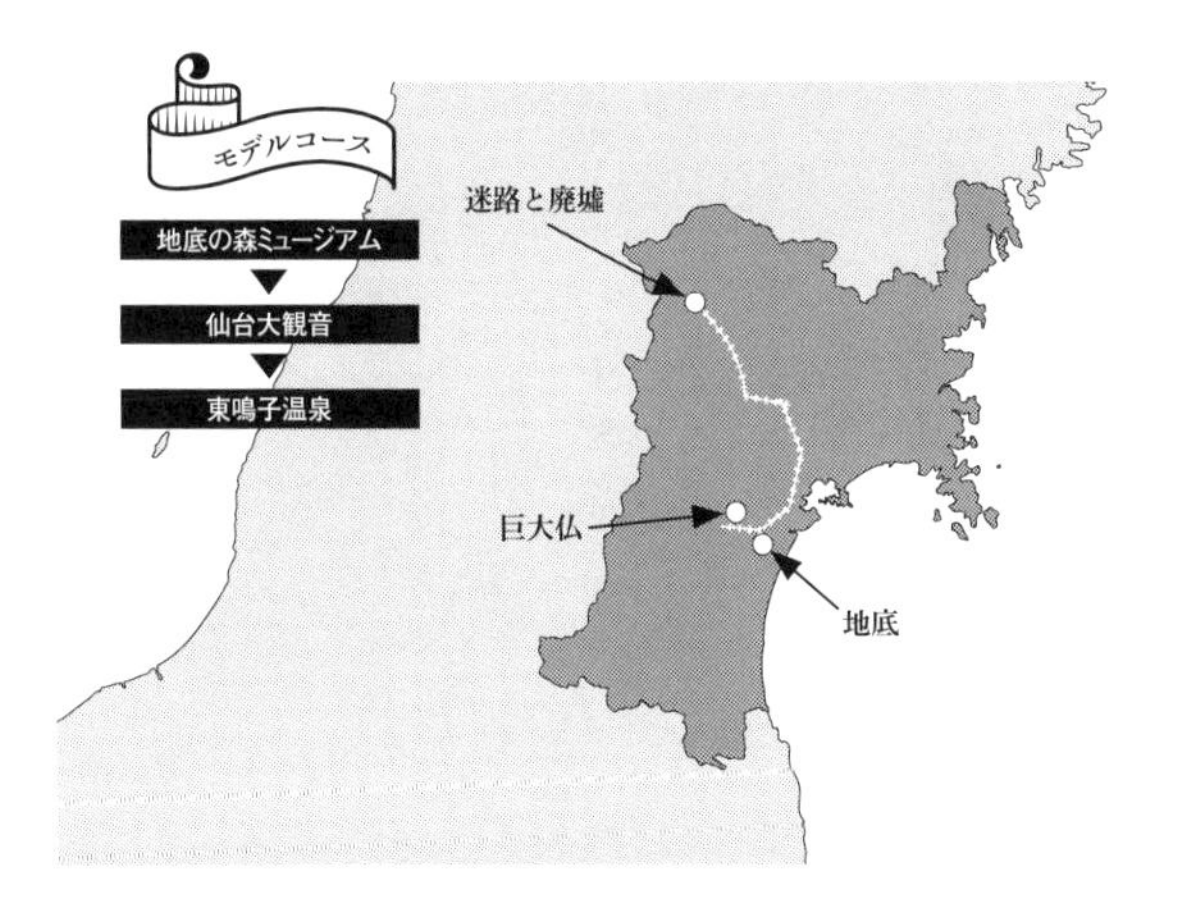

東北観光といえば、全体にミステリアスなことで知られています。たとえば山形県に出羽三山あり、岩手県に『遠野物語』、秋田県になまはげ、青森県に恐山があるように、異界的な雰囲気がいい味になっているのが特徴です。

ところが宮城県はどうかというと、実にさっぱりしています。

よくいえば都会的、悪くいえば薄味というのでしょうか。東北四大祭りのひとつである**七夕**も、さらっとしてオシャレな雰囲気が漂います。大都会仙台があるからでしょうか。もし東北らしさにどっぷり浸りたいなら、他の県に行ったほうがいいでしょう。

観光ツアーパンフレットなどを見ると、**仙台・松島**観光と平泉の中尊寺や芭蕉の句で有名な山寺（立石寺）がセットになっているものをよく見かけます。中尊寺は岩手県、立石寺は山形県ですから、宮城県の観光地不足がそんなところでも実感されます。

北日本では珍しい松島の景観も、西日本にいけば英虞（あご）湾や瀬戸内海、九十九島（くじゅうくしま）など、多島海がたくさんあって珍しくありません。松島はそれらに比べ島が小さく、陸から眺めていてもなかなか感動できません。海岸線が入り組んでいたり、小島がたくさんあるこういう場所を楽しむなら、むしろ海からアプローチするのが鉄則。それもできれば小さい船で、陸からは近づけない入江や無人島、洞窟など狭いところに分け入っていくことが重要です。そう考えると、松島はシーカヤックで探険するのがいいでしょう。

松島を観光したあとは、どうしたらいいでしょうか。

宮城県には蔵王もあります。冬は**樹氷**が有名です。ロープウェイは山形県側にしかかっておらず、温泉も山形側で、結局ここも他県の観光地かと落胆しそうになりますが、宮城県側からも雪上車で見にいくツアーが出ています。

また宮城県はこけしのメッカであり、好きな人は**鳴子**や**遠刈田**（とおがった）などを巡礼するといいでしょう。思えば、こけしこそが、東北他県の異界的味わいに匹敵するものなのかもしれません。

そのほか宮城県には、ちょっと変わったミュージアムが目立ちます。その代表格は石巻の**石ノ森萬画館**でしょうか。仮面ライダーの展示が充実しています。気仙沼には奇抜なデザインの**リアス・アーク美術館**があり、震災関連の展示が圧巻です。また同じ気仙沼にはサメに特化した**シャークミュージアム**があったり、大崎市に五感についての展示がある**感覚ミュージアム**なんてものもあります。

根っこの広がる異空間　地底の森ミュージアム

そんななかでも、とくに仙台市内にある**地底の森ミュージアム**はユニークです。小学校を作ろうと住宅地を掘り返したところ、地下数メートルのところに旧石器時代の森が埋まっているのが発見され、予定を変更して博物館になりました。といってもただ氷河期時代の木々の根っこが地面を覆っているだけで、竪穴住居とかミイラすらありません。社会科見学にきて感想文を書かされる小学生の困惑顔が目に浮かぶようです。そもそも歴史に興味のない人間にとっては古代ほどどーでもいい時代はありません。

ですが、ここは決して見逃してはいけません。こんな妙な博物館はそうそうないからです。地底をまるごと建物で覆い、生で展示しているという、その一見なんだかわからない空間は、形容しがたい雰囲気に満ちています。さらによく見ると、なかに一ヶ所だけ焚き火の跡があっておちゃめ。今から二万年前に、誰かがここで焚き火をした。たまたまそんな場所を掘りあてる確率はいかほどでしょうか。展示物もあまりなく、古代どーでもいい人にとっては退屈かもしれませんが、むしろここで想像の翼を拡げられるかどうかが、観光旅行を楽しめるかどうかの境目なのです。

もうひとつ仙台市内の異次元的な観光スポットを紹介します。

巨大仏ベスト① 仙台大観音

それは**仙台大観音**。高さ百メートルの観音像がニュータウンの丘の上に建っています。百メートル級の巨大仏は、日本全国でもここと茨城県の牛久、兵庫県の淡路島にしかありません。しかも、田園地帯に建つ牛久、海岸沿いに建つ淡路島とちがって、ニュータウンという場違いな立地がその存在感をいやがうえにも高めています。周囲のホテルや住宅といっしょに写真を撮ると怪獣映画さながらの大迫力です。おまけに内部に入ると、巨大な吹き抜け空間にたくさんの仏像が並んだ光景がまるでスター・ウォーズのよう。何を言ってるのかわからないと思いますが、行けばわかります。総合的に魅惑度日本一の巨大仏として、強力おすすめです。

ちなみに、私のおすすめする日本三大巨大仏は、ここと福岡県にある久留米大観音、そして芦別（あしべつ）にある北海道大観音です。次点は石川県の加賀大観音、次いで茨城県の牛久大仏と続きますので、参考にしてください。

こうしてみると、一見あっさりして見えた宮城県にも、ところどころ濃密な観光地が埋もれていることがわかってきます。

高友旅館

まるでコールタールのような黒湯。

そして濃密という意味で、もっともおすすめしたいのが、**東鳴子温泉の高友旅館**。

ここは建て増しを繰り返して迷路のようになった温泉旅館です。そのような旅館は日本全国で見られますが、ここはそのなかでも屈指の迷宮度。壁一枚隔てて並行する廊下があったり、廊下の幅が太くなったり細くなったり、その建物の面白さもさることながら、浴室自体もかなりぶっ飛んだものになっています。まるで工場の廃墟のような浴室に、黒湯と呼ばれる真っ黒なお湯。一見すると、不気味にも見える空間ですが、温泉マニアの間では、知る人ぞ知る秘湯として、高い評価を得ています。ここは鄙びて異界的な温泉が多い東北地方でも、指折りのスポットといっていいでしょう。

香川県

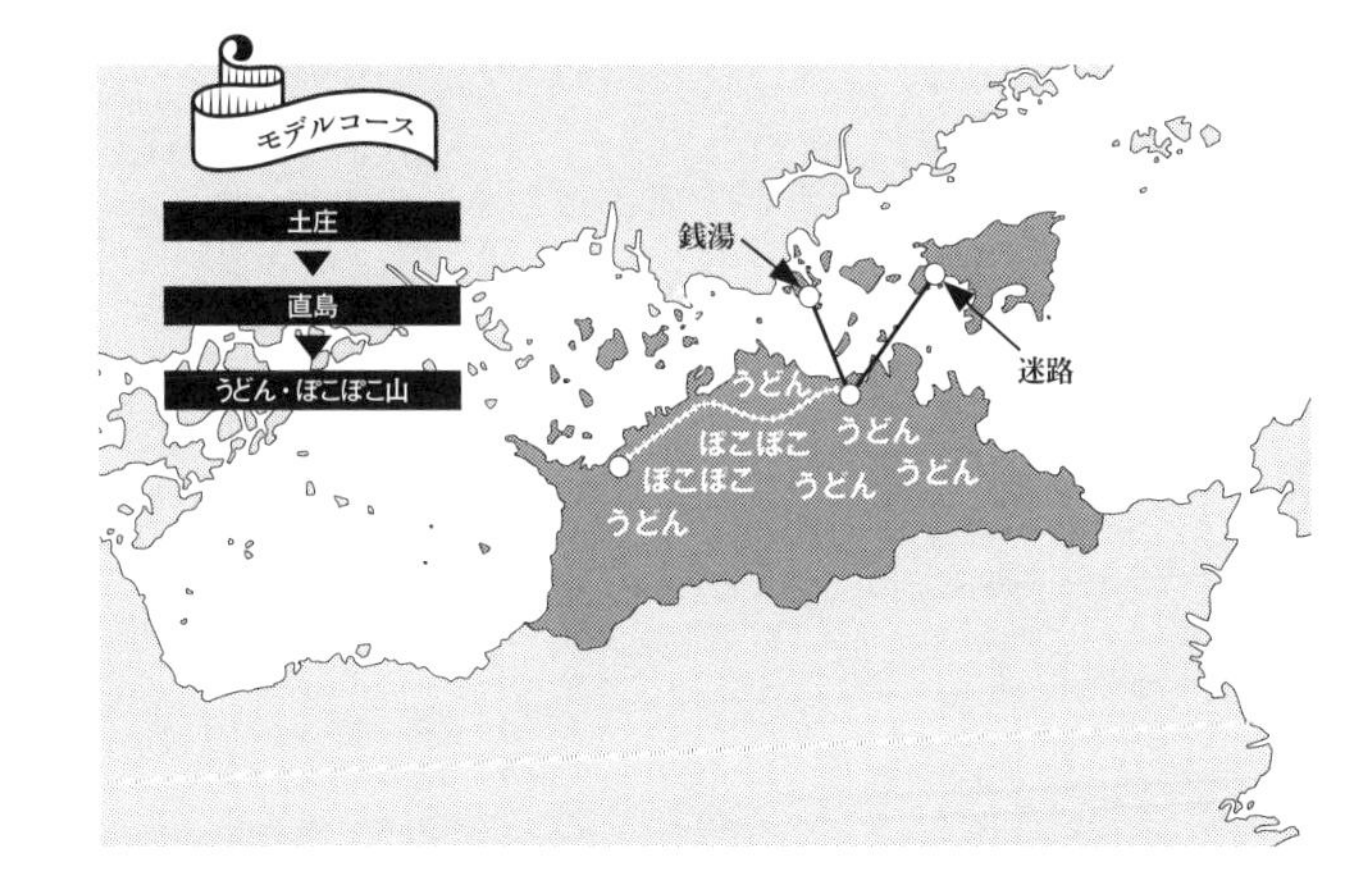

香川県といえば、何でしょうか。言うまでもなく、讃岐（さぬき）うどんです。自ら「うどん県」を名乗り、登録商標としても認められました。それを知った大分県が「おんせん県」で申請したところ、温泉は全国にあるからダメと特許庁に却下されたというのですから、逆に言えば讃岐うどんは全国に敵なしと認められていることになります。

この連載ではきりがなくなるので原則としてグルメは取り上げていないのですが、**讃岐うどん**に限っては例外的に取り上げることにします。そのぐらい観光にうどんが食い込んでいるからです。グルメに興味のない私がわざわざ食べに行ったぐらいですから、讃岐うどんの製麺所は香川県における観光資源の大本命と言っても過言ではありません。

しかし考えてみるとおかしな話ではないでしょうか。うどんは香川だけのものではありません。稲庭とか伊勢とか吉田とか、いろいろあるはずです。それなのに自分だけ「うどん県」を称するのは、少々勝手なのではないでしょうか。

実はそこには理由があります。讃岐うどんはただの食べ物ではないのです。

讃岐うどんは、製麺所でセルフで食べる場合が多く、はじめて来た他県人はまさしく面喰らうことになります。他県人にとってセルフの看板といえば、ガソリンスタンドを示すものだからです。しかも製麺所自体わかりにくい場所にあったり、入ってみると狭いためにどんぶり持って外で食べたり、値段が百円台とか、自分で湯がくとか、何かとよそとは勝手がちがい、ある種のアドベンチャー仕様になっていることがわかります。

そう、讃岐うどんには冒険がついてくる。それこそが他地域のうどんにはない特徴なのです。そばでも餃子でもお好み焼きでも、グルメで地域おこしを狙うなら、味がいいというだけでなく、そこに冒険があるかどうかが重要。べつの言い方をするなら、讃岐うどんはグルメなどという軽いものでなく、地元の奥深くに分け入ってこそ体験できる謎の風習なのです。

そんなわけで香川＝うどんをめぐる冒険で本項の結論は出ているのですが、実は香川観光にはまだいくつもテーマがあります。

そのひとつがアート。

なぜか外国人が大注目　瀬戸内アート

三年に一度開かれる**瀬戸内国際芸術祭**の会場は、そのほとんどが瀬戸内海に浮かぶ香川県の島々で、それらの島ではイベントが終わったあとも芸術作品が多く点在、展示されています。
私は子どもの頃高松に住んでいたのですが、当時はそんなものはまったくありませんでした。それがいつの頃からか、海辺に鎮座する水玉模様のかぼちゃの写真を雑誌などで目にするようになり、気がつくと県の名所になっていました。

それらの芸術作品は、写真で見る限り、港や村の中に唐突に置いてあり、傍目（はため）には無理やり感がぬぐえないわけですが、いくつかあるアートな島のうち**女木島**（めぎじま）と**直島**（なおしま）に行ってみたところ、**直島の銭湯**が、画家大竹伸朗の手によるキッチュでド派手なデザインで生まれ変わっていて驚きました。実際に利用できるため、サイケデリックなＢＧＭとともに湯舟につかったりして、へんな味わいが楽しめます。日本中にこんな銭湯があったらいいのにと思いました。

ただこれらの島は、島内の交通が不便で効率よく見学することができないのが難。そういうときはバスや数少ないタクシーより、レンタサイクルを利用するといいでしょう。気を付けたいのは、必ず電動機付の自転車を借りること。島だからといってずっと海っぺりを走れると思ったら大間違いで、予想外の高低差が待っています。帰りの船の予定も考えると、高くても電チャリレンタルが鉄則です。

日本一面積の小さい香川県、うどんとアートでお腹いっぱいになってきました。

ですが、特徴はまだあります。

四国ですから、**お遍路の札所**がたくさんある。最近は外国からお遍路を体験にくる人も増えており、日本語どころか英語もしゃべれないのにスタスタ歩いて一周してくるからふしぎです。そうして、うどん＋アート＋お遍路で、香川県は一気にインバウンド界でブレークしています。

ぽこぽこしてかわいい　讃岐平野の山々

もともと観光地は少なくなく、千三百六十八段の長い階段を登ってお参りする**金刀比羅宮**、山頂が妙に平らな**屋島**や、**栗林公園**、**丸亀城**、**瀬戸大橋**、**五色台**などなど、昔から観光県であったことがわかります。それでいて現在も攻めている。「うどん県」のネーミングも、四国遍路を世界遺産にしようという動きも、アートだってなぜここにアートなのかよくわからないけど、攻めた結果定着したのです。さらに最近では四国最大の水族館もできました。んんん、攻めまくりです。

このまま一方的に攻められるばかりでは悔しいので、ここで私の個人的おすすめを書いてみようと思います。

実は香川県で一番ふしぎなのは、**讃岐平野**の風景そのものです。

高いところに上って眺めると、そこらじゅうにかわいい富士山があるのがわかります。町の中にぽこぽこと帽子のような山が散らばって、まるでお伽噺の世界。日本で他に似たような風景が見られるのは、琵琶湖の東岸ぐらいではないでしょうか。

讃岐富士

捨身ケ岳

加えてもうひとつ、香川県には、迷路な町がたくさんあるのも特徴です。香川県の特徴というより瀬戸内海全体に言えることですが、小さな島や沿岸の港町は路地が入り組んで迷路っぽくなっているところが多く見られます。

小豆島の土庄本町（とのしょうほんまち）などは南北朝時代につくられた複雑な町割りが残り、自ら「迷路のまち」を名乗って観光客誘致をはかっているほど。迷路好き、路地歩き好きには、見逃せない県と言えるのです。

京都府

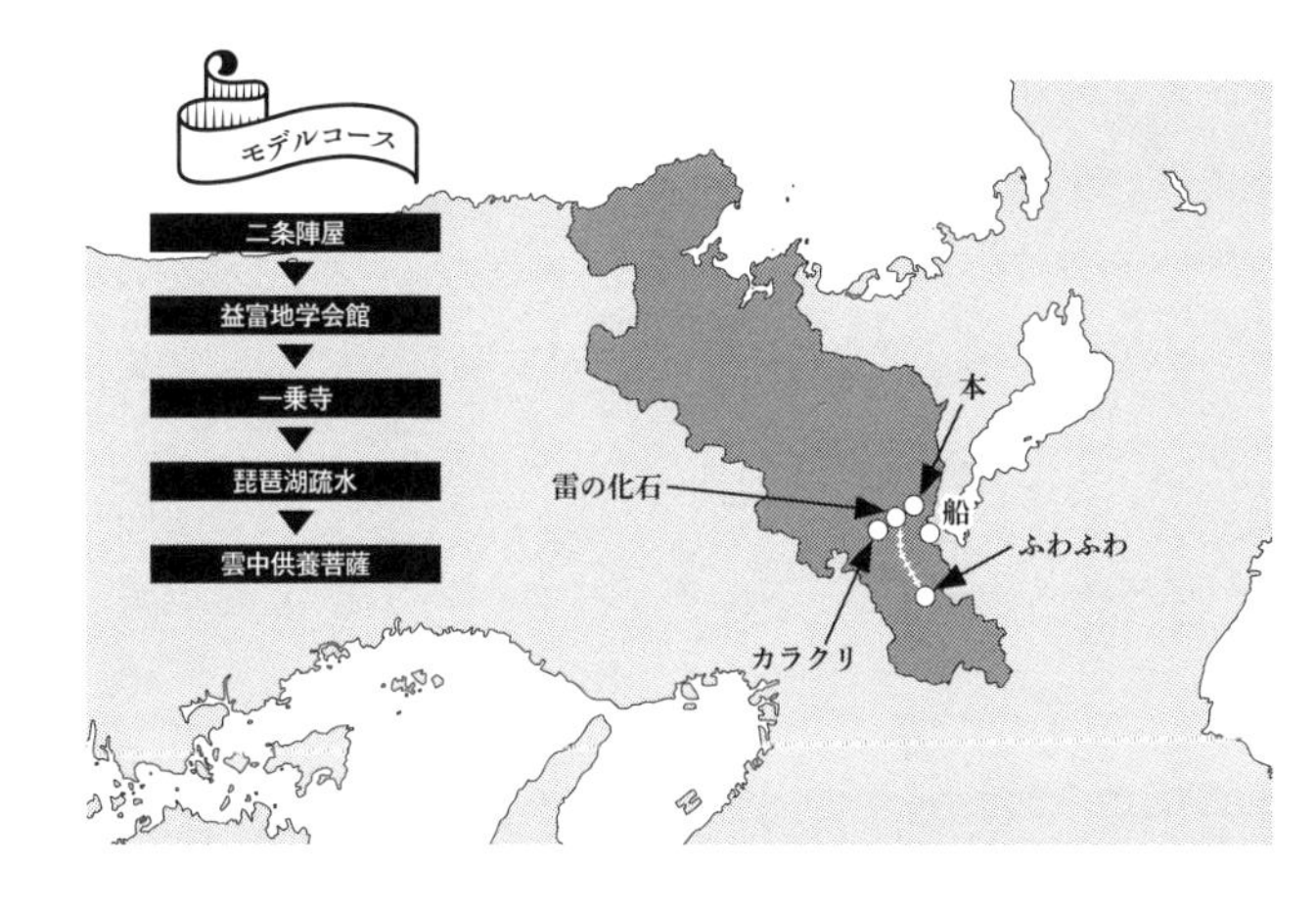

日本観光のラスボスである京都。新型コロナのパンデミック前は訪日外国人観光客であふれかえり、渋滞、満員、満席がデフォルトになっていたと聞きます。

そうだ京都、行こう。ってCMが流行ったのはもう二十年以上前のことですが、京都は本来そんなふわふわした気持ちで太刀打ちできる場所ではありません。人ごみをかきわけかきわけ全力大突破！　ぐらいの覚悟が必要です。

京都の魅力については今は多くのガイド本が出ており、私が付け加えることはありません。この本よりそれらの本のほうがよほど詳しいので、どれでも読んで参考にするといいでしょう。どこでもそうですが、人はできるだけ他人が知らないスポットに潜入し、珍しい体験がしたいもの。その点、京都はかなり深掘りされているので、全体的に楽しむより何か一点ポイントを決めて、突入するのがいいでしょう。そうでなくても全体をまんべんなく見てまわるなんてことは、もはや不可能になっています。

いや、それは最初から不可能でした。京都は見どころが多く、一度や二度の旅行で全部回ることはできません。有名どころでさえどれか捨てなければならない。そう、京都観光のコツは、どこを見に行くか、ではなく、どこを見に行かないか、です。

何も考えずに初めて京都に行くと、**河原町**から**鴨川**をわたって**八坂神社**と**清水寺**、引き返して北へ**南禅寺**を経て**銀閣**まで行って終わります。どうしてもそういうことになっています。

仏像がいっぱい見たい人は早めにそう言っといたほうがいいでしょう。

　なので繰り返しますが、何を見るのかテーマを決めて、それだけ目指して行かなければなりません。たとえば仏像好きなら、清水、金閣、銀閣は捨てる。**嵐山**も捨てる。**伏見稲荷**も捨てるのです。

　えー、やっぱり金閣寺は押さえたい、とか言ってる場合ではありません。金閣寺は行きにくい。なんで地下鉄を延ばしてくれないのでしょう。**金閣寺**に行くと、せっかくこの界隈に来たんだから**龍安寺**の庭も観て、ついでに**仁和寺**（にんなじ）の桜とか言ってると、え、一日歩いて寺三つだけ？　みたいなことになってしまいます。京都に前戯はいらないのです。

悔しいほどの見どころ強者　京都観光策略

　仏像好きなら、まず**三十三間堂**に突入しましょう。そこから**東寺**（とうじ）、**広隆寺**、**千本釈迦堂**あたりで数を見て後、自分の好きな仏像のあるお寺を目指す。それでも一日で回れるかどうか。

一時期、私も仏像ばかり見ていました。個人的に一番気に入ったのは**宇治平等院鳳凰堂の雲**（うん）**中供養菩薩**（ちゅうくようぼさつ）です。壁に大勢の菩薩がふわふわっと飛んでいます。

　京都に忍者屋敷はないのか、という人も多いかと思いますが、え、多くない？　いや多いはず、たとえ多くなくたって、そういう人には**二条陣屋**がおすすめです。金沢の忍者寺には

雲中供養菩薩

遠く及びませんが、そこそこにカラクリがあって楽しめます。

　あんまり観光地化していないところがいいという人には、**浄瑠璃寺**や**岩船寺**（がんせんじ）あたりはどうでしょうか。また市の中心部では、**妙心寺**の中に踏み込むと、人影も少なく、タイムスリップしたような感覚になったものです。といっても私の情報もだいぶ古く、今ではかなりの観光客が詰めかけているのかもしれません。

　いっそ神社仏閣を観光するのをすっぱりやめてしまうのはどうでしょう。いわゆる京都っぽいところは全部捨てる。何も神社仏閣に行かなくたって、たとえば**益富**（ますとみ）**地学会館**に行けば雷の化石を見ることができます。雷の化石ってなんなんでしょう。面白そうではないですか。さらに「世界で一番美しい本屋

10」に日本で唯一選ばれた**恵文社一乗寺店**を訪ねるとか、タイルの美しい銭湯めぐりも人気のようですし、最近、**琵琶湖疏水**を船で行くことができるようになったので、これも観光スポットとして面白そうな気がします。また**中風寺奥の院**（ちゅうぶでら）は、コンクリート造りのシュールなお寺として異彩を放っています。世界中の珍スポットを網羅するサイト「珍寺大道場」に載ってました。異彩を放つといえば、**京都タワー**がそもそもおかしい。あれはいったいなんなんでしょうか。今では昭和遺産扱いで、それなりにOKってことになってきてるみたいなので、敢えてそういうズレた場所を楽しむのはひとつの方向性としてありかもしれません。そのほか京都駅からさほど遠くない場所に鉄道博物館や水族館もあらたにできて……って、いったいどんだけ観光地作るんだ。市内はもういっぱいいっぱいだってば。いやほんと、綾部とか福知山あたりにつくったらよかったと他人事ながら思います。

もう市内まるごと捨てて、北のほうへ行ってみるのはどうでしょう。山を越えた先にはかやぶき屋根が美しい**美山**（みやま）の里、日本海に出れば**天橋立**（あまのはしだて）や舟屋で有名な**伊根**などの観光地もあります。思えば、若狭湾から兵庫県を経て鳥取県の浦富（うらどめ）海岸へと続く海岸線は、美しいビーチと岩場が連続する日本屈指の海遊びゾーン。えっ、京都に海あるの？　とかいう人もたまにいますが、わざわざ行く価値のある海だということは、念を押しておきたいと思います。

いずれにしても何びとも京都を懐柔することはできません。人はついつい京都に選ばれたがります。自分だけに秘密の京都が扉を開いてくれないかと期待しますが、いちげんの観光客にそんなことは起こりません。いや、いちげんでなくても起こりません。それは閉ざされた都であり、心の闇であり、秘密結社の陰謀並みに曖昧なファンタジーであり、深入りしたと思っても表層に留まり続ける堂々巡りの世界なのです。

あとがき

実に尊大な本を書いてしまった。
あとがきを書くにあたって最初に言っておきたい。

※すべて個人の感想です。

って言いわけしているようだが、そういうわけでもない。結局どんなガイドブックも編集者や書き手による個人の感想の集積なのであり、それは当たり前なのである。むしろガイドブックによっては、その感想に大人の事情が混じっていたりするから、逆に個人目線で忖度のないガイドブックがあってもいいかなと思ったのだった。公正で厳粛なる私の好みにしたがって書いたこの本を、正直観光案内と名付けたのはそういう理由である。

それよりもうひとつ声を大にして言いたいことがある。

他にもっと面白い場所があったら教えてください。

いや、ほんと。紙幅の都合で書ききれず、なくなく割愛したスポットはいくつもあるけれど、それ以上にまだ私の知らない面白くて見ごたえのある素晴らしい場所が絶対にあるはずなのだ。

最近はＳＮＳの発達も手伝って、今まで知られていなかったユニークなスポットが次々と発掘されている。気になる観光地はひととおり行ってみたつもりだけれど、すべての観光地をひとりで踏破するのは不可能であり、まだまだ行ってみたら凄いところが残っているに決まっている。

○○を紹介していないようじゃあダメだ。そう思われた方は、ぜひその○○を教えていただきたい。次の旅行の参考にさせてもらいます。

本書執筆にあたっては、本の雑誌社の杉江由次さん、デザイナーの金子哲郎さんに大変お世話になった。そのほか、他の雑誌や書籍で取材させてもらったネタも多く、私がこれまでにかかわったすべての出版社、編集者、コーディネーターのみなさんに感謝申し上げます。

宮田珠己

文庫版あとがき

つらかった。

こんなに長い間旅行ができなくなるなんて。

新型コロナのパンデミックにより、２０２０年から２０２２年の頭にかけて自由に旅行できない期間が続いた。まさかそんな未来が待っていようとは、本書を書いているときは想像もしなかったのである。自粛期間は近所の散歩で気を紛らせたが、遠くへ行きたい気持ちを抑えるのは大変だった。最近ようやく制約のない状態で旅行できるようになって、ほっと胸をなでおろしているところだ。

さっそく沖縄に行ってきた。久しぶりに海で泳いで大満足であった。

今個人的に行きたいのは、離島である。沖縄の島々はもちろん、トカラ列島、五島列島、青ヶ島、礼文島など、もっともっと島を訪ねたい。

と思ったら今度はロシアが戦争を始めたりして、まったく落ち着くひまもない。そのうちシベリア鉄道に乗りに行こうと思っていたのに、何ちゅうこっちゃ。その戦争、いる？　必要ある？　ないでしょ。

なんにせよ、さっさとやめて欲しいものだ。

なお、これを書いたのはパンデミック前なので、現在の状況は多少変化しているかもしれない。けれども観光スポットの魅力そのものに変化があったわけではないから、本書の内容は今も参考にしてもらえると思う。

昔「せまい日本　そんなに急いで　どこへ行く」という交通標語があったが、全然せまくない。せまいどころか一生かかってもすべては回り切れないだろう。47都道府県もあってほんとうによかったのである。

2022年夏

宮田珠己

解説

藤岡みなみ

ぎくっとした。本書の冒頭に「あまりマニアックな旅人の話は参考にならないと思ったほうがいいでしょう」と書いてある。まさに「お墓とかダムとか」が好きな私は胃が痛くなった。旅好きになったのは、学生時代に宮田珠己さんのエッセイを読みふけっていたからなのに……。いつのまにか、穴場的な場所に行くことが旅の醍醐味だと思うようになってしまっていたのかもしれない。でもそれは名所に嫉妬していただけだったのだ。名所も穴場も全て含めて公平な目で見て、心が満足する旅ができたならどんなにいいだろう。

10代の頃、旅に憧れて日本の紀行エッセイを読み漁っているうちに、宮田さんの本に出会った。当時バックパッカーが流行っていて、周囲には『深夜特急』をバイブルにしている友人も多かったが、宮田さんの文章を読んで「私が求めていたのはこんな珍道中だ」と思った。巨大仏を見に行ったり、ジェットコースターに乗りに行ったり、シュノーケリングをしたりして、心のままにうろうろしている感じがとてもうらやましかった。脱力してしまうような些細なエピソードたちのとりこになり、いつも吹き出してしまうので「電車の中で読んではいけない本」として慎重に扱っていた。

本物の宮田さんにお目にかかったのは、あるブックフェスでのことだ。客として遊びに行ったら、本の雑誌社のブースにたまたま宮田さんがいらっしゃった。本を買い、サインをしてもらう。とても失礼な話で大変恐縮なのだが、初めて宮田さんに会った印象は、思ったよりもシャキッとしている方なんだな……というものだった。そして同時に、あの面白い文章の数々は決して計算やウケ狙いで書いているものではないんだろうな、と感じた。姿勢や声に、揺るがない実直さのようなものがにじみ出ていたのだ。

改めて思うのは、宮田さんは徹底的に素直な人だな、ということである。本書に登場する「関東平野全部がダサい」「福井県の観光をひとことでいうなら海水浴と恐竜です」「異世界に召喚されたくなったら、みんな熊本県に行くといいでしょう」といった文言は、ぶっ飛んでるように見えて実はどれもその土地の背骨をがっちりつかんでいる。これは日本全国行きつくした人にしかできないことだ。行きつくした上で、地形や文化からその県の本質に迫り、最終的に極めて素直な感想が書かれている。とても平等だ。紀行文以外にも通じることだが、宮田さんのエッセイはいつも清々しいまでに率直で、「なんかいい話」として終わることがない。人気スポットを持ち上げようという下心もなく、インスタントな感動もせず、だからと言ってマニアックなものだけに心酔することもないという本書は、ガイドブックとしてかなり貴重な存在だ。旅を愛する一人として、強くおすすめしたい。

むかし、英語の先生に「カラーページの多い旅行本よりも、ロンリープラネットを読むといいよ」と言われたことがある。ロンリープラネットとは、1973年にオーストラリアで生まれ、現在も世界中で親しまれているガイドブックだ。大きな特徴は、写真がほぼなくほとんど文字情報のみで構成されていることだろう。広告やタイアップも存在せず、執筆者は地元の人や旅人で、地図も簡素なものしかない。『正直観光案内』にも同じたたずまいを感じる。時おり挿入される宮田さんのイラストは、絶妙に想像力を掻き立てるものとなっている。情報というよりもヒントや思い出のよう。写真があるほうがわかりやすいのかもしれないが、わかりすぎたら行く必要がなくなる。これから旅立つ人に的確なアドバイスを送りつつ、ロマンは損なわない。これは宮田さん版ロンリープラネットと言えるかもしれない。オネスティープラネットだ。

旅好きとして、また、昔から引越しが多くいくつかの県に住んだことがある身として、本書は共感するポイントだらけだったので、いくつか具体的に話したい。

私も宮田さんと同じく兵庫県出身なのだが、「地元では六甲山が定番ですが、県外から観光客がわざわざ押し寄せるほどの特徴はない」というのは本当にそうだと思う。なぜかみんな六甲山が好き。なにかにつけてロープウェイに乗りたがる。平凡だからこそ安心でき、親しみやすいということなのだろうか。子どもの頃、よく親に「じゃあ……六甲山行こか！」と言われていたことを思い出した。いいところです。でも確かに県外の人に薦めるほどではない。

「奈良は茶色」というのも心底共感する。法隆寺の近くに祖父母の家があり、幼少期から30年以上通っているが、言われてみれば思い出が全体的に茶色い。「人間くささが薄い」や「虚無的な闇」という指摘もその通りで、ちょっと散歩するだけでうっかり諸行無常を感じる。その結果、寺や神社に行っても「宝くじが当たりますように」みたいな俗っぽい願い事をする気にならない。奈良のゆるキャラ・せんとくんの瞳も、よく見るとものすごく遠くを見つめている。

引き続き関西の話をしてしまうと、京都が「深入りしたと思っても表層に留まり続ける堂々巡りの世界」なのもわかりすぎる。何度も訪れているのに、いまだに京都の核心に触れられない。今度こそ本当の京都を旅するぞ、と気合いを入れて行った際も、気づけばすごく高いのにぼんやりした味のおばんざい屋さんにたどり着いていた。店内では関西弁はまったく聞こえてこず、周りは観光客だらけ。自分はいまだに京都のこんなところにいる、と泣きたくなった。

そんな関西で最もうなずけたのは「和歌山は遠い」という真理である。関西に住んでいてもよっこらしょ、と気合いを入れなければ行けないし、一度東京から電車で向かったことがあるが、これがあまりにも遠くて驚いた。普段は羽田から南紀白浜空港への直行便があるが、天候の影響で欠航していたのだ。電車で行く和歌山はシンガポールより遠かった。時差がないのが不思議なくらいだ。こんな風に、行ったことのある場所と照らし合わせながら、わかるわかる！　よくぞ言ってくれた！　と思いながら読むのも、この本の大きな楽しみのひとつである。痛快この上ない。

47都道府県のうち私が唯一、宮田さんよりも知っているかもしれない場所があるとしたら、北海道だろうか。10年以上通って仕事をしている。旅番組であちこちの市町村に取材に行ったので、住んだことがある県よりも隅々まで知っているかもしれない。そんな私が薦めたい北海道の見どころも、実はこの本に載っている有珠山や北方民族文化なのだった。面白いなあと思いつつ、他の土地と比較できるだけの十分な経験がなかったため、「日本の中でも特にユニークです！」と言い切る自信がなかったが、あらゆるものを見てきた宮田さんもおすすめなのだと思うと心強い。そう、北海道に弥生時代はこなかった。実は学校で習う日本史のほとんどが北海道にはない。これは、北海道とはどんな場所なのかを考える時に極めて重要な事実だと思う。宮田さんは地形や文化の観察に加え、時にはタイムトラベラーのように過去を見渡してその土地の本質を見極めようとしている。

本質。正直であることは、本質に触れるための唯一の手段じゃないだろうか。それは本質ではなく主観なのでは？　と思う人もいるかもしれないが、完全な客観的事実というものがあったとしても、それが正解とは限らない。少なくとも自分にとっての本質は、まずは自分が素直にならないと始まらない。「本当にそうだろうか？」「騙されていないか？」「雰囲気に流されていないか？」という自問が不可欠なはずだ。

『正直観光案内』とは、これまで自分の心に嘘のない旅をしてきた宮田さんだからこそできる、いわば達人の技である。本当の旅がしたかったらまずは正直になること。この本は、旅をしようと思っている時以外もいつもそばにあってほしい。

――文筆家・ラジオパーソナリティ

本文イラスト　宮田珠己
本文デザイン　金子哲郎

この作品は二〇一九年一月本の雑誌社より刊行されたものです。

ニッポン47都道府県 正直観光案内

宮田珠己

令和4年7月10日　初版発行
令和6年1月15日　6版発行

発行人――石原正康
編集人――高部真人
発行所――株式会社幻冬舎
〒151-0051東京都渋谷区千駄ヶ谷4-9-7
電話　03(5411)6222(営業)
　　　03(5411)6211(編集)
公式HP　https://www.gentosha.co.jp/
印刷・製本―中央精版印刷株式会社
装丁者――高橋雅之

幻冬舎文庫

ISBN978-4-344-43212-3　C0195　み-10-11

この本に関するご意見・ご感想は、下記アンケートフォームからお寄せください。
https://www.gentosha.co.jp/e/